EL CUENTO MODERNISTA HISPANOAMERICANO

Manuel Gutiérrez Nájera, Rubén Darío
Leopoldo Lugones, Manuel Díaz Rodríguez
Clemente Palma

EL CUENTO MODERNISTA HISPANOAMERICANO

Manuel Gutiérrez Nájera
Rubén Darío
Leopoldo Lugones
Manuel Díaz Rodríguez
Clemente Palma

GABRIELA MORA

LATINOAMERICANA EDITORES

Lima - Berkeley
1996

ISBN Nº 0-9640795-4-2

©1996. Gabriela Mora

Impreso en Ann Arbor, MI, Estados Unidos
Latinoamericana Editores
Lima – Berkeley

PQ
7082
.S5
M665
1996

12197 5

ÍNDICE GENERAL

PALABRAS PRELIMINARES

Mucho se ha escrito sobre el Modernismo, pero muy poco sobre el cuento modernista. Esta carencia, y el carácter fundacional del género en relación a la excelencia del relato contemporáneo latinoamericano, fueron incentivos para emprender este estudio. Batallamos con varios problemas. El principal, la escasez del material primario (textos inhallables, ediciones agotadas), por lo que tuvimos que confiar en las antologías –que no son muchas– cuando no conseguimos las colecciones preparadas por sus autores. La dificultad de encontrar los textos primarios nos hace sospechar que habrá muchos cuentos valiosos no recogidos de los periódicos o revistas en que se publicaron, material indispensable para completar el panorama literario de la época.

Un segundo problema tuvo que ver con la selección de los autores a estudiar. Se nos hizo aparente que la exigua cantidad de cuentos que escribieron algunos era un cartabón de rechazo aceptable. Por esta razón no incluímos relatos de José Martí, José A. Silva, Julián del Casal, Amado Nervo, Darío Herrera o Fabio Fiallo, entre otros que tienen algunos relatos de mérito[1]. Tampoco consideramos los cuentos de la fase modernista de Horacio Quiroga, porque ellos no son lo mejor de su producción, y ésta representa una modalidad escritural ya diferente.

Dadas estas razones, decidimos dedicar los capítulos segundo, tercero y cuarto a Manuel Gutiérrez Nájera, Rubén Darío y Leopoldo Lugones, respectivamente. Los tres fueron prolíficos cuentistas, y sirvieron de modelo a autores coetáneos y posteriores. La inserción de Gutiérrez Nájera se justifica además por ser pionero de las nuevas formas. Con él se da comienzo al relato que sigue el patrón francés de la prosa delicadamente trabajada, y de asuntos en apariencia menos 'profundos' (a la manera de Mendès y Gautier, sobre todo). La atención que pusimos a los primeros cuentos del mexicano, que repiten el tópico de la infidelidad matrimonial y la codicia por el dinero, rompe la imagen generalizada del cuentista, como dedicado mayormente a exaltar la maternidad y la familia.

En cuanto a Darío, nadie discute que su *Azul...* fue la clarinada que abrió una nueva época en la literatura hispánica. Nuestra meta fue demostrar cómo esta obra no es sólo pedrería y lujos, sino que contiene una mordiente crítica social. Aunque *Azul...* es el centro del capítulo, re-

---

[1]Sobre el trabajo de selección de obras y autores, queremos dejar constancia de la calidad de algunos relatos, que merecen mayor divulgación y estudio. Por ejemplo, "La nueva Leda" y "Betty" del panameño Darío Herrera (la primera en *Prosa modernista hispanoamericana*, editado por Roberto Yahni, Madrid: Alianza, 1974; "Betty" se halla en la *Antología del cuento modernista hispanoamericano* preparada por Julio Hernández Miyares y Walter Rela, Buenos Aires: Ed. Plus Ultra, 1987). "Pareja exótica" de Froilán Turcios y "El amante de las torturas" de Julián del Casal, son buenos ejemplos de cuento decadentista. "El ángel caído" de Amado Nervo, es un bellísimo relato que se adelanta a "Un señor muy viejo con alas enormes" de Gabriel García Márquez. Los últimos se hallan en *Cuentos modernistas hispanoamericanos*, preparada por Enrique Marini-Palmieri, Madrid: Castalia, 1989.

visamos también otros cuentos –sobre todo los fantásticos– que por su calidad merecen más estudio. Las variadas formas escriturales que muestran los cuentos de Darío producidos por las mismas fechas, debilita la hipótesis de marcadas fases diferentes en sus obras, e ilustra cómo el nicaragüense fue un incesante buscador de estilos.

De Lugones, pensamos que *Las fuerzas extrañas* es otro hito en el desarrollo del cuento hispanoamericano, tanto por sus historias de modalidades diferentes, como por la excelencia de su discurso, indudablemente precursor del de Borges. En la lectura de esta obra, buscamos probar cómo la generalizada opinión de que estos relatos están respaldados por una rigurosa cientificidad, es sólo parcialmente cierta. Los textos evidencian más bien una ambigua actitud de aceptación y rechazo a las ciencias 'positivas', e igual vaivén hacia las creencias esotéricas. Este vaivén es típico de las incertidumbres, dudas y temores de la época ante la modernidad, lo que hace del libro a la vez un precioso documento en este sentido. La empecinada búsqueda del argentino de variadas formas de escritura, se comprobó en la revisión que hicimos de su segunda colección *Cuentos fatales*.

La lectura de *Confesiones de Psiquis* de Manuel Díaz Rodríguez, y de *Cuentos malévolos* de Clemente Palma, nos convenció de la necesidad de estudiar el cuento en su modalidad decadentista. En el quinto capítulo examinamos los rasgos y definiciones que se han dado del decadentismo, como preparación a la lectura de estas dos colecciones. La de Díaz Rodríguez demuestra que algunos modernistas fueron sagaces investigadores de fenómenos psíquicos, virtud que la crítica les ha negado. Palma comparte esta virtud, y la despliega en historias que tienen que ver con fenómenos reprobados socialmente como la necrofilia, la pedofilia, o el masoquismo y sadismo desorbitados. Esta cara menos conocida de nuestro Modernismo, amplía sus parámetros, y da razón a los que creen que el movimiento es mucho más complejo y rico de lo que se acostumbraba a creer. En el estudio de todas las obras nombradas, pudimos comprobar que en ellas aparecen, de manera incipiente o plenamente madura, fenómenos que son considerados hoy como los más característicos de la literatura contemporánea: estructuras fragmentadas con diversos tipos de narrador más bien subjetivos que omniscientes y distantes, aguda autorreflexividad expresada por los personajes, o en comentarios metaliterarios, redes intertextuales, finales abiertos y/o ambiguos, entre los más destacados y frecuentes.

El primer capítulo se pensó como una introducción, pero al escribirse último, tomó cariz de conclusión. En él hacemos una breve exposición sobre el género, y damos una definición simple y práctica del cuento. Esta definición era herramienta necesaria para diferenciar entre el cuento y otras especies narrativas como la crónica, tarea ineludible en relación con las obras de Gutiérrez Nájera y de Darío. El resto del capítulo discute características del Modernismo, apoyadas en los juicios de sus mismos cultores, y ejemplificadas con sus obras. El hecho de que aquí resumimos los rasgos hallados en las diversas colecciones, nos persuadió de que una Conclusión final era innecesaria.

La meta del trabajo fue sobre todo pedagógica: reunir en un solo texto material que facilite la enseñanza del Modernismo en la modalidad del cuento, y divulgar algunas obras valiosas poco conocidas[2]. El lector encontrará al final la ficha bibliográfica completa de los autores de las citas utilizadas, algunas de las cuales traduje del inglés o francés.

---

[2] Ya terminado este trabajo, y en el mismo Caracas, pude conseguir la valiosa obra de Jorge Olivares, *La novela decadente en Venezuela* (Caracas: Gráficas Armitano, 1984), que sintetiza con claridad y erudición cuestiones pertinentes al decadentismo.

I

A MANERA DE INTRODUCCIÓN /
CONCLUSIÓN

La abundante cantidad de estudios sobre el Modernismo ha despejado errores y establecido con claridad la
importancia del movimiento en relación a la excelencia de
la literatura latinoamericana contemporánea. La sólida
investigación de Gutiérrez Girardot, Aníbal González,
Julio Ramos, Iris Zavala o Fernando Burgos, entre otros,
llevó adelante, ampliándolas, las semillas plantadas por
los estudiosos de las décadas anteriores (Henríquez
Ureña, Alfredo Roggiano, Ricardo Gullón, Iván Schulman, etc.)[1]. Abundante es también la cantidad de monografías dedicadas a autores específicos que han subrayado la calidad de la prosa modernista, aunque todavía
existen obras por recoger y analizar.

No obstante, el cuento modernista ha sido menos favorecido por los investigadores. Fuera del ensayo de Pupo
Walker que se incluye en la *Historia de la literatura his-*

panoamericana editada por Luis Iñigo Madrigal (volumen II), hoy contamos sólo con breves introducciones a las antologías pertinentes. La aparición de estas antologías con material de difícil rescate, permite empezar a establecer con mayores evidencias escriturales los rasgos más característicos del género en la época, y su evolución hacia la maestría extraordinaria que ha alcanzado en nuestros días. Antes de discutir esas evidencias, haremos algunas observaciones generales sobre el cuento, y el Modernismo.

Sobre el cuento

El examen de algunos textos básicos para el estudio del cuento modernista como son, por ejemplo, la edición de E. Mejía Sánchez de *Cuentos completos* de Rubén Darío, o *Cuentos completos y otras narraciones* de Manuel Gutiérrez Nájera, editado por E. K. Mapes, comprueba el carácter abigarrado de esas colecciones, las cuales incluyen obras que califican mejor como crónicas, apuntes de viaje, divagaciones o artículos de costumbres, que propiamente cuentos. Aún reconociendo la artificialidad de las definiciones genéricas, y la propensión prescriptiva de algunos de sus proponentes, no se puede negar el valor heurístico de las clasificaciones. En el caso del cuento, el problema se complica más porque –como en el caso de la novela– no hay una definición de cuento, sino muchas, y todavía la narratología discute algunos conceptos básicos como "acontecimiento", "trama", y otros (Mora, 1985, 1993). Como no deseamos repetir lo dicho en otro lugar, o quedar paralizados por la intrincada manera con que los narratólogos describen un relato, quisiéramos partir de un esquema más estrecho que el de la comunicación (dejando de lado los polos autor/lector), y entrar en el mundo ficticio creado, donde siempre se hallará que *Alguien cuenta Algo a Alguien*. Este sintagma evidencia, con el sujeto, la función que desempeña el narrador; con el verbo, el modo narrativo a emplear; y con el resto del predicado, la existencia del o de los narratarios dentro de la ficción. El meollo del asunto es ese "algo" que correspondería a la noción de historia o fábula (argumento en el lenguaje tradicional). Una historia cuenta hechos, acontecimientos o sucesos que le ocurren a alguien. Es obvio que estos sucesos deben poseer cierto interés (significancia para Greimas), y sobre esto hay muchas opiniones (Lotman, Dolezel, Prince). Una de las más aceptadas, estipula que el o los sucesos involucran un cambio, ya sea físico o psíquico. Dolezel, por ejemplo, define el acontecimiento como "un cambio (o transformación) de un estado (inicial), a otro estado (final), que ocurre en cierto punto del tiempo" (*PTL* 1, 1976: 132)[2]. En la descripción que buscamos, la existencia de la historia es fundamental. El narratario puede eliminarse, el narrador ocultarse, pero el cuento se evapora sin ese algo que se cuenta. El discurso, el vehículo por medio del cual se trasmite esa historia, puede ser de un nivel artístico incomparable –como querían los modernistas–, pero en el cuento estará siempre inextricablemente unido a una historia. La falta de ella, creemos, hace que obras clasificadas como cuentos no sean sino prosa poética, descriptiva de un estado de ánimo, de una estación del año, de un paisaje, carentes del 'suceso' o 'acontecimiento' requerido para hacer cuentos de estos textos.

En los capítulos dedicados a Gutiérrez Nájera y Darío, nos ocupamos de diferenciar entre cuento y crónica, la modalidad narrativa que ellos cultivaron con asiduidad. Para hacer esos apartados, consideramos como cuento a una obra en prosa que narra uno o más sucesos, los cuales involucran acciones de uno o más personajes; se trata de acciones significativas que transparentan un cambio físico, mental o social en sus actantes.

Algunas notas sobre el Modernismo y el cuento modernista

La enorme cantidad de estudios sobre el Modernismo instila el temor de la repetición inútil, pero como es imposible obviar la reconsideración de conclusiones reconocidas como válidas en un trabajo sobre obras modernistas, pensamos que podríamos repasar los rasgos más característicos, con la palabra misma de los autores involucrados. Buenos escritores todos, algunos se destacaron en la labor crítica, y fueron excelentes autoexaminadores de la época y su arte. Otra nota diferente a la acostumbrada ilustración con la poesía, sería ejemplificar con el cuento. En la ejecución de este plan, la proyectada introducción se convirtió a la vez en una especie de conclusión.

Al examen del Modernismo con una conciencia del correlato socio-económico que incide en la cultura, se añadió en los últimos años la mirada comparatista que se fijó en el fenómeno universal de la modernidad, en la cual nuestro Modernismo sería una de sus muchas variantes. Reconociendo el paso adelante que significó esta perspectiva, comparto la preocupación de algunos estudiosos, de olvidar "lo propio del Modernismo hispanoamericano [...] en el espacio sin fronteras de la modernidad general" (Rojo 15). Es obvio que el capitalismo dependiente latinoamericano ("raquítico" lo llama Rojo), y el desarrollo de nuestros países ha sido muy diferente al de Europa o de los Estados Unidos, hecho olvidado a veces en las generalizaciones. Con esta reserva, y la advertencia de que al separar hilos que forman una totalidad es imposible no caer en reiteraciones o reducciones, empezamos nuestras notas.

Damos por sentado que las disputas sobre si el Modernismo es fenómeno de la modernidad histórica general, o escuela, o si Martí, Casal y Gutiérrez Nájera son iniciadores o precursores, están ya zanjadas, y que las primeras opciones representan el consenso general hoy. También hay consenso sobre la ingerencia de lo social en la escritura modernista, a pesar de algunos intentos de negar este fenómeno[3]. Ese carácter general lo había anunciado Manuel Díaz Rodríguez ya en 1907, y su divulgación más temprana hubiera ahorrado algunas disputas posteriores. Consciente de que algunos vieran el Modernismo como algo "superficial, una simple cuestión de estilo" (110),[4] el venezolano afirma: "Modernismo en literatura y arte no significa determinada escuela de arte o literatura. Se trata de un movimiento espiritual muy hondo al que involuntariamente obedecieron y obedecen artistas y escritores de escuelas desemejantes" (110). Ese afán involuntario, creemos, alude implícitamente al entorno formador de todo ser en cualquier época, que la crítica tomó seriamente en consideración sólo en las últimas décadas (Rama, Jitrik, Gutiérrez Girardot, Zavala, etc.) Reconocido el peso que la Historia tiene en el quehacer artístico, ya no se discute la influencia en él de las condiciones culturales y socio-económicas de la segunda mitad del siglo diecinueve, que cambiaron drásticamente, impulsadas sobre todo por la ciencia y la industrialización que promovía el pujante capitalismo. La consolidación de los países latinoamericanos como naciones, y el enriquecimiento de las capas altas de la sociedad, están en la base del profundo cambio que significaba el paso de un sistema cuasi feudal al capitalismo internacional. El ascenso de la burguesía arrasó con el mecenas aristócrata rico, pero permitió la creación de nuevas fuentes de trabajo, con un aprovechamiento de las nuevas técnicas para la transformación de las ciudades y la divulgación del conocimiento. El papel de la prensa fue crucial en esa divulgación, como han mostrado Aníbal González, Julio Ramos y Susana Rotker, y decisivo para el desarrollo del cuento, ya que prácticamente todos vieron la luz en periódicos y revistas.

El impacto de los descubrimientos científicos como directa influencia en las nuevas concepciones estéticas y en la obra de nuestros modernistas está menos estudiada. Pero, como sostiene Sylvia Molloy, sabemos que eran "voraces" lectores de todo tipo de libro, incluso, por supuesto, los científicos (1992, 191). El ensayo de Bayertz sobre los esfuerzos de Haeckel para formular una teoría que combinara arte y ciencia como aliadas y no como enemigos, trae páginas de extraordinaria afinidad con algunas elaboradas por Lugones en *Las fuerzas extrañas*.

La rapidez de las transformaciones, que van a incidir en nuevas maneras de concebir la función y el estatus del escritor, produjo profundas crisis que fueron expresadas por la mayoría de nuestros modernistas. Las dudas, las vacilaciones, el temor a lo nuevo, la contradicción, el miedo a la pobreza, los expone Martí con la fuerza de la vivencia personal en su antologado "Prólogo" al poema "Al Niágara" de Pérez Bonalde:

> Se anhela incesantemente saber algo que confirme, o se teme saber algo que cambie las creencias actuales. La elaboración del nuevo estado social hace insegura la batalla por la existencia personal y más recios de cumplir los deberes diarios que, no hallando vías anchas, cambian a cada instante de forma y de vía, agitados por el susto que produce la probabilidad o la vecindad de miseria (36).

Escindido el espíritu en "amores contradictorios e intranquilos" (36), se vive también en ansiosa excitación por algunos cambios, sobre todo los que inciden en la comunicación: "Se tiene el oído puesto a todo [...] Todo es expansión, florescencia, contagio [...] los ferrocarriles echan abajo la selva; los diarios la selva humana. [Las ideas] no crecen en una mente sola, sino en el comercio de todas" (38).

Díaz Rodríguez resume el arte que produjo tal entorno social como "confusión individualista, contradictoria y anárquica" cuyas fuentes vienen de la "violencia de nuestra alma contemporánea, ansiosa y compleja" (103, 105).

El amor a la Belleza (así con mayúscula), constituye el rasgo decisivo del Modernismo que nadie disputa, y su apasionado cultivo se le criticó bajo el mote de esteticismo. Pero claro, el arte de todos los tiempos la ha buscado por igual, y es obvio que su significado varía de acuerdo con los parámetros filosófico/sociales del día. Para el fenómeno de la modernidad en general, se ha insistido en la importancia que tuvieron en la transformación del pensamiento decimonónico, la obra de Schopenhauer y Nietzsche para horadar el optimismo racionalista, y la de Marx (entre otros), para socavar el idealismo hegeliano. Pero hay que recordar que los dos primeros propusieron el arte como único medio para hacer llevadera la vida, y en esto los siguen nuestros modernistas. No obstante, si el pesimismo y escepticismo de los germanos se asoma de vez en cuando en ellos, como hombres de naciones en proceso de formación que miran al futuro, el idealismo no desaparece en el escritor hispanoamericano, y el optimismo es aparente en su obra. Así, el idealismo siguió robusto (en la modalidad del krausismo), como siguió robusto el positivismo, con su enaltecimiento de la ciencia y el progreso. Y, de la misma manera que convivieron simultáneamente el catolicismo y el esoterismo, se dieron a la vez violentas reacciones en contra de esas corrientes.

Dado que estas bases, opuestas entre sí, coexisten en el pensamiento y la escritura modernistas, se origina el fenómeno de la contradicción, que quizás sea su rasgo más característico junto con la heterogeneidad de las formas. Como veremos en algunos relatos, se da simultáneamente la atracción y la repulsa a la ciencia y/o al cristianismo (a la manera de la crítica nietzcheana), la exaltación al amor espiritual a la vez que su parodia; la admiración por el lujo, junto al desprecio de los que pueden pagarlo.

Decíamos que la Belleza es la meta de todos los modernistas, ¿pero cómo la conciben o definen? Gutiérrez Nájera relaciona lo bello y lo bueno, y define el sentimiento de lo bello como "una atracción siempre creciente hacia un ideal" (166). Para el mexicano, "el arte purifica al hombre porque lo acerca a la belleza, que es Dios" (168). Darío reitera que siempre ha "procurado ir hacia la más alta idealidad" en su "intenso amor absoluto de la Belleza" (66).

El amor, que Gutiérrez Nájera ve como "apoteosis del espíritu" (64), es una de las formas privilegiadas en que se encarna ese sentido trascendental que el mexicano otorga a la belleza. En la mayoría de los *Cuentos de color* de Díaz Rodríguez, el amor y la mujer son puros, y trascienden la vida humana para proseguir el idilio –a la Swedenborg– en el cielo ("Cuento Azul"). Como el Ideal, el amor (o la mujer ideal), aparece con gran frecuencia como el objeto deseado, inalcanzable. Así se ve, por ejemplo, Vespertina en "Un cuento para Jeanette" de Darío:

> Y era Vespertina que pasaba, con paso de blanca sombra,
> pues su belleza dulcemente fantasmal dábale el aire de

una princesa astral, cuya carne impalpable, y cuyo beso
tuviese por nombre: Imposible (*Cuentos completos* 256).

Pero esta línea conceptual del amor y la mujer es sólo
una, y ocurre más temprano y frecuentemente en Gutiérrez Nájera y Darío. Hay otra, más abierta a la sensualidad y al sexo, que se va a reiterar en los cuentos, incluyendo otros de estos dos autores nombrados, como se verá
más adelante.

Volviendo al concepto de belleza enunciado por
Gutiérrez Nájera, hay que subrayar la noción de lo bueno asociado a ella, porque es nota esencial en nuestro
Modernismo. Contrario a la superficialidad e indiferencia
a lo social que se les imputaba, hay un claro residuo
platónico en la concepción de lo bello como lo bueno, asociado a lo útil porque mejora al ser humano y a la sociedad. En esta vena, Martí se pregunta en su ensayo sobre
Walt Whitman: "¿Quién es el ignorante que mantiene
que la poesía no es indispensable a los pueblos?" (*OC*,
XIII, 135). Y más asertivo aún, afirma que la poesía es
más necesaria que la industria "pues ésta les proporciona
el modo de subsistir, mientras que aquélla les da el deseo
y la fuerza de la vida" (*OC*, XIII, 135). Darío explícita-
mente otorga a la literatura una función didáctica en "La
novela de uno de tantos" de 1890. Dice allí su narra-
dor/escritor:

> los que tenemos por ley servir al mundo con nuestros
> pensamientos, debemos escudriñar, buscar el mal y sa-
> car el ejemplo de su escondido agujero [...] El escritor de-
> leita, pero también señala el daño (*Cuentos completos*
> 150).

Los cuentos de *Azul...* ejemplifican la persecución de
la Belleza, unida a un sentido del Bien, generalmente
asociado a la justicia. Como se verá en el capítulo dedicado al nicaragüense, los relatos de diversas épocas muestran un consorcio de idealidad y carga crítico/ideológica a
problemas acuciantes de su época. Este consorcio se manifiesta a veces en cuentos teñidos de un tono admoni-
torio, en modalidades en que prima el realismo naturalista, parte del sincretismo que manejan. Por ejemplo, en

"Cuento triste" y "Dame de coeur" Gutiérrez Nájera es explícito sobre los males que trae la pasión del juego. La pobreza e ignorancia son castigadas por el mexicano en "La familia Estrada"; por Darío en "Betún y sangre" y "Morbo et umbra"; y por Díaz Rodríguez en "Cuento gris" para nombrar sólo algunos.

Díaz Rodríguez llama "misticismo" a ese ideal, resorte de lo bello, y lo considera corriente principal en el arte moderno, acentuando sin embargo que este misticismo no es siempre religioso, pues comprende "un sentido más universal y profundo" (112).

Inspirado en Pater y el arte prerrafaelista, el venezolano define ese misticismo como "la artística enunciación del eterno misterio" (109), "clara visión espiritual de cosas y seres" (112). Ayuda a entender su concepto el constatar que se lo atribuye a los escritores que admira, muchos de los cuales son tachados de "malditos" (Verlaine, Baudelaire), "decadentes" (Wilde, D'Annunzio), o "degenerados" (Maeterlinck, Ibsen o Nietzsche) que figuran en la extensa lista de Nordau (que prácticamente tiene los nombres de todos los grandes escritores de fin de siglo)[5].

El deseo de crear esa belleza, sentida como impulso místico hacia el Ideal, impele a los modernistas a rechazar por 'materialistas' las obras de realistas y naturalistas. Gutiérrez Nájera se expresa violentamente contrario a las "desconsoladoras teorías del realismo" y al "asqueroso y repugnante positivismo"(157). Por su parte, Díaz Rodríguez, que reflexiona con claridad y erudición sobre algunas de las principales líneas del proceso evolutivo de nuestro Modernismo, sostiene que el arte de su época se habría anunciado con la pintura prerrafaelista que se "delineó y afirmó cuando simbolistas y decadentes reaccionaron contra el naturalismo ilusorio y contra el cientificismo dogmático" (110). En esos años, como veremos en el capítulo quinto, los términos simbolismo, arte moderno y decadentismo, se usaron como sinónimos, con una acepción positiva empleada por los nuevos, y una negativa por los tradicionales. Por el momento, importa señalar la conciencia de los autores sobre los vaivenes de las corrientes artísticas coetáneas, y su apertura a abrazar aquéllas que sentían afines a sus metas y aspiraciones.

Las diatribas contra el arte realista y naturalista no obstaron para que se escribieran cuentos con esa modalidad escritural, como se vio en los ejemplos citados más arriba. Nos interesa acentuar la vena naturalista porque es evidente en varios relatos, sobre todo en los que se detienen en el factor de la herencia para explicar psicologías 'anormales', como sucede por ejemplo, en "Rojo" de Darío, y en "Flor de voluptuosidad" y "Cuento rojo" de Díaz Rodríguez, tres obras que ejemplifican la proximidad entre el naturalismo y el decadentismo.

De las palabras de Díaz Rodríguez citadas antes, queremos volver a su observación sobre el prerrafaelismo, para ilustrar con su huella la mezcla de estilos y modalidades diversas que se va desarrollando. El momento es oportuno, después de la referencia al naturalismo, dadas las diferencias que hay entre el arte desarrollado por la hermandad inglesa y la que propició Zola en Francia. La huella prerrafaelista aparece en los cuentos modernistas en explícitas alusiones a algunos de sus practicantes (Dante Gabriel Rosetti en "Thanatopia" de Darío); en la representación de ornamentadas recreaciones de paisajes, mayormente bíblicos (en algunos cuentos de Lugones y leyendas de Darío); y sobre todo en los retratos femeninos, que repetían las etéreas y estilizadas figuras del arte inglés. El siguiente fragmento de "Leyendas de Haschischs" de Clemente Palma, ilustra paisaje y mujer:

> además de los centauros, faunos, esfinges e hipogrifos, observé muchos seres híbridos [...] serpientes con cabezas humanas, salamandras que comenzaban siendo campánulas. En un bosque de tulipanes grandes [...] vi seres humanos que paseaban sobre los pétalos: eran mujeres, las mujeres más idealmente bellas que se puede concebir, envueltas en tules de rocío hilado. Sus carnes eran como de marfil y nácar blandos, sus ojos azules dirigían miradas candorosas y angelicales, sus labios parecían impregnados en la sangre de las granadas, y sus cabelleras rubias [...] descendían hasta más abajo de los muslos (*Cuentos malévolos* 1974:169-70).

Esta angelical figura femenina perdurará en los escritos, aunque el 'candor' desaparezca, arrollado por una franca sensualidad.

El anhelo de crear belleza cercana a lo Absoluto, es uno de los resortes que mueven el impulso de atracción y rechazo que los modernistas muestran hacia la ciencia. Se recordará cómo Darío se burla de los científicos en "El rubí," y opone la fealdad de los vocablos químicos, a la belleza de la mujer del rubí 'natural', y del entorno que rodea a los gnomos. Los médicos se representan como ineptos en "El palacio del sol" y "El pájaro Azul." La misma ineptitud, con cierta cruel indiferencia, provoca las tragedias en "La balada de año nuevo" de Gutiérrez Nájera y en el "Cuento gris" de Díaz Rodríguez.

El deseo de retener el misterio (parte del inefable Absoluto que buscan), tiene que ver con la actitud hacia la ciencia positivista, el acercamiento al ocultismo, y el asiduo cultivo de la modalidad del género fantástico y sus subtipos. La convicción de la existencia del misterio, porque la ciencia ha perdido su aura al no poder explicar todos los fenómenos, la expresa el 'sabio' aficionado al esoterismo de "El caso de la señorita Amelia" de Darío:

> ¿Quién es el sabio que se atreve a decir *esto es así*? Nada se sabe [...] Va la ciencia a tanteo, caminando como una ciega, y juzga a veces que ha vencido cuando logra advertir un vago reflejo de la luz verdadera [...] la inmensidad y la eternidad del *misterio* forman la única y pavorosa verdad (*Cuentos fantásticos* 44-45, cursiva de Darío).

Tanto Darío como Lugones relacionan la ciencia con el satanismo, y usan sus conocimientos de magia negra, y el esoterismo en general, para crear el efecto de lo fantástico en muchos de sus relatos, como se ilustra en los capítulos dedicados a sus obras. No cabe duda de que cuentos como el citado de Darío, "Un fenómeno inexplicable", o "El vaso de alabastro" de Lugones (para nombrar sólo un par de muchos), o "La granja blanca" de Palma, fortalecieron el desarrollo del relato fantástico hispanoamericano. Lo mismo sucede con la modalidad de lo "maravilloso" (en las categorías de Todorov), con "El cuento de noche buena" de Darío, o los impecables "La estatua de sal", "La lluvia de fuego", y "Los caballos de Abdera" de Lugones. El cuento "extraño" cuyo misterio se explica por problemas psíquicos o efectos de droga, también avanza en calidad, como se ve en "Leyendas de Haschischs" de Palma.

Por otro lado, la ciencia, sobre todo la incipiente psiquiatría, la usan algunos modernistas como apoyo de sus historias. Así hacen, por ejemplo, Díaz Rodríguez en "Fetiquismo" y Palma en "Una historia vulgar". Este último, a la manera de la ciencia /ficción, en "La última rubia" utiliza aparatos (un libro fónico, un espejo fotogenófono) que son ingeniosos precursores de artefactos de hoy. En el mismo relato, el protagonista se provee de esencias de alimentos (carnalina, legumina) y "aire líquido", elementos parecidos a los que en estos años han servido a los astronautas en sus viajes espaciales.

Pero es Lugones el que mejor ejemplifica en sus cuentos ese vaivén de atracción y rechazo hacia la ciencia, y la mezcla de probados datos científicos, con los que necesitan de la fe en las ciencias ocultas. Ese vaivén es evidente en los relatos de *Las fuerzas extrañas*, centro del capítulo dedicado al argentino, y continúa en *Cuentos fatales*, como se verá. Lugones parece ser el intelectual más afín a aquellos que, inspirados por los descubrimientos de nuevas formas animales y vegetales, gracias a los nuevos aparatos (microscopio, telescopio) y hallazgos de viajes y expediciones, intentan crear una 'estética científica' que toma formas de esos descubrimientos. Por ejemplo, sus esbozos de los primeros humanoides recuerdan tanto a páginas de un texto de biología, como a algunos cuadros imaginativos salidos del Art Nouveau:

> Sobre un coágulo de temblorosa masa albúmina, aparecía de pronto un inmenso ojo azul; una pulida mano que al carecer de huesos era más tierna aún, surgía de la antena un molusco monstruoso; peces con cara humana, copos de nácar fluído en cuyo centro latían con intermitentes fosforescencias glándulas pineales; serpientes engendradas por el simple movimiento de las olas coloidales [...] membranas de colores, esbozando en su tornasol complicaciones intestinales y vesículas natatorias (*LFE* 190).

En actitud contradictoria que comparten todos los modernistas, los cuentos de Lugones epitomizan el deseo general de retener el misterio, a pesar de la atracción hacia las ciencias. El argentino, que era un erudito en ellas, afirma en sus relatos que la ciencia no podrá contestar a las grandes preguntas sobre el origen y el final definitivos del hombre. En "Un fenómeno inexplicable", el personaje central, frente a los argumentos 'científicos' del narrador, resume en una exclamación una idea central en todas las narraciones del volumen: "¡Es tan hermosa la ciencia, la ciencia libre, sin capilla y sin academia! Y no obstante, está usted todavía en los umbrales" (58).

No extraña, visto lo anterior, que el misticismo del que habla Díaz Rodríguez, vaya acompañado de la "tendencia a volver a la naturaleza", la otra corriente definitoria del arte moderno según el venezolano (103). Esta naturaleza, concebida en términos mitificados, contrarios a los del naturalismo, es venero para los modernistas de la Belleza y el Absoluto que buscan. Martí ve la naturaleza como componente esencial de lo bello y del arte: "La naturaleza, el trabajo humano, y el espíritu del hombre se abren como inexhaustos manantiales puros a los sedientos labios de los poetas", "el poema está en la Naturaleza" (40)[6].

"El rubí" de Darío tiene por base filosófica el predominio de lo natural representado por la mujer y el amor, sobre lo artificial de la ciencia. Gutiérrez Nájera, en muchos de sus relatos (por ejemplo en "La mañana de San Juan), exalta lo natural para oponerlo a lo corrupto y artificial de la ciudad. Pero como dijimos, la Naturaleza no se ve al modo, rechazado, del realismo naturalista. Más cercano al subjetivismo romántico, el modernista rechaza el mimetismo, y sus representaciones (como mostró una cita previa) van a ser impulsadas más por sentimientos que por detalles del referente externo ("nimiedad pueril de los pormenores" y "vanos detalles" que no representan "el movimiento de la vida" según Díaz Rodríguez 105). El mexicano explica el rechazo de la 'copia' con su ejemplo de los dos cuadros, uno pintado como "fotografía de la verdad material" y el otro con "faltas de corrección" y "gran escasez de detalles", pero "grandioso" porque se

asomó en él el alma del artista (173). Gutiérrez Nájera
insiste, entonces, en que el arte *no es imitación* de la
Naturaleza (171), crucial diferencia con los movimientos
literarios anteriores, y que lo coloca de lleno en la modernidad[7]. El cuento "Arte y hielo" de Darío, trabaja este
principio, al burlarse de los ricos ignorantes que prefieren
una 'copia' de la realidad (aquí un reloj con un pájaro
'realista'), a la magnífica escultura en que el artista ex-
puso su interioridad.

Como parte del complejo amasijo de estilos y preferen-
cias, hay que recordar que otras obras y autores, no sólo
rechazan el mimetismo, sino que a la Naturaleza y lo
natural mismos, fenómeno íntimamente enlazado a los
avances científicos. Paralelamente a las nuevas formas
estéticas que inspiraron los descubrimientos científicos,
éstos revelaron también la cara cruel de la naturaleza.
Despojada de su halo maternal y de divinos propósitos, la
imagen de la naturaleza pacífica y armoniosa, va a
transformarse en lo que Bayertz llama la estética del horror (280). Algo de este tipo de fundamento estético se
percibe en algunos de los cuentos concebidos bajo la inspiración del decadentismo que estudiamos en nuestro último capítulo. En relación a Díaz Rodríguez o Palma, el
paisaje natural no existe, o se ve distorsionado u horrible
por descomposición. En "Leyendas de Haschischs" del peruano, la naturaleza es correlato fiel de la corrupción
humana. Sus árboles llenos de "pústulas", los cuerpos
"purulentos" de aves y animales, las flores moribundas,
producen un efecto de asco y horror, poco asociado a
nuestro Modernismo.

Contrario entonces al realismo previo y al criollismo
posterior, el cuento modernista no se fija en la naturaleza
americana. Más aún, con pocas excepciones, el paisaje externo es inexistente; las historias ocurren en espacios cerrados, interiores, adecuados a los dramas íntimos que se
cuentan. Esas historias las confiesan los que las padecen
en cartas o estrictas confidencias a sus amigos, lo que
explica la frecuencia de la modalidad epistolar que muchos emplean (Nájera, Díaz Rodríguez, Palma). Espacios
cerrados son los laboratorios de los sabios en *Las fuerzas
extrañas* de Lugones, las alcobas de las adúlteras de

Gutiérrez Nájera, o de los amantes crueles en los relatos de Díaz Rodríguez y Palma, como se verá. Ocasionalmente el escritor se detiene a representar un lugar cercano al referente 'real', pero lo mira casi siempre con ojos alegóricos, como sucede con la mañana campesina de "La mañana de San Juan" de Gutiérrez Nájera, o el París libresco que se representa en muchos de los cuentos que se va a estudiar.

Si no interiores, los espacios se prefieren exóticos y remotos como la Grecia, Roma u Oriente mitificados de los cuentos de Darío y Lugones, como la Trapobana, Timbuctú y Upernawick en relatos de Palma. Por supuesto, esta preferencia tiene que ver con el muy citado 'cosmopolitismo' que la crítica le atribuyó desde siempre a los modernistas. Sobre esto, pensamos con Joan Lluis Marfany, que los modernistas eran exotistas porque sus modelos (sobre todo franceses) lo eran, y este cosmopolitismo no significa deseo de evasión como se creía, sino parte del deseo de 'modernizar' la propia cultura (89), asunto sobre el que volveremos.

Martí afirmó que con la naturaleza, "la vida íntima, febril, no bien enquiciada", se hizo "el asunto principal", "el único [...] legítimo de la poesía moderna" (41). Mas para fijarse bien en el interior del hombre y romper los cánones estéticos, se necesita libertad, como bien lo proclamaron nuestros autores en sus reflexiones estéticas. El principio de la libertad puede verse desarrollado en dos líneas de igual importancia: la libertad de ser uno mismo, y la libertad para crear belleza, usando todos los recursos, permitidos o no por los cánones oficiales. Rubén Darío sintetiza ambos al decir en "Los colores estandarte":

> los cánones del arte moderno no nos señalan más derroteros que el amor absoluto a la belleza (clara, simbólica o arcana) y el desenvolvimiento y manifestación de la personalidad. Sé tú mismo: esa es la regla (55).

Gutiérrez Nájera escribió el artículo "El arte y el materialismo" en parte para defender la libertad de escribir poesía erótica (158). Para Martí, la libertad espiritual es el fundamento para que el hombre se encuentre a sí mismo porque "las ideas convencionales", las "lecciones, legados y ordenanzas" son obstáculos que obscurecen su razón (41). Darío, en "Dilucidaciones", expresa que la lucha artística de los modernos se hace "en nombre de la amplitud de la cultura y de la libertad" (63). Para el cuento, la libertad preconizada por el Modernismo amplió tanto el radio de la historia como el sistema discursivo. En el declarado interés por el interior del ser, las historias contadas amplían extraordinariamente los asuntos concernientes al yo. El sentimiento del yo dividido, fragmentado, lo hallamos en varios de los cuentos estudiados.

Por ejemplo, en "Celos" de Díaz Rodríguez, la protagonista está consciente de la diferencia entre su persona presente y la pasada, de la cual tiene envidia. Una voz interior, como un Otro más osado que el externo, aconseja y empuja al héroe en "Flor de voluptuosidad" del venezolano. El fenómeno del doble se asoma en el "Príncipe alacrán" de Palma, y en "Un fenómeno inexplicable" de Lugones. Este último nos sirve para ilustrar la sofisticada forma a que se llega en esta área. Más que moderna, postmoderna, parece la desintegración del yo en el pasaje que citaremos. Como va a hacer Julio Cortázar en "Las babas del diablo", el fenómeno se acentúa con las permutaciones de la persona gramatical. Obsérvese de paso, en este mecanismo de acentuación, el uso de la tipografía en el subrayado del autor:

> Los veo constantemente. Soy su presa. Adonde quiera *él* va, *voy conmigo*, con *él*. Está siempre ahí. Me mira constantemente, pero no se *le* acerca jamás, no *se* mueve jamás, no *me* muevo jamás (*LFE* 59-60, cursivas del autor).

Los ejemplos muestran que no se puede generalizar, como se hizo cuando se criticó la falta de análisis psicológicos en el Modernismo ("desicologización" la llama Mattalía), pues la sutileza de los exámenes de interioridades de algunos como Díaz Rodríguez y Palma, tienen la finura del escalpelo.

Bajo el amparo de la libertad como principio artístico, puede explicarse la extraordinaria apertura en la representación del erotismo y la sexualidad en la escritura modernista. Aunque todavía se da la división romántica entre cuerpo y espíritu en algunos relatos, sorprende la cantidad de obras que presentan el deseo y la relación sexual como parte integrante del amor. De manera pudorosa en Gutiérrez Nájera ("El baño de Julia") o en Darío ("El rubí"), son más francos Díaz Rodríguez ("Flor de voluptuosidad") y Palma ("Idealismos"). Los dos últimos van más lejos aún al defender la sexualidad no sólo en las historias, sino también en el discurso, en un afán de desmitificar el amor idealizado de tan larga tradición literaria. En "Una historia vulgar" de Palma, el narrador opina que el amor es incompleto sin el sexo, y que él prefiere el amor "real" al del "ensueño" (60). "Flor de voluptuosidad" de Díaz Rodríguez, justifica la sexualidad (la voluptuosidad del título), como originadora del arte y otros beneficios (afina los nervios y el cerebro), y tiene calidad sacra:

> La voluptuosidad es una virtud a la que todos los hombres deben algo bueno [...] nada tiene de infame, es santa [...] Sin ella, el amor es imposible, porque sin ella es imposible la posesión (*Confidencias de Psiquis* 45-46).

Que la libertad no es total en cuanto a ciertos asuntos como la homosexualidad, ha sido señalado por Sylvia Molloy (1992). En algunos cuentos como "La venganza de Milady" de Gutiérrez Nájera hay una tenue sugerencia a una relación entre mujeres, y en relatos de Palma, la preferencia de algunos personajes masculinos por muchachas de apariencia andrógina, bordean el tema, pero no hallamos una representación más explícita.

El amor en las psicologías 'anormales' que va a aparecer con timidez en Gutiérrez Nájera o Darío, va a ser foco central en obras de Díaz Rodríguez y Palma, y muchas de ellas representan una sexualidad desbocada ("Rojo" de Díaz, "Idealidades" de Palma). Sin duda la libertad que predican y buscan los modernistas, favorece la audacia con que ellos examinan fenómenos poco usuales en las narraciones coetáneas: fetichismo, necrofilia, sadismo y masoquismo, por ejemplo.

La libertad permitió también añadir la nota sensual a los retratos femeninos. A veces esa sensualidad (a manera de escudo) se la da a un elemento no humano, como hace Gutiérrez Nájera con la mañana, en "La mañana de San Juan". En otras ocasiones, se oculta bajo el ropaje lírico como los pechos en "El rubí" de Darío ("panecillos de marfil coronados de cerezas"). Pero la franca descripción sensual es frecuente. Véase la boca de la protagonista de "Tic", o las manos que adora el fetichista en "Fetiquista" de Díaz Rodríguez, por ejemplo.

Bajo la amplia cubierta de la libertad, se pueden examinar también algunas ideas y hechos que aparecen en algunos cuentos que van en contra de la moral de la época, aún de la de hoy. No nos referimos a la ruptura de costumbres (como las atinentes a la sexualidad), sino a fenómenos que tocan las bases éticas y religiosas de todos los tiempos. Por ejemplo, la idea de que el Mal es necesario en el mundo, explícita base de tres relatos de *Cuentos malévolos* de Palma ("Parábola", "El quinto Evangelio" y "El hijo pródigo"), e implícita en otros cuentos del volumen. Muchos de estos conceptos son afines a reflexiones de Nietzsche, como la que critica el cristianismo por exaltar la pasividad y la mansedumbre ("El hijo pródigo"). Díaz Rodríguez en "Flor de voluptuosidad" presenta en el proceso de desarrollo de un joven, su aprendizaje de que cada hombre tiene una moral distinta, y que el "amor es crimen ó virtud según los ojos que lo espían" (55). Acciones de crueldad intolerables, que no reciben castigo, presentan varios de los *Cuentos malévolos* de Palma. Estos dos autores van aún más lejos al cuestionar en sus relatos los conceptos de lo natural y artificial, de lo sano y lo enfermo, de lo normal y anormal a través de sus historias.

Relacionada con la ética y la moral, está la representación de la mujer en el Modernismo, área poco estudiada, que aquí apenas orillaremos. Con pocas excepciones ("Por un baño" de Gutiérrez Nájera, "La ninfa" de Darío, "Tic" de Díaz Rodríguez, o "Agueda" de Lugones), no hay mujeres protagonistas en los relatos. El centro lo ocupa siempre el varón, aunque él esté obsesionado con ella

("Fetiquismo" y "Mi secreto" de Díaz Rodríguez, "Los ojos de Lina" de Palma). En las primeras páginas, mencionamos la representación de la bella etérea y de la sensual. A éstas hay que agregar el encanto de la figura andrógina en "Leyendas de Haschischs" de Palma, y la atracción que ejerce la mujer enferma sobre algunos héroes ("Flor de voluptuosidad" de Díaz Rodríguez), sobre todo los decadentes ("Idealismos" de Palma).

Una sola vez encontramos a una obrera (la abusada mujer de "Flor de voluptuosidad"), aunque tampoco se representa el trabajo de los hombres, excepto el del artista que escribe, pinta o esculpe. Entre las mujeres adineradas, abundan las coquetas y las adúlteras, y son frecuentes entre pobres y ricas, las que siguen dócilmente los caprichos del marido, o del amante.

Los cuentos también desmitifican las instituciones. Por ejemplo, el matrimonio es ridiculizado con los repetidos adulterios de ambos cónyuges (en todos los leídos), y la maternidad es rara (en uno que otro cuento de Gutiérrez Nájera). En "Idealismos" de Palma, se ataca directamente el matrimonio porque en él "muere toda ilusión [...] para ceder el sitio a una amalgama de animalidad y respeto". (28)

La mujer más independiente, 'moderna', aparece en algunos relatos, como en "Por un baño" de Gutiérrez Nájera, en que la viudez y el dinero le permiten a la protagonista mayor libertad. Del mexicano es también la figura femenina más acorde a la codicia que los modernistas desprecian, aunque venga en forma de una leyenda adaptada. Se trata de la muchacha caza fortunas de "La caperucita color de rosa", más interesada en la contabilidad que en el amor.

La misoginia que permea el sistema patriarcal todavía imperante, es abierta en "Cuento rojo" de Díaz Rodríguez, cuya historia ilustra el dictum popular de que la mujer ama al que la golpea. En "Una historia vulgar" de Palma, el narrador piensa que cuando la mujer no es "mala por instinto" lo es por "dilettantismo" (58). Esta misoginia puede estar relacionada con el temor del hombre a la mujer sexual, que hallamos como subtexto en varios de los relatos de estos dos escritores. Por ejemplo, la impotencia del protagonista de "Un dilettante" de Díaz Rodríguez, bien puede ser atribuida a temor a la sexualidad femenina. Los personajes masculinos de "Los ojos de Lina" y "La granja blanca" de Palma, expresan tanto admiración como inquietud ante la naturaleza 'apasionada' de sus mujeres. No extraña entonces que ellas mueran ("La granja"), se las haga morir ("Idealismos"), o se queden ciegas ("Los ojos de Lina").

No obstante, una insólita nota feminista se encuentra inesperadamente en "El secreto de don Juan" de Lugones. Allí una dama de la alta sociedad y de limpia reputación, defiende el haberse entregado al amante, porque a través del amor pudo hallar su identidad. En palabras extrañamente contemporáneas, la protagonista critica los reglamentos "que hicieron otros", para que la mujer viva como "triste animal de recua con carga y rumbo ajenos" (95).

Como dijimos, la libertad comprende también el derecho a seguir cualquier autor u obra que se sienta afín a la propia realización. En la tarea de renovar las letras en español, los modernistas abren el terreno de fuentes e inspiración a las literaturas extranjeras en diversas formas ('imitaciones', 'adaptaciones'), seguros de que el producto final será muy propio. El llamado "sincretismo" que incluye este proceso, es invocado por todos. Martí, por ejemplo, declara que "el poema está en el hombre decidido a gustar todas las manzanas" (42); y de su conocido ensayo sobre Oscar Wilde es su apotegma: "Conocer diversas literaturas es el medio mejor de libertarse de la tiranía de algunas de ellas; así como no hay manera de salvarse del riesgo de obedecer ciegamente a un sistema filosófico, sino nutrirse de todos" (438). Gutiérrez Nájera defiende la presentación de modelos franceses en su "esencialmente moderna" *Revista Azul*, y achaca la pobreza de la poesía española a "la falta de cruzamiento" y a la "aversión a lo extranjero". Aconseja el mexicano:

Conserve cada raza su carácter sustancial; pero no se aísle de las otras ni las rechace, so pena de agotarse y morir. El libre cambio es bueno en el comercio intelectual (y tiene sobre el libre cambio mercantil la ventaja de que podemos establecerlo hasta con pueblos y naciones que no existen ya). [...] Mientras más prosa y poesía alemana, francesa, inglesa, italiana, rusa, norte y sudamericana, etc. importe la literatura española, más producirá y de más ricos y cuantiosos productos será su exportación (*Obras, Crítica literaria* 102).

Dijimos más arriba que esta apertura a las literaturas extranjeras se hacía en la seguridad de que se producía algo nuevo, y nadie mejor que Darío para expresar este proceso. En las conocidas palabras de "Los colores del estandarte" dice:

Qui pourrais-je imiter pour être original? me decía yo. Pues a todos. A cada cual le aprendía lo que me agradaba, lo que me cuadraba a mi sed de novedad y a mi delirio de arte los elementos que constituirían después un medio de manifestación individual. Y el caso es que resulté original (52).

Hoy que no creemos en la originalidad, y que sabemos que la literatura está compuesta mayormente de literatura, no asombra encontrar numerosas redes intertextuales, implícitas o explícitas en los escritos modernistas. Todavía queda por hacer el cotejo de fuentes y adaptaciones, pero de ningún modo se deben obviar, pues algunas de ellas, como "Rip-Rip", "La venganza de Milady" y "La caperucita color de rosa" de Gutiérrez Nájera, o "El palacio del sol" de Darío, son verdaderas creaciones. En esta apertura a diversas corrientes y movimientos, los trazos de las pasadas escuelas no se borraron con la llegada de los nuevos. Ya hemos visto huellas realistas y naturalistas; la marca romántica —siempre presente en nuestra literatura como piensan muchos— es evidente en los cuentos que estudiamos. Por ejemplo, en "Juan el organista" de Gutiérrez Nájera, "A las orillas del Rhin" de Darío, "Agueda" de Lugones, o "Flor de voluptuosidad" de Díaz Rodríguez, entre otros. Como afirman Gutiérrez Girardot y Burgos, creemos que en este sentido se tendría que hablar de 'continuidad' de movimientos y no de rupturas absolutas. O más bien, de líneas paralelas entre continuidad y ruptura. La heterogeneidad, y la pluralidad en los modos discursivos es pues, la impronta prevalente, y de la conocida lista de "ismos" que entran en esa heterogeneidad, ya se han ilustrado varios (romanticismo, realismo, naturalismo, prerrafaelismo, decadentismo/o simbolismo, pues se usan como sinónimos), y otros, como el expresionismo 'avant la lettre', se señalan en los estudios que siguen. Dijimos antes que la libertad preconizada por los modernistas amplió también el área que atañe al discurso. En este terreno, como en el de las historias, la tónica es la combinación de formas y de recursos. Ya se sabe de la mezcla de verso y prosa (*Azul...*), del empleo de los procedimientos de la poesía en las narraciones, y el cruce de lindes entre las artes (poesía y música, pintura y escultura). Mucho se ha dicho sobre el cuidado por la forma del lenguaje, que trabajan con la pasión de orfebres, inspirados especialmente por el parnasianismo, casi la única virtud que se les encomiaba en la crítica tradicional. Para el cuento, importa hacer hincapié en las construcciones más ceñidas, por estructuras mejor planeadas, que agilizan las obras. En estas estructuras, es destacable la diversa elaboración del narrador, diferente al omnisciente tradicional, que llevaba de la mano al lector. Ahora el narrador básico es casi siempre inobstruso, y su conocimiento parcial o dudoso. Casi todos los cuentistas que estudiamos, sin embargo, prefieren el narrador personal, actante o testigo de la fábula, que con su subjetividad aminora la distancia con el lector, y aumenta su efecto sobre él[8].

Sorprendente por su frecuencia y contemporaneidad es la existencia de fenómenos apreciados hoy, como el metacomentario, la intertextualidad, y en general el alto grado de autorreflexión sobre la escritura, la ficción y la psicología de los personajes. Estos fenómenos son muy reiterados en Lugones, quien también empleó el recurso de la ficcionalización de su propia persona, como va a hacer Borges más tarde. Contemporánea es la ambigüedad en el significado de muchos relatos, derivada muchas veces de sus finales abiertos. La conciencia del autor sobre la partipación del lector en la producción del texto es evidente. En la forma más empleada se le pregunta o propone directamente, cuestiones que no responde el cuento, o que se responden con varias posibilidades. La presencia del lector en las elaboraciones está relacionada también con el uso especial que muchos hacen de la tipografía. Los paréntesis, los subrayados, la letra cursiva aparecen en muchos relatos como específicas maneras de llamar la atención del que lee. El humor, la ironía, el sarcasmo, y de vez en cuando la parodia, son otras formas empleadas que aproximan el cuento modernista al cultivado hoy.

Nuestra convicción de que el cuento modernista es la semilla de la altura a que llegó el género en nuestros días, se confirmó en las resonancias a Borges o García Márquez, entre otros de los cuentistas consagrados hoy, que encontramos en los discursos de varios relatos. A Borges recuerda la descripción de una antiquísima ciudad en la "Historia prodigiosa de la princesa Psiquia..." de Darío; las del bíblico desierto de "La estatua de sal" de Lugones (ambas reminiscentes de "El inmortal"); y la enumeración, con repetición del verbo *ver* en "El quinto Evangelio" de Palma (semejante a la que aparece en "El aleph"). A García Márquez nos recordaron aquellos "cobertores de un tejido singular que producía el insomnio y el deseo" (43), de "La lluvia de fuego" de Lugones, entre otros ejemplos.

Las contradicciones sociales (la pobreza abyecta junto a la opulenta riqueza; la modernización junto al atraso, entre otros fenómenos), se traduce en una escritura marcada por el empleo de motivos contrastantes, y rupturas del ideal estético preconizado por la literatura anterior (especialmente el romanticismo), que consideraba indispensable la 'armonía' de la obra. El rechazo del artista a los valores burgueses que se imponían, lo lleva a exaltar el objeto bello por su inutilidad práctica, que contradice el utilitarismo burgués; a favorecer lo ambiguo y lo nebuloso –recuérdese la pintura impresionista– para oponerse a lo nítido y claro del pragmático; a sentir atracción por lo enfermizo y lo débil, para contradecir a los saludables filisteos. La preferencia por algunos tipos reprobados por la sociedad (el diletante ocioso, el vagabundo, la cortesana), representa una sublevación contra el orden establecido. Por esto parece inapropiado hablar de 'escapismo' y 'arte por el arte' en elaboraciones directa o indirectamente amarradas a fenómenos sociales de la época. La estética del lujo es precisamente un arma que contrasta con el ethos economicista del capitalismo, pues propicia el derroche y la dilapidación. Por otro lado, este agresivo ataque a los valores pragmáticos, borrador del 'aura' de lo bello y único (Benjamin), puede ser para el Modernismo latinoamericano una especie de compensación a la 'fealdad' de ciertos aspectos de la modernidad, como piensa Julio Ramos (116). Esa estética del lujo compensaría también la pérdida del lugar importante que ocupó el escritor en las esferas sociales del pasado, pérdida que, a nuestro juicio, exageran algunos críticos, pues el prestigio intelectual por lo menos, nunca se abolió en nuestros países.

La pluralidad de las historias y de los discursos da un mentís a la descripción tradicional del cuento modernista como ocupado sólo del bello estilo, sin otras preocupaciones. En los relatos leídos, se hallan junto a agudas críticas a la sociedad, serias reflexiones metafísicas; junto al sentimiento, el chiste; el matiz cruel, pero también la ternura. Por otro lado, si se encuentra una narración que sigue el paradigma tradicional del "Había una vez", otros se contarán a través de monólogos, diálogos o cartas; vendrán enmarcados o no; y tendrán diferentes variedades de narradores. Desde el punto de vista de la obra contemporánea, ya mencionamos la alta incidencia de observaciones metaliterarias y autorreflexivas, ricas redes intertextuales, y una representación del sujeto dividido, conceptos puestos en boga mucho más tarde.

II

MANUEL GUTIÉRREZ NÁJERA
(1859-1895)

Problemas de clasificación

Enrique Pupo Walker considera a Gutiérrez Nájera como "el primer cuentista importante" del Modernismo (Iñigo Madrigal 517), opinión que se sostiene por el mérito de muchos relatos del mexicano. El juicio crítico es unánime además en afirmar la influencia de este autor en la formación de las nuevas modalidades escriturales de fines del siglo diecinueve, sobre todo de la prosa. A pesar de esta apreciación, todavía hay ciertos aspectos de la obra de Gutiérrez Nájera necesitados de más estudio. Por ejemplo, la reclasificación de esas prosas. Las que se han publicado bajo el título de 'cuentos' son muchas veces crónicas, divagaciones poéticas, o impresiones de lugares o días especiales. En *Cuentos y Cuaresmas del Duque Job*, edición pre-

parada por Francisco Monterde (1987), que es la que citaremos, estimamos que más de la mitad de los ochenta y
un relatos que incluye no califica como cuento, de acuerdo
con las especificaciones que discutimos más arriba. Hay
que admitir que las fronteras entre el cuento y otros tipos
de narración como la crónica, son difíciles de demarcar. El
mismo Monterde advierte que muchos de los relatos de
Gutiérrez Nájera aparecen "fundidos con sus crónicas"
(XV). Más aún, en algunos 'cuentos' la nominación de
"crónica" está en el título o subtítulo ("Crónica de mil colores", "Crónica escandalosa"); o el narrador llama a su escrito "crónica" ("El sueño", "Juan Lanas",), o su narrador
se autocaracteriza como "cronista" ("Pía di Tolomei" 119).
    E. K. Mapes, quien editó los *Cuentos completos y Otras
narraciones* en 1958, advierte que Gutiérrez Nájera tenía
"la costumbre de volver a publicar cada obra hasta cuatro
o cinco veces en varios periódicos, bajo diferentes títulos",
lo que obviamente dificulta la "identificación y el estudio
de muchos escritos" (XLVII). El crítico explica que "la mayor parte de la prosa de Nájera consistía en crónicas" (L),
de las cuales muchas eran parte de una serie con un
título englobador. Al separarlas como cuentos, el estudioso
'escogió' títulos apropiados cuando la composición sólo
tenía el de la serie (LI). Por otro lado, Monterde prefirió
"conservar el título que llevaban al aparecer en revistas y
diarios" (XI). Así, al cotejar las dos ediciones, aparecen en
Monterde "Después de las carreras", "A humo de pajas",
"Cosas del mundo", "Después del coleadero", "Stora", y
"Crónica escandalosa", que en la edición de Mapes se
llaman respectivamente "Berta y Manón", "Los
matrimonios al uso", "Mi inglés", "El desertor del
cementerio", "Stora y las medias parisienses", y "Los
amores de Pepita", entre otros relatos cuyos títulos no
coinciden.
    Al manejar las dos ediciones, nos dimos cuenta de que
Mapes no sólo cambió el título original, sino que a veces
eliminó introducciones o codas de ciertos relatos. Al hacer
esto, el investigador –sin cuyo trabajo es impensable
cualquier estudio sobre Gutiérrez Nájera–, trataba de suprimir aquello que a su juicio no pertenecía al 'cuento'. Esto explica que la edición de Mapes tenga una primera

sección llamada "Cuentos completos" y una segunda con el título de "Otras narraciones". En esta última, el editor aclara que allí dispuso los escritos en que falta alguna de las características del 'cuento' propiamente dicho, pero que muestran, sin embargo, un "elemento claramente narrativo" (L). Mapes no discutió cuáles eran las características que faltaban, pero tiene razón en considerar esas veinticinco como no-cuentos. Orillaré esta cuestión más adelante.

Uno de los problemas que resulta de la eliminación de ciertas introducciones que aparecían en el relato original, es que ellas confirman que el escrito se concibió como crónica. Por ejemplo: "Juan Lanas" empieza con el siguiente preámbulo que omitió Mapes, pero que advierte en nota (32), y que trae la edición de Monterde:

> Me parece una ironía la de mi editor. Pedirme que escriba una crónica quien como yo, emparedado en su alcoba solitaria, ha pasado casi toda una semana enfermo, es un sarcasmo.
>
> ¿De qué voy a hablar, Dios Santo?
>
> ¡Ah! me encuentro en mi gaveta la primera parte de un monólogo de Juan Lanas (129).

El mismo caso de supresión en la edición de Mapes ocurre en "Los matrimonios al uso", "Dame de coeur", "Los tres monólogos del marido", o "La familia Estrada", entre otros relatos[1].

Pero el problema es más complicado aún, pues si con la introducción tenemos una 'prueba' de que el relato se escribió como crónica, el texto a veces incluye una parte central que califica como cuento. Es lo que pasa en "A humo de pajas" ("Los matrimonios al uso"), "Los tres monólogos", o "Margarita" ("La familia Estrada"), entre otros relatos, como veremos más adelante.

La disparidad clasificatoria se evidencia al considerar que *Divagaciones y Fantasías: Crónicas de Manuel Gutiérrez Nájera*, editado por Boyd G. Carter (1974), incluye "Los amores de Pepita", "El vago", "Historia de un peso bueno", y "El sueño de Magda", que son publicados como cuentos por E. K. Mapes en sus *Cuentos completos*.

Sin ánimo de entrar en la reclasificación de las obras, por lo dicho se hace claro que un escollo principal para comenzar a examinar algunos cuentos de Gutiérrez Nájera, es distinguir entre éstos y sus numerosas crónicas. Este género, tan popular en el siglo XIX, que el mexicano escribió casi diariamente, fue el laboratorio en el cual, según los especialistas, se renovó la prosa de la época. En su introducción a *Obras inéditas de Gutiérrez Nájera: Crónicas de Puck*, Mapes define la crónica como "comentario sobre acontecimientos del día o sobre cualesquiera otras materias de interés general, cultivado conscientemente como una forma especial de prosa artística" (5). A su vez, Francisco González Guerrero en su estudio preliminar a la edición de Mapes, comenta que la "crónica de la semana reunía una diversidad de aspectos, en consonancia con los sucesos sobresalientes de domingo a domingo; pero siempre adornada por la fantasía" (XVII). La primera parte de este sintagma coincide con la definición de Aníbal González, para quien la crónica es "un reportaje [...] que narra el presente en función del devenir" (73). Y más específico: "como género periodístico, está sujeta a exigencias de actualidad, de novedad"(75). González cita al mismo Gutiérrez Nájera para expresar la meta recreativa que perseguía la crónica, cuya función sería "divertir, entretener, más que informar" (108).

Consideraremos como crónica entonces, aquellas prosas arraigadas en el presente histórico, indicado por fechas, nombres o sucesos del día, destinadas sobre todo a recrear. Aunque no son ellas el objeto central de este capítulo, no podemos dejar de notar que nos sorprendió la gran frecuencia con que se ocupan del motivo del dinero (su falta o su acumulación), con un claro sentido crítico castigador de las diferencias socio-económicas. Por ejemplo, "El amor de la lumbre" es una especie de parábola sobre la noción de que el dinero no hace la felicidad. "Los suicidios" presenta la carta de un pobre que se va a matar por razones económicas. "Historia de una corista" se burla en forma de carta del mercantilismo y amor al dinero de los Estados Unidos. "Don Inocencio" gira alrededor de un tacaño cuya muerte produce regocijo y no dolor. "Memorias de un vago" igualmente tiene como figura central a un avaro. "Stora", que cuenta las penurias de un artista pobre en la capital, interesa por tratarse de un fetichista en busca de piernas y medias de mujer, lo que le da un leve toque 'decadentista'.

La obvia inclinación al 'esteticismo' finisecular que se va a detener con minuciosidad en la descripción de mujeres bellas, se epitomiza en la crónica "Después del coleadero" (o "El desertor del cementerio"). Citado siempre como cuento, este relato de un duque muerto vuelto a la vida por un día, es sólo un pretexto para enumerar y describir a las beldades de la alta sociedad. Hay que recalcar, sin embargo, que el lenguaje exhibe aquel regodeo en el lujo y la belleza que va a ser tan popular en la escritura de la época[2].

El problema clasificatorio se complica más con el parentesco que existe entre la crónica, el cuadro de costumbres y la "tradición". Aníbal González afirma que mientras la crónica comunica "novedades" el cuadro costumbrista y la tradición comunican "cotidianeidades o datos históricos" (73). El vocablo "cotidianeidades" nos parece problemático por su indefinición, pero además porque a menudo la crónica se centra en sucesos que ocurren diariamente. Por su parte, Enrique Pupo Walker, en un iluminador ensayo, atribuye al cuadro de costumbres los siguientes rasgos que calzan a algunas de las prosas de Gutiérrez Nájera: "Función utilitaria e historicista"; tono confesional "que toma como punto de referencia el contexto inmediato"; narración "detallista", apoyada en las "agudezas o perspicacias" del narrador. Desde el punto de vista formal, el crítico ve "rupturas del hilo narrativo y el contrapunteo sobresaltado de anécdotas inconclusas y matizaciones conceptuales". ("El cuadro de costumbres..." 2-6). Los deslindes hechos por los dos estudiosos, nos sirvieron para separar algunas obras que responden a estas características. Entre ellas, las que presentan un objeto personificado como actante principal, que tienen como meta una específica crítica social ("Historia de un dominó", "Historia de un paraguas", "Historia de un peso bueno", "Historia de un pantalón", "Casi veinte años después")[3].

Vista la cercanía y coincidencia entre los diversos tipos genéricos no es muy difícil darse cuenta por qué Mapes apartó los relatos que reunió bajo el nombre "Otras narraciones", por carecer de alguna característica de cuento. Esta sección, que corresponde casi enteramente a la que Monterde titula "Últimos cuentos", tiene reflexiones sobre las estaciones ("El invierno") retratos ("Los extravíos de Luna"), recuerdos de infancia ("La fiesta de la virgen") o crónicas que se usan para criticar males sociales de la época ("La moneda de níquel").

De "Otras narraciones" interesa, no obstante, "La cucaracha" (Mapes) o "La vida en México" en Monterde. El relato comienza con una descripción muy expresiva de la ciudad de noche, cuando "están ciega la luz y muertos los sonidos" (247), y sigue con un metacomentario revelador de la tarea de un cronista que tiene lectores habituales: "El preámbulo anterior sirve únicamente para disponer el ánimo de mis lectores a la audición de lo maravilloso" (248). Lo maravilloso es la kafkeana transformación de una cucaracha en hombre, tras defenderse "espartanamente" de los ataques del narrador. En esta batalla se dan algunos toques con efectos de horror o asco, buscados con frecuencia por el modernismo de la vena 'decadentista', como veremos más adelante. Así, en un momento, el narrador siente "el áspero contacto" de las alas de la cucaracha en el sensible "cutis de [sus] labios" (248). La crueldad decadentista la evoca luego, al observar "entretenido" los esfuerzos que hace el insecto para escapar de la llama de la vela con que se lo quema, acto que provoca en el narrador "las delicias y espasmos" de Torquemada en el tormento (248). La transformación del insecto, sujeto por pinzas, comienza al "tostarse" y perder las patas. Luego,

> Sus duras alas se partieron, estallando en pedazos, como las negras uñas del demonio. Nada más los ojos, pequeñitos y casi imperceptibles, resistían la combustión y hasta se agrandaban al parecer al contacto con la llama. Llegó un momento en que la cucaracha fue toda ojos. De improviso, sin escapar a la presión de la tenaza [...] fuese

alargando, alargando [...] Era la ballena saliendo de
Jonás [...] Lo más extraño y peregrino es que aquellas
alas extendidas y alargadas parecían dos piernas de un
pantalón negro (248-49),

y sigue la descripción hasta la aparición de "un perfecto
caballero, con corbata, reloj, sombrero y todo" (249)[4].
El interés modernista por las ciencias ocultas se revela
en la explicación de que el caballero/cucaracha ha adquirido su poder de transformarse a través del estudio de la
"cábala y la alquimia". Estos poderes le permiten cambiar
al narrador/periodista en otra cucaracha, quien, como la
Alicia de Carroll, se va empequeñeciendo sin perder "la
conciencia de [su] *yo* inmutable" (251, cursiva en el texto).
El relato, pese a estos sucesos extraordinarios, está muy
amarrado a los males del día. Como en otras prosas, la
falta de medios económicos es un elemento crucial. La primera cucaracha dice que por no tener oro ("para todo se
ha de menester", 249), no pudo convertirse en otro animal
o insecto más hermoso, pero estar en "las escalas
inferiores de la vida", le ha permitido ver la crueldad e
injusticia para los "pobrecitos". La sátira social apunta a la
intervención de los extranjeros, ya que para obtener
empleos lucrativos "es conveniente haber nacido allende
el mar" porque "los extranjeros lo quitan todo" (250).
A pesar del interés que despiertan los elementos comentados, el relato se debilita al final. La estupenda opor-
tunidad que como observadores no observados tienen los
dos insectos al sobrevolar la ciudad, no se aprovecha. El
discurso termina con la vuelta a casa del narrador, y la
historia queda interrumpida insatisfactoriamente.

Este tipo de cuento/crónica se da también en "Cosas
del mundo", (o "Mi inglés") de 1877, que contiene una
descripción del protagonista digno del decadente
impasible. Rico, elegante, Lord Pembroke sufre de 'spleen'
y de hastío. El flemático inglés tiene además "el placer de
asombrar y la satisfacción orgullosa de nunca
asombrarse" que Baudelaire atribuyó a su pintor
'decadente' (Fletcher/ Bradbury 102). Desgraciadamente,
este personaje y su bella mansión de suntuosidad

modernista, que prometen una historia interesante, se quedan en meras descripciones. La 'acción' prometida al mencionarse a la esposa del inglés se disuelve en nada. Lo que pudo ser cuento, termina abruptamente, con una coda final diciendo que el tal inglés y su mansión fueron un sueño del cronista.

"La odisea de Madame Theo" también podría llamarse cuento/crónica, lo último porque se hace obvio que el escrito lo genera la visita a México de la famosa cantante, y contiene numerosos nombres y hechos del día. Parte del relato, sin embargo, es la historia de cómo la Madre Naturaleza fabricó una hermosa muñeca y la mandó de regalo a los ángeles del limbo. La belleza del lenguaje y el imaginativo desarrollo de las peripecias en el limbo, apartan esta 'crónica' de las otras más pedestres. Así por ejemplo, se describe Venus, planeta donde llevan a la muñeca (que es una mujer) para detener el desorden que provoca su belleza en el limbo:

> Venus es una estrella de color de rosa [...] Allí los que se han amado mucho en esta tierra van a seguir su interminable dúo. Romeo vive en los cabellos de Julieta, perfumados de amor; y Paolo dormita en los brazos de Francesca. Las afroditas atraviesan el mar, recostadas en un colchón de espuma, y Ofelia deshoja su guirnalda sobre el azul espejo de las aguas. Allí llegó Théo, después de recorrer en brazos del arcángel los oscuros desiertos neptunianos [...] El ángel, enamorado de sus pupilas habladoras y sus labios color de sangre, prolongó cuanto pudo su excursión (217-18).

La cita ilustra muy bien, además del hermoso colorido y sensualidad, el fenómeno de la intertextualidad, muy frecuente en la escritura modernista.

"Pía di Tolomei" también bordea entre crónica y cuento, aunque su casi inexistente historia, la inclina más a la primera forma. Con una profusión de nombres de artistas admirados por los modernistas, citas en latín, en francés de Nerval, en italiano de Dante, esta obra temprana (1878) muestra con fuerza la tónica lírica que va a ser uno de los sellos caracterizadores de la prosa epocal. Ejemplo de ambos fenómenos lo da la descripción de Pía, cuya belleza es de indudable inspiración prerrafaelista:

> Es alta, esbelta, se creería una imagen escapada de la vidriera de colores de una iglesia antigua [...] ¡qué blancura, la blancura hiperbórea de sus brazos! [...] Cómo se confunden y armonizan en aquel rostro esos tintes lácteos, opalinos, nacarados [...] Esa mujer recuerda a la Gioconda de Leonardo da Vinci; parece que sus carnes se idealizan, se vuelven diáfanas (117).

El relato además menciona a escritores admirados por el narrador, que sincréticamente une románticos (Byron, Hugo), con los de los últimos autores franceses de moda (Gautier, Houssaye). El narrador es además una especie novedosa de investigador, que revisa viejos manuscritos en busca de la verdad sobre la muerte de Pía. Con todo, la anécdota es mínima. Fuera de que en ella se defiende la virtud de Pía contra el cargo de adúltera, sólo queda de 'historia' el hallazgo final de un retrato de la italiana como la Virgen María, en un pueblito mexicano. Se deja en silencio cualquier comentario sobre la blasfemia de que el rostro de una posible adúltera se haya confundido con el de la madre de Jesús. El lenguaje lírico de esta composición es de tónica esteticista, y la implícita blasfemia la acerca a la corriente decadentista del Modernismo.

Primeros cuentos

Aceptando pues como cuento la prosa que narra uno o más sucesos que involucran acciones de uno o más personajes, acciones significativas porque transparentan un cambio (físico, mental o social), nos abocaremos ahora a examinar aquellos cuentos que nos parecieron más notables para el desarrollo del género, y del relato modernista en particular.

Francisco Monterde subtituló "Primeros cuentos" a los que según sus explicaciones, Gutiérrez Nájera escribió entre 1876 y 1877, varios años antes de 1888, la fecha hito marcada por el *Azul...* de Darío. Nos detendremos en este grupo por haber sido menos estudiado hasta ahora, y porque ya muestra algunos de los rasgos más decisivos de la escritura modernista[5]. La mayoría de los relatos tiene como escenario una ciudad (generalmente México o a veces un París muy libresco), y con pocas excepciones, las historias tienen como personajes a seres de la alta burguesía (si México), o una nobleza venida a menos (si Francia).

Junto con los formatos discursivos diferentes que adopta el escritor, como son el estilo epistolar, el monólogo y el diálogo, sorprende en estos primeros cuentos la frecuencia de los motivos del dinero y del adulterio. El primero, era secuela natural de las transformaciones económicas que padecía la sociedad, que influía también en el estatus del escritor. El segundo, no obstante, si habitual en la literatura francesa, es obviamente un arma de escándalo en la pacata sociedad hispánica. El primer motivo citado, lo ilustra bien "A humo de pajas" ("Los matrimonios al uso" 1879), cuya historia ocurre en París, según el párrafo preliminar de la primera edición, eliminada por Mapes, pero explicado en nota. Este párrafo preliminar explica también la estructura epistolar del relato (cartas de un amigo parisino del cronista), y justifica tal vez la caracterización del personaje masculino, un noble corrupto y codicioso. A través de cartas, con mínima intervención de un narrador básico, se logra representar con suma agudeza las maniobras de un nuevo rico para trepar en la escala social, casando a su hija con un noble arruinado. De este último, se muestra su desprecio por los que no están en la alta jerarquía de "sangre y raza" (123), junto con su codicia por el dinero que no posee. El cuento se presenta sin enmarque, y coloca al lector de inmediato en la visión y voz del que escribe la primera epístola (la hija del rico a una amiga), que imita un idiolecto familiar y frívolo de muchacha influída por lecturas románticas, deseosa de creerse amada. En la cita siguiente, se ve esa huella romántica que considerada en el todo del cuento se reviste de un matiz paródico, puesto que contribuye al autoengaño de la joven:

Yo también te confieso que me encontraba conmovida. Figúrate un castillo en ruinas; los altos torreones desmoronándose de viejos, los puentes levadizos, los inmensos fosos... ¡Qué cosa tan poética! ¿verdad? (122, suspensivos en el texto).

Es importante acentuar el tonillo de burla con que el cuento representa tanto al noble arruinado como a los burgueses ricos, porque será una nota persistente en toda la escritura modernista. Casi no hace falta recalcar que la burla o parodia es un modo directo de criticar a la sociedad y los nuevos valores.

El formato epistolar del cuento recién esbozado, y el temple familiar del tono, contribuyen a la agilidad de la prosa, que se deja leer con placer. Pudiera objetarse que el diálogo epistolar no encaja bien en lo que se entiende por la narración de un cuento. Pero si se trata de mostrar cómo el relato va buscando nuevas formas hay que convenir que ésta es muy aceptable. Cuenta una historia (sobre una pareja que va a casarse por conveniencia), tiene personajes que revelan algo importante de su personalidad, y se sugiere claramente un desenlace: El discurso termina con la carta del noble, dejando el final abierto, pero las claves quedan echadas para predecir un mal fin de la relación. La muy limitada aparición del narrador básico, preanuncia la literatura posterior que preferirá dejar, como aquí, la palabra a los mismos actantes.

El motivo del adulterio es motor de "Tres monólogos" ("Los tres monólogos del marido" 1880), cuento que se inicia enmarcado dos veces[6]. El primer marco es una breve declaración de un pseudo autor diciendo que encontró el manuscrito que vamos a leer. El segundo está a cargo de otro "yo" quien, conocedor de la historia, quiere autentificarla en una especie de metacomentario ("Es una historia de cuya autenticidad no salgo ni saldré garante, pero que o mucho me engaño, o es la historia de un caballero muy conocido en nuestra sociedad" 148). Los tres monólogos pertenecen a un marido engañado por su mejor amigo. Los dos primeros descubren a un hombre ingenuo, un poco ridículo, que prácticamente echa a su esposa en brazos de su amigo. El tercer monólogo representa la revelación de la traición y el subsecuente suicidio del marido quien, ignorando el nombre del amante, pide al amigo que cuide a su mujer. El segundo marco mencionado deconstruye este tercer monólogo al afirmar la "verdad" sólo de los dos primeros. Al declarar además que el "héroe verdadero de esta *crónica* no ha recurrido todavía al suicidio" pone de relieve el carácter 'fictivo' del desenlace. Esta especie de ficción en la ficción, mirada desde la totalidad del relato, remacha en forma jocosa y un tanto picante, la estupidez del marido que deja a su esposa precisamente en brazos del amigo traidor[7].

En el primer cuento de Gutiérrez Nájera que vimos, mencionamos la existencia de rasgos románticos teñidos de burla. Toques románticos aparecen también en "Por un baño" ("El baño de Julia" 1881), aunque la situación y los personajes son más 'modernos'. "Por un baño" comienza *in medias res*, con un discurso que imita una conversación entre dos personas de las cuales sólo se evidencia la que habla. Otros signos indican luego que el interlocutor está ausente, y que la historia que el "yo" narrador se dispone a contar es una especie de carta, aunque no hay explícitos indicios para afirmarlo. El carácter de discurso 'escrito' aparece en la frase "voy a dividírtela en capítulos" (156), resultado de un factor externo: el haber sido publicada por entregas (Mapes, nota p. 70). El marco da paso a un cuento que se acerca más que otros a la imagen que tradicionalmente se tenía de la escritura modernista, por el cuidado y la riqueza del estilo. La fábula se centra en una historia de amor entre una bella viuda y un joven, Octavio, a quien inicialmente detesta. El escenario se describe con múltiples referencias al arte y mitología de Grecia, y el toque romántico de un viejo castillo con un bello parque y estanque:

> El agua viva, brotando de la gruta, se extiende como un mantel blanco en medio de la planicie; después piérdese en mil hilos de plata por entre las flores. Es aquel un manantial rústico, de fondo arenoso, y en cuyas aguas los

árboles se miraban, el azul del cielo proyectaba una mancha azul en el centro del manantial. Los juncos han crecido; los nenúfares dilatan sus redondas hojas. [...] Un estremecimiento brusco de las hojas da al follaje el aspecto de una virgen en el momento de un espasmo cuando sus párpados se entornan dulcemente (159).

La extensión de la cita permite entrever que el tono aquí es muy diferente al empleado en "A humo de pajas". El uso de los colores, luz y sombra, que recuerdan un impresionismo de tipo becqueriano, se adecúa a la historia de amor entre dos seres jóvenes, bellos, iguales socialmente. La evidente voluptuosidad del pasaje se aviene al carácter más sensual de la heroína, que gusta bañarse desnuda en las aguas del estanque. Pero éste es sólo uno de los rasgos de Julia, puesto que el narrador la describe como un "Voltaire con faldas" (157), y le atribuye escepticismo en el amor y/o el matrimonio, atributos que la acercan al patrón de la mujer moderna, más activa y libre[8].

Como harán algunos cuentos escritos posteriormente a éste, aquí se da una historia mínima, pero que se sostiene bien por la gota de suspenso creada desde el principio al anotar que Julia detesta al rico y guapo Octavio. Desde nuestra mira actual, pudiera verse como paródica la situación de los dos jóvenes en el estanque, y el afán de la viuda para que Octavio no vea su cuerpo desnudo. Pero en su tiempo, el pudor debió haber sonado muy auténtico, y el lector coetáneo pudo haber gozado más que el contemporánero con la nota sensual de la situación.

En cualquier caso, la voltereta burlesca aparece en la coda final del texto. Como va a hacer con frecuencia Darío, para dolor de cabeza de los críticos que insisten en hallar la 'armonía' y la 'coherencia' en las obras, aquí la coda final rompe la atmósfera creada en la historia. El texto se cierra con una "estrepitosa carcajada" lanzada por la estatua tuerta del Amor, existente en el jardín, y aludida con frecuencia como dios tutelar del romance, abriendo el final a un futuro posiblemente más negativo de lo que se podía esperar.

En el palimpsesto textual que constituye este cuento, se encuentra, como en muchos de los relatos del autor, la nota escultural parnasiana, el temblor del dibujo impresionista, el cuidado en el lenguaje con un aprovechamiento sabio de recursos de la poesía, más esta modalidad diferente del romanticismo, que no es la típica ironía romántica. Hay demasiada dosis de cinismo y escepticismo en la visión, y definitivamente un alejamiento del concepto del amor puro o estrictamente carnal, dicotomía tan cultivada por los románticos. Aquí la relación amorosa se encamina más bien a borrar esa división entre cuerpo y alma, y a gozar las sensaciones que tocan a ambas áreas, como gusta hacer la vertiente decadentista del modernismo, como veremos.

"Margarita" ("La familia Estrada", 1881), obviamente fue escrito como crónica, pues comienza con un preámbulo (suprimido por Mapes), en que un pseudo autor anuncia una "prédica" en vez de las "ironías y sátiras" acostumbradas, por la cercanía de la Semana Santa (151). Lo que sigue, sin embargo, es un cuento de muy sombríos tonos. Narra la historia de una niña pobre, uno de cuyos hermanitos muere a causa de la ignorancia de los padres. El cuento sufre de insistentes llamadas didácticas del narrador sobre la educación de los hijos. El relato hace recordar cuán vivas estaban todavía las huellas del naturalismo.

De más mérito por su lenguaje y humor es "La sospecha" ("La sospecha infundada" 1881), título que puede ser irónico según se lea el cuento. Con un comienzo *in medias res*, cuenta un episodio de la vida matrimonial de Roberto (de veinte años), y Clementina (de treinta). La visita de Lauro, amigo íntimo del marido, provoca los celos de éste, y la sugerencia de adulterio. La primavera y la belleza de la mujer son pretextos para bellas descripciones de la naturaleza, y sensuales toques en el retrato de Clementina. Véase como ejemplo cuán provocativas se insinúan las actitudes de la mujer, que ha cuidado con esmero su apariencia y su vestido para recibir al amigo:

> Clementina estaba, como siempre, encantadora; mejor acaso que otros días. Sus cabellos inquietos [...] sufrían el despotismo de un precioso peine de nácar; sus ojos eran negros como los de Casandra; y su boca culpable, de

ángulos plegados, estaba más escarlata y fresca que otras veces [...] Sus hombros mórbidos y sus brazos carnosos, se transparentaban a través del tejido de la tela. A cada instante Clementina levantaba los brazos como si fuera a bostezar, y entonces... ¡oh...! ¡y entonces...! (184, suspensivos del autor en las dos últimas líneas).

La elipsis expresada por los últimos puntos suspensivos, se acomoda al vestir/desvistiendo del traje transparente que la mujer elige, y juega con el lector invitándolo a que imagine todo lo que puede ver el invitado, haciendo más sugestiva la situación. El relato usa la sugerencia otra vez, en cuanto al adulterio, aunque la necedad del marido está clara. Algunos estudiosos de Gutiérrez Nájera, como Carlos Gómez del Prado, aseveran que el adulterio ocurrió (106), pero la verdad es que el texto, muy modernísticamente, lo deja en ambigüedad.

Junto con la historia 'risqué' de la provocación al adulterio, algunas observaciones del narrador son también muy atrevidas para la época. Según él, la castidad "esa niñería sublime es patrimonio de todas las doncellas inocentes" pero el pudor, que es un "arte", se adquiere, "se conquista". Clementina obviamente no es casta, pero sí es pudorosa (irónicamente), y usa con sabiduría ese 'pudor' que empieza sólo a los treinta años (183). Aquí, entonces, tenemos a otra mujer próxima a la 'tentadora' mujer fatal, tan cara a la vertiente decadentista del modernismo.

Dejando las 'adaptaciones' para un apartado especial, y antes de examinar algunos de los cuentos más conocidos de Gutiérrez Nájera, nos interesa mencionar de este primer conjunto "Cartas a mi abuela" ("El vago" 1882), que R. Yahni eligió para integrar su antología de prosa modernista. Presentado en forma de epístola dirigida a una "Muy señora mía", el yo enunciante resume su vida de hombre reacio a trabajar. La carta contiene rápidos diálogos (otra vez sin los trabadores verbos de introducción) que retratan el descaro y la picardía del personaje que se encapsula en el título. Lo que, a nuestro juicio, hace notable este relato, es que el formato y su recipiente supuesto derivan del dicho popular "Vaya a contárselo a su abuela", que es lo que hace literalmente el narrador/personaje. Fuera del título, no hay ninguna palabra extradiegética que demore la veloz narración. Esta 'literalización' de un proverbio o un gastado cliché, va a ser recurso frecuente de algunos escritores posteriores, como el uso de "pasar gato por liebre" que hace Darío en "Hebraico" (edición de Mejía Sánchez 102-105).

Cuentos frágiles

La colección *Cuentos frágiles* de 1883, cuenta con quince títulos en la edición de Monterde, de los cuales "Los suicidios", "Historia de una corista", "En la calle", "El amor de la lumbre", "La hija del aire" y "En el hipódromo" son crónicas de lenguaje simple y directo. En su mayoría, estas prosas contrastan vidas oprimidas por la pobreza con la indiferencia de los ricos, aunque ellos estén relacionados por lazos de familia con los pobres ("En la calle"). Crónica es también "Los amores del cometa", pero éste se destaca por su lenguaje más artístico, precursor del que será estimado como representativo del Modernismo.

Como crónica/cuento puede calificarse "La venganza de Milord" (1877) que, enmarcada como epístola, comienza con una estampa de bellas mujeres para centrarse luego en una pareja de adúlteros que encuentra la muerte a manos del celoso marido. El ambiente lujoso y la descripción de la belleza femenina ilustran la vena 'esteticista' del Modernismo. "La pasión de la pasionaria" (1882) por otro lado, está más cerca de la modalidad realista/naturalista, y tiene la novedad de estar supuestamente narrada por una amiga del cronista, aunque su enunciación no se diferencia mayormente de la de éste. El asunto de la madre que sacrifica el cielo por ayudar a su maltratada hija aligera su melodramatismo con el uso de un lenguaje popular en el diálogo entre los santos y la madre.

La oposición entre la riqueza y la pobreza, tan marcada en los relatos, se da también en "Después de las carreras" ("Berta y Manón", 1882), cuento estudiado por Seymour Menton en su conocida antología *El cuento hispanoamericano*. Con una mínima historia, el relato se trabaja por medio de descripciones paralelas y contrastantes de los sueños y pensamientos de una joven rica (Berta) y otra pobre (Manón). El asunto se alivia con la participación de un duende que ayuda al narrador a penetrar en las habitaciones cerradas, y da lugar a novedosas articulaciones discursivas:

> A poco andar, di contra el piano, que se quejó en sí bemol; pero mi acompañante sopló, como si hubiera de apagar la luz de una bujía, y las notas cayeron mudas sobre la alfombra (30).

El tono liviano de la cita y de gran parte del discurso, no impide que el relato muestre una clara protesta social. En una ocasión, por ejemplo, el narrador taxativamente declara que "el hambre, la miseria y el trabajo" transforman la belleza en fealdad (30).

"La mañana de San Juan", "La novela del tranvía" y "La balada de Año nuevo", todas de 1882, se cuentan entre los relatos más conocidos y estudiados de Gutiérrez Nájera. John F. Day, que los ha analizado, tiene valiosas observaciones sobre ellos, pero su trabajo se menoscaba por su rígida adhesión a la dicotomía racional/irracional en que basa su análisis. Para este investigador el cultivo de lo irracional sería el rasgo más característico de la obra modernista. El problema con esto es su debatible concepto de lo irracional que incluiría lo subjetivo, lo inventado, lo psíquico, lo imaginado, hasta lo antitético (256, 157, 271). Así por ejemplo, después de afirmar que "En *Cuentos frágiles* la expresión de lo irracional sobresale en la presentación de la psiquis de un personaje" (257), Day halla una "manifestación ejemplar del irracionalismo" en "La balada del Año Nuevo", el primer cuento de dicha colección. El uso del estilo indirecto para presentar los pensamientos de una madre cuyo hijo está moribundo hace, según Day, "sobresalir el aspecto afectivo e irracional de los personajes" y quita "importancia a la esfera de las acciones físicas" (257). Fuera de hacer casi sinonimia entre

lo irracional y el sentimiento, aquí tenemos el problema de
no considerar 'acción' o 'acontecimiento' el hecho
subjetivo, fenómeno ya aceptado por las teorías de la
narrativa. Para nosotros, la actitud y el discurso mental
de la afligida madre no tienen nada de irracional. Al
contrario, su cercanía al modelo de la concepción mimética
de la literatura, aproximan mucho este cuento al patrón
realista/naturalista. Lo que sí revela la obra, y es
necesario destacar, es la aguda crítica a la ciencia,
encarnada aquí en el médico, que va a ser senda muy
transitada por los modernistas (Darío y Lugones, por
ejemplo).

Tampoco parece acertado llamar irracional a la per-
cepción psíquica del tiempo, o a las naturales interrogaciones que cualquier ser humano puede tener ante la muerte, como sostiene Day (257, 259). "Balada" nos parece ilus-
trativa del incipiente modernismo que tiene aún los pies
amarrados en el romanticismo. Así leemos el sentimentalismo que destila la mirada centrada en el yo sufriente,
aunque la prosa más liviana le añada sobriedad a ese
sentimentalismo.

La diferencia entre hechos físicos y psíquicos es igualmente crucial para la interpretación de "La novela en el
tranvía". El narrador de este cuento es también su personaje principal, y es él quien imagina las dos historias que
inventa acerca de dos pasajeros del vehículo. Hay maestría en el paso imperceptible del nivel del presente de la
enunciación que concierne al viaje del narrador en el
tranvía, al modo de vida que atribuye primero a un hombre y luego a una mujer que viajan. Este paso se apoya
—entre otros recursos— en el empleo de sintagmas interro-
gativos o de duda, al comienzo ("¿Quién sería mi vecino?";
"¿Serían bonitas?"; "Probablemente le esperaban en la
ventana", 7), seguido de otras declaraciones rotundamen-
te afirmativas ("Tengo la certidumbre de que son bonitas";
"Me da pena que las chiquillas tengan hambre"; "El buen
señor se quedó cesante desde que cayó el imperio", 7). El
uso continuado del indicativo esfuma el origen imaginario
de la situación, que pasa a ser el centro de la atención del

lector. La crítica social que pespuntea la historia, se elabora con el tonillo irónico, muy propio del autor, que se burla (con cierta ternura) de los principios que rigen a las familias pobres, pero 'decentes', que han adoptado los códigos y valores burgueses:

> ¡Si las niñas se casaran!... Probablemente no carecerán de admiradores. Pero como las pobrecitas son muy decentes y nacieron en buenos pañales, no pueden prendarse de los ganapanes ni de los pollos de plazuela (7, suspensivos del texto).

El narrador incluso piensa que él mismo pudiera casarse con una de esas niñas, ya que de "esa clase" salen las mejores esposas, olvidando (quizás con el lector) que las tales chicas son sólo producto de su imaginación.

La segunda historia que inventa el narrador tiene que ver con la infidelidad de la mujer que está en el "asiento que antes ocupaba el cesante" (nótese lo afirmativo de la declaración de la cesantía, que no tiene base 'real' ninguna). Este relato, más risueño que el anterior, usa los mismos recursos en cuanto al paso entre niveles ('real' a ficticio), pero añade algunas notas intertextuales y un par de sintagmas chistosos aunque sexistas ("Tiene la frente chica, lo cual me agrada porque es indicio de tontera", (8); o el caso de un marido contento porque su mujer "gana $500 pesos, fijos, cada mes", sin sospechar el origen tal vez deshonesto del dinero, sugerido en el subtexto).

La intensidad emocional que logra el narrador con la última historia, se muestra en "el sudor frío" que baña su rostro, al imaginar el encuentro erótico entre la mujer y su amante (10). Sobra apuntar que éste es un caso inusitado de 'voyerismo' mental, poco explorado por entonces.

Como se ve, contrario al aserto de que estas historias presentan "un mundo desconocido, extraño y virgen" (Day, 271), ellas están muy asentadas en la realidad, y son vehículos que emplea Gutiérrez Nájera para aguijonear críticamente aspectos de su sociedad.

"La mañana de San Juan" quizás sea el cuento más divulgado de Gutiérrez Nájera y merece serlo por la amplia gama de recursos que muestra, que van a ser la marca más conocida del Modernismo. El cuento se abre con un preámbulo/invocación del narrador a la mañana que comienza en San Juan. El narrador se dirige a una personificada mañana, vista como una hermosa mujer. Hay una especie de sensual regodeo en el discurso descriptivo de la dama mañanera que tiene "brazos blancos", "rizos húmedos", "labios rojos que han besado mucho" y en el cuello la "marca roja de una mordedura" (15). El uso de los colores, de vocablos inusitados (undívago, eleboros, Gorofle), y bellas imágenes ("brazaletes de rocío"), prestan al cuento esa superficie 'artística' que se creyó era la tónica única del Modernismo.

El hermoso preámbulo que presenta la mañana perfecta de "mejillas de sonrosado terciopelo y hombros de raso blanco" se diferencia mucho de la historia que se va a contar: la muerte por ahogamiento de un niño de siete años, en presencia de su hermano de seis. Modernista es también la nota 'heterodoja' a la indiferencia divina al decir que "las estrellas no podían ayudarles, porque [...] son muy frías y están muy altas" (16). El desenlace brusco y melodramático, contrasta con el paso alegre y más lento del comienzo: "cuando el cuerpo de Carlos se encontró, ya estaba frío, tan frío, que la madre al besarlo, quedó muerta" (16). La parquedad del final parece adecuada a la trágica situación. El mismo narrador se urge, metaliterariamente, al silencio con el "no digamos más", pues las palabras sobran. Innecesaria parece entonces la invocación con que se cierra el texto, para acentuar que la mañana tiene sangre en su blanco traje, coda que amarra circularmente con el comienzo.

La elegancia de la prosa y la parquedad en los momentos trágicos dan calidad a este relato que todavía presenta tópicos románticos como la oposición ciudad/campo, en que se exalta el segundo. Podría pensarse que Gutiérrez Nájera se atreve a dotar de atributos 'pecaminosos' a la mañana urbana, porque es un ente no humano. Como sea, en cuanto a la dicotomía ciudad/campo, resulta irónico que la tragedia ocurra precisamente en el campo exaltado antes.

Cuentos color de humo

Cuentos color de humo recoge nueve narraciones publicadas antes de la salida del libro en 1898, de las cuales seis son crónicas sobre problemas sociales: "Dame de cœur", "Cuento triste", "El músico de la murga", "El 14 de julio", "Crónica de mil colores" e "Historia de un peso falso". Las dos primeras, de un evidente tono didáctico, describen mujeres que mueren afectadas por las acciones de sus maridos calaveras. Las restantes, especialmente la última, además de aludir a personajes y hechos históricos, claman justicia para los más pobres de la sociedad, incluyendo a mujeres y niños.

"El vestido blanco" (1890) se diferencia de las crónicas anteriores por su lenguaje más poético. Las reflexiones de un padre en el día de la primera comunión de su hija, y el pensamiento de su futuro matrimonio, dan pie para un discurso en que priman el color blanco, la idea de la pureza, y la melancolía de su pérdida. Ileana Villalón ha analizado este relato sin discutir si califica como cuento o es más bien una divagación poética de excelente prosa como pensamos, para no considerarla en más detalle aquí.

"Juan el organista" elabora el frecuente motivo modernista del artista pobre, enamorado de una mujer imposible para él por las diferencias sociales. El modo discursivo presenta muchos elementos característicos de las escuelas romántica y realista decimonónicas. Sin los bien trabajados matices de luz y color que le añaden tonalidad poética a la extensa descripción inicial del paisaje, este relato podría haberse escrito años antes. Como realista/naturalista podría considerarse también el motivo del mal matrimonio de Juan, explicado por el narrador como secuela de su pobre condición económica. Dentro de ese marco cabe el subsecuente adulterio de la esposa, influida por las lecturas "romancescas" que alimentan sus ansias de lujo y aventuras, y aumentan "el desnivel entre lo soñado y lo real" (60). Este desnivel, eje temático del romanticismo, fue también motor fundamental en el Modernismo. Además de Rosa sueña Juan, al enamorarse de Enriqueta, la hija de su protector. Románticas son las pre-

sentaciones de la enfermedad de la hijita de Juan, y el sufrimiento de éste por el casamiento de Enriqueta. La huella romántica está acompañada, como en otros relatos, de
técnicas discursivas impuestas por parnasianos, impresio-
nistas, simbolistas y 'avant la lettre' expresionistas. Como
nota Jesús Gutiérrez en su estudio de esas huellas, la
última se da magníficamente en la descripción de la
música que Juan toca para la boda de su amada (90), la
cual tiene para nosotros reminiscencias del famoso pasaje
en que toca el pianista Keleffy en *Amistad funesta* de
Martí.

Adaptaciones

Es asunto conocido que los modernistas, en su afanosa
búsqueda de modelos, adaptaron obras de autores extranjeros, especialmente franceses. Sin pretender de ningún
modo hacer un cotejo entre la adaptación y el texto original en el caso de Gutiérrez Nájera, quisiéramos fijarnos
en un par de ellas, por su calidad en sí, pero además por
el significado que representa haber elegido precisamente
ésas y no otras fuentes.

De los *Primeros cuentos* de Gutiérrez Nájera, apartados por Monterde, pensamos que "La venganza de Milady" (1879), merece comentarios[9]. El narrador básico comienza el relato estableciendo directamente que su historia hay que creerla porque proviene de Cátulo M. (Mendès, que es la fuente). La historia cuenta de las infide-
lidades de Julia, una bella mujer, casada con un Milord
que "viaja en primavera, duerme en estío, caza en otoño y
juega en el invierno" (125). Alfredo, el amante del presente, acaba de enviar una carta rompiendo la relación porque se ha enamorado de una bailarina. Lo extraordinario
del cuento es la intimación salaz de una posible relación
lesbiana entre la bailarina y Milady, quien ha urdido una
refinada venganza. Esta dirección está sugerida por el
lenguaje malicioso y elíptico, como se aprecia en el siguiente pasaje en que el celoso amante quiere sorprender
la traición en el cuarto mismo de su amada:

Primero nada, nada oía. Después escuchó como el ruido
de un traje de seda que se cae al suelo. Luego dos voces
que hablaban quedo, quedo [...] Risas [...] (128).

La fisonomía de "un joven muy rubio, muy pálido" que
distingue Alfredo en el coche que lleva al rival, refuerza
la confusión y la ambigüedad sexual resultante del papel
que Milady juega como varón. Esta línea de lectura se
abre a un fenómeno novedoso en la literatura hispánica
de la época, pero no único. Recuérdese la escena lésbica
descrita en *De sobremesa* de José Asunción Silva, y la
atracción que los modernistas 'decadentes' van a tener por
las figuras andróginas y las relaciones peligrosas rompe-
doras de la norma, preferidas por los poetas 'malditos', de
consuno a su afán de chocar al burgués.

Otra adaptación digna de atención es "La caperucita
color de rosa" (1882) que merece antologarse, como juzga-
ron Walter Rela y E. Hernández Miyares al incluirla en
su libro de 1987[10]. El relato, una astuta desmitificación
del original, adopta el tono del cuento tradicional para
hacer una mordaz crítica de las ansias de riqueza, encar-
nadas por Caperucita. La jocosa descripción de la joven,
hecha en tipografía que imita el verso, está a años luz de
la heroína del cuento original, y más vecina a la 'mujer
fatal', sin corazón:

> A los trece años... tenía el talle fino y bien
> formado, el seno blanco, los ojos grandes y
> negros y las manos blancas y pequeñitas.
> Era coqueta,
> Maliciosa,
> Provocativa,
> Voluntariosa,
> Vanidosa,
> Glotona,
> Caprichosa
> Curiosa
> E hipócrita (194).

Más importante aún, a los quince años, Caperucita
domina la contabilidad a maravillas (Capital, Interés, En

Caja, "eran las solas palabras que contenía su diccionario" 195), claro aguijón a la importancia que el dinero iba adquiriendo en la época.

La prosa en que se teje el cuento es dinámica, con abundante diálogo sin verbo introductor, corre rápida, salpicada de humor. Quizás para seguir el patrón de la leyenda tradicional, Gutiérrez Nájera agregó un moraleja innecesaria. No obstante, para este estudio, esta coda didáctica importa por la directa alusión a los tiempos contemporáneos del autor, dando otra vez un mentís al escapismo imputado a los modernistas:

> ¡Si no os habéis burlado de mi cuento, [...] debéis convenir conmigo en que *los tiempos, los jóvenes y los hombres han cambiado mucho*! Hoy ya no es un lobo quien se engulle a la chicuela; la chicuela es quien engulle al lobo (200, mis cursivas).

No hay que dejarse engañar, pues, por el tono juguetón y la aparente frivolidad, bajo los cuales se esconde una preocupación por los acelerados cambios que va experimentando la sociedad.

"Rip-Rip" (1890), incluido en *Cuentos Frágiles*, tiene resonancias a motivos y formas más contemporáneas. Aunque el narrador del cuento sostiene que no conoce la obra de Washington Irving que recoge la vieja leyenda, ni la ópera cómica inspirada en ella, es obvio que su cuento se relaciona intertextualmente con esas fuentes. No es ahora nuestro interés perseguir la huella genética, sino más bien destacar el uso en el relato del motivo del doble (o desdoble) de la personalidad, y las reflexiones sobre el tiempo y el olvido, que se harán tan significativas en la literatura posterior. El cuento comienza con un preámbulo enunciado por un narrador en primera persona que, como en el caso de "La mañana de San Juan", hace un poético empleo de la personificación ("la mirada, como una señora que cierra su balcón, entra a ver lo que hay en su casa" 72). Digno de atención es el carácter no omnisciente de dicho narrador que no sabe por qué Rip Rip entró a una caverna, y cuánto tiempo durmió allí ("Creo que durmió diez años, tal vez cinco, acaso uno"; "Por fin lo dijo, después de muchas horas, tal vez de muchos años, o quizás de muchos siglos", 72, 74). El narrador hace amplio uso de recursos para obtener efectos de oralidad, en sus más conocidas fórmulas del cuento tradicional ("Y allá va Rip-Rip... caminando, caminando"; "y Rip-Rip andaba y andaba... y no podía correr", 72-73).

La inclinación al comentario irónico, tan típico del autor, más las reflexiones de tipo metafísico, dan al texto un carácter más sofisticado que el de la leyenda tradicional. Rip-Rip, por ejemplo, repite insistentemente que su esposa lo quiere mucho, aserción que se transforma en burla al sugerirse que la esposa vive con su mejor amigo. A pesar de que desde el comienzo, el narrador declara que su historia está basada en un sueño, un hálito de misterio se cierne en ella, al no tener explicación sobre el fenómeno del envejecimiento de Rip-Rip, sin que los demás personajes envejezcan. Este enigma se aclara a medias cuando el título se da como "Rip-Rip el aparecido", como aparece en la edición de Mapes, que da indicio de que el personaje es un fantasma. Pero aún así quedan preguntas sin contestar: ¿representa Rip al padre o al abuelo? ¿A qué edad murió el personaje? El título como aparece en la edición de Monterde ("Rip-Rip") presenta un mayor desafío al lector que busca claves –inexistentes– que indiquen que se trata de una segunda o tercera generación (Luz, la mujer que vive con Juan sería la hija de su esposa Luz, y Juan el hijo del amigo molinero), pero no las hay[11]. En todo caso, es indudable que bajo la apariencia juguetona se ocultan serias reflexiones. Algunas de ellas se encapsulan en específicas declaraciones: "Y no era efecto de la vejez, que no es suma de años sino suma de sueños" (nótese el efecto poético de la aliteración); "¿Cuánto tiempo se necesita para que los seres que amamos y que nos aman nos olviden?" (75).

* * *

Hay unanimidad entre los estudiosos del mexicano, en señalar su contribución al mejoramiento de la prosa coetánea, haciéndola más graciosa con su humor e ironía, a la vez que más artística con el uso inteligente de los recursos de la poesía.

La revisión de algunos de los numerosos relatos que escribió Gutiérrez Nájera, ayudó a descubrir la variada gama de recursos que emplea el autor. El entrecruzamiento de las maneras discursivas va del realismo de tipo costumbrista, que evidencia "La balada de Año Nuevo –aliviada con un bien elaborado monólogo indirecto– al lujo y exotismo exhibido en los cuentos repasados.

De su larga experiencia como cronista, Gutiérrez Nájera trasladó a los narradores de sus cuentos (que en general se han confundido con la persona del autor), una distancia menor hacia el lector, cercanía que en la mayoría de los casos crea una atmósfera de intimidad. Ese narrador se caracteriza mayormente por su tono irónico, aunque también adopte a veces el patetismo sentimental. Rasgo novedoso es la incipiente conciencia autorreflexiva, y el carácter ambiguo de muchos relatos.

A diferencia de Darío, los personajes de Gutiérrez Nájera están asentados mejor en el presente histórico: no hay reyes, y ocasionalmente una ninfa o un duende juguetones. En este presente histórico se destaca la frecuencia con que el autor trabaja asuntos que tienen que ver con la pobreza abyecta, o la riqueza exagerada, tópicos que poco tienen que ver con el 'escapismo' que se les reprochaba a los modernistas. Por otro lado, resulta sorprendente la cantidad, igualmente frecuente, del motivo del adulterio, tratado con regodeo sensual, sin la nota didáctica pesada con que se lo elaboró en el romanticismo o en el realismo/naturalista. No hay duda que la elaboración de este motivo, fue inspirada por literatos franceses, y el convencimiento de las virtudes de lo que Gutiérrez Nájera denominaba "entrecruzamiento", necesario para el progreso literario.

Muy de su día, como esa literatura que gustaba, se ven los cuentos del mexicano asentados en las características más centrales reconocidas para el modernismo.

Decimos centrales, porque si se acercó a la vena 'decadentista', lo hizo más sobria o tímidamente que los autores posteriores –como Díaz Rodríguez o Clemente Palma– que veremos en nuestro capítulo final. Esta timidez no es en ningún caso un reproche, dado que esa vena tiene aún hoy muchos detractores.

III

RUBÉN DARÍO
(1867-1916)

Problemas de clasificación

Como en el caso de Gutiérrez Nájera, existe la necesidad
de trabajar de nuevo la clasificación de la obra narrativa
de Rubén Darío, ya que muchos de los "cuentos" recogidos
en las colecciones pioneras de Mejía Sánchez o E. K.
Mapes, pertenecen a otras categorías. El ya clásico estudio
preliminar de Raimundo Lida a la edición de Mejía Sánchez de los *Cuentos completos* de Rubén Darío reconoce
que a menudo se borran los "límites del relato con la
crónica, el rápido apunte descriptivo o el ensayo" (VIII).
Su criterio para incluir las obras, exigió que tuvieran "un
mínimo de acción" por lo que excluyó aquéllas a las que
faltaba "ese elemento dinámico". Tiene razón el crítico en
su exigencia. El problema es la relatividad de "ese cierto
mínimo" de acción. En la teoría de la narrativa, esa acción

se engloba en el debatido concepto de 'acontecimiento', ese algo (la historia) que le sucede a alguien (los actores), y que es lo que cuenta el narrador. Si se agrega que el suceso debe tener 'significación' habrá otra yarda para categorizar las prosas incluídas en los *Cuentos completos*.

Como es imposible examinar todas las obras incluidas en la edición de Mejía Sánchez –de la cual citaremos–, apartaremos aquellas que no califican como cuento, de acuerdo con las especificaciones que dimos en páginas anteriores. Dentro de las que sí califican, dejaremos de lado, o repasaremos brevemente, las que a nuestro criterio no agregan mucho al patrón del cuento realista-naturalista que prevalecía en la época. Como la reclasificación de las prosas de Darío no es nuestra meta, las nominaciones que damos a continuación son meras sugerencias tentativas.

Consideramos cuadros o apuntes de viaje, los fragmentos que aparecen en "En Chile", que constituye la segunda sección de *Azul*.... Los mismos títulos y subtítulos de dichos fragmentos son indicio de su naturaleza: "En busca de cuadros", "Acuarela", "Paisaje", "Aguafuerte", "Naturaleza muerta", "Al carbón". Según nota de Mejía Sánchez, estas prosas se publicaron bajo el nombre general de "Álbum Porteño" en 1887 (40), y el conjunto presenta precisamente una visión a la manera de un álbum pictórico/poético. Muy parecidas a estas prosas, que también pudieran llamarse 'divagaciones poéticas', son "Bouquet", "Carta de un país azul", "El humo de la pipa", o "Por el Rhin"[1].

Contienen un "germen" de historia, como dice Lida, germen pretexto para dibujar hermosos cuadros de reconstrucción de épocas pretéritas: "La fiesta de Roma", "La muerte de Salomé", "Febea", "Palimpsesto I", o "Este es el cuento de la princesa Diamantina". La descalificación de este último, a pesar de su título, es que el texto descuida la acción para centrarse más que nada en la descripción de princesas y deslumbrantes caballeros. El sólo 'cambio' en Diamantina es su sonrojo y sonrisa ante Heliodoro el Poeta (206), único 'suceso' (si es que puede llamarse así) que cierra la narración.

Un objeto literario diferente es el que tiene características de ensayo, o sea aquéllos en que se transparenta el deseo de hacer pesar las ideas que se quiere exponer. En las variadas formas que admite este género, cabe la dialogada de "Las razones de Ashavero", alegoría sobre los mejores tipos de gobierno[2]. Sin ningún indicio narrativo sino como puro diálogo, se presenta "Cátedra y Tribuna", en que disputan el espíritu religioso y el cívico. Por otro lado, "Primavera apolínea" y "El último prólogo", encerrados en un mínimo marco narrativo, contienen esencialmente dos monólogos. En el primero el que habla es un "bizarro poeta" que recuerda su iniciación en el arte y la bohemia (297). En el segundo, la voz de un autor primerizo diserta sobre la desvergonzada costumbre de pedir prólogos a los escritores consagrados, que es también su intención. Estas dos obras podrían leerse también como crónicas sobre problemas del autor y la literatura durante la época. Aunque Anderson Imbert considera "¿Por qué?" como cuento, para nosotros tiene la marca de ensayo, por su evidente carácter político. Así lo juzgó Iris Zavala al incluirlo en el capítulo tercero titulado "Crónicas políticas" en su *Rubén Darío: El modernismo y otros ensayos*. El nombre de crónica política nos parece le calza también a "A poblá", aunque Zavala no la incluyó en su antología.

Lo dicho ilustra la dificultad de distinguir a veces entre el cuento, el ensayo o la crónica, como se vio en nuestra sección dedicada a Gutiérrez Nájera. Fruto híbrido, la crónica es producto 'natural' de las corrientes heterogéneas y contradictorias de la época. En el capítulo anterior, dijimos que Aníbal González caracteriza esta especie por su acento puesto en la novedad, en el hecho de actualidad. Recordemos también que este crítico, al distinguir entre crónica, cuadro de costumbres y 'tradición', afirma que las dos últimas comunican cotidianeidades o datos históricos. Alusivas al presente histórico, por lo que pueden llamarse crónicas, son "Historia de un sobretodo", "Un sermón", "Esta era una reina", "Historia de un 25 de mayo", y "Gerifaltes de Israel"[3]. Crónicas nos parecen igualmente "La Miss" y "La admirable ocurrencia de Farrals". La primera, que critica con humor la hipocresía y el racismo de una inglesa, cabría también bajo la denomi-

nación de 'apuntes de viaje'. "Farrals" es una narración
paródica sobre las consecuencias del extremado mercantilismo reinante, que mata hasta los más 'naturales' sentimientos.

Un lenguaje más poético y una historia apenas dibuja-
da, en la que puede adivinarse un suceso cotidiano inspi-
rador, podría constituir un segundo grupo de crónicas,
menos amarradas a la Historia que las anteriores: "El año
que viene es siempre azul", "Sor Filomena", "Fugitiva",
"En la batalla de las flores", serían algunos ejemplos.

A lo largo de su carrera, Darío publicó varias compo-
siciones de asunto y tono legendarios como "El árbol del
Rey David", "Respecto a Horacio", "La leyenda de San
Martín", "Las siete bastardas de Apolo", o "Palimpsestos"
(I y II). Con una anécdota mínima y una obvia intención
de exaltar el cristianismo, todas ellas son breves y de
notable lenguaje poético. De tono diferente, por el humor
y el cariz conversacional del lenguaje, es "Las pérdidas de
Juan Bueno", en el que San José ayuda a un marido
abusado por su esposa. También es leyenda "El
linchamiento de Puck", que en una tónica ligera y
chanzona critica con agudeza el racismo de los Estados
Unidos. En este relato, una mariposa blanca que vio a
Puck negro, por haberse caído en el tintero de un escritor,
"se puso a gritar ¡Socorro! igual a una de las jóvenes
norteamericanas cuya inocencia es atacada por los negros
del Sur, y vengada por la horca yankee, al eco de un
humanitario clamor victorioso" (195). Sabiamente, el
narrador se guarda de comentar sobre el problema del
linchamiento de un inocente; pero su posición es clara al
salvar a Puck de la horca, por medio de un hada
caritativa.

Para observar la evolución de la escritura de Darío,
antes del examen de *Azul...* que es centro de este capítulo,
conviene echar una mirada a los relatos que Rubén Darío
escribió antes de la aparición de ese libro hito. Según nota
de Mejía Sánchez, "A orillas del Rhin" —el primer cuento
de Darío— se publicó en 1885, cuando su autor tenía
dieciocho años. De tono y ambiente legendarios, la impronta romántica es evidente, pero hay rasgos que reapa-
recerán en cuentos posteriores. En primer lugar, el marco

que encierra la historia, en que el narrador se dirige en
primera persona a una narrataria (Adela, figura histórica
a la que se dedica el relato), a quien se va a narrar un
cuento de amor[4]. La historia misma está contada por un
narrador extradiegético de tipo tradicional, quien usa la
descripción y el diálogo para contar un relato semejante al
de Romeo y Julieta. La belleza de los jóvenes amantes, su
trágico fin, y la evocación del "brumoso cielo de Alemania", coinciden con tópicos románticos, caros también para
los modernistas. Más cercano al tono becqueriano, este
cuento está lejos de exhibir el lenguaje deslumbrante que
se halla en *Azul*...

El mismo año, 1885, publicó Darío "Las albóndigas
del coronel" que tiene el detalle de la cotidianeidad de la
"tradición", como apropiadamente sugiere el subtítulo
("Tradición nicaragüense"), y el narrador que afirma
seguir al Maestro Ricardo Palma (9). El tono socarrón
aquí, tan diferente al poético, ensoñador de "A orillas del
Rhin", es testimonio de cómo Darío buscaba en ese
momento su expresión en modalidades escriturales
diversas. Este relato es tradicional en forma y contenido, y
menos que en el anterior, no se vislumbran en él los
rasgos renovadores por venir. Interesa, por razones más
bien autobiográficas, la declaración del narrador/autor de
que escribe lo que se le da la gana porque "a mí nadie me
manda, y es muy mía mi cabeza y muy mías mis manos"
(9), profesión de independencia que el poeta va a
reafirmar tantas veces más tarde[5].

"La historia de un picaflor" (1886) se ubica ya plenamente en esa vertiente que se creyó era la más característica del Modernismo. Según Mejía Sánchez, éste fue el
primer cuento que Darío escribió en Chile (17), y su calidad amerita su mayor difusión. Enmarcado como parte de
una conversación (empieza con puntos suspensivos) entre
el narrador y "una amable señorita", el primero va a narrar un suceso que dice oyó contar a dos pájaros. Uno de
ellos a su vez, narra al otro la historia de Plumas de Oro,
un picaflor que se enamoró de la mujer que lo va a atra-
par para ponerlo de adorno en su sombrero. Algunas notas apuntan a un escenario chileno (el frío, la cordillera
nevada, la flor del copihue), pero el jardín, habitat del

picaflor, es universal y sirve para que el autor despliegue sus dotes de poeta:

> En esas bellas ciudades llamadas jardines, no había otro más preferido por las flores. En los días de primavera, cuando las rosas lucían sus mejores galas, ¡con cuánto placer no recibían en sus pétalos, rojos como una boca fresca, el pico del pajarito juguetón y bullicioso! Las nome-olvides se asomaban por las verdes ventanas de sus palacios de follaje y le tiraban a escondidas besos perfumados, con la punta de sus estambres: los claveles se estremecían si un ala del galán al paso les movía con su roce (18),

y sigue la enumeración de las reacciones de otras flores. La diferencia –fundamental– entre este relato y "Bouquet" que también describe flores, es la existencia aquí de un actor (el picaflor) quien por sus acciones (donjuanesco, 'traiciona' su mundo por otro), encuentra la muerte. A esa historia se agrega el dinamismo de la narración, la inobstrusa presencia del narrador básico, y la belleza del lenguaje para hacer de él un cuento innovador.

Azul...

María A. Salgado sostiene, con razón, que *Azul...* debería incluirse entre los cinco o seis libros "más influyentes que se hayan escrito en castellano durante los últimos cien años" (45). La importancia de esta obra la reitera a su vez Grínor Rojo, diciendo que es el libro "que fija de una vez y para siempre las características de la estética modernista"(5). Esta obra fundacional en las letras hispanoamericanas se escribió cuando su autor tenía veintiún años, y para el centenario de su publicación en 1988, José Jirón Terán cuenta 135 ediciones del libro (62). Aunque todavía se vea *Azul...* caracterizado sólo por el "exotismo, la pedrería, el cosmopolitismo, el romanticismo contenido, la sinestesia" (Oliver Belmás, *Azul...* 1981: xi), ha habido consenso en otorgar a los cuentos, más que a los versos de *Azul...*, el papel revolucionariamente innovador que tuvo en las letras en español.

¿Por qué *Azul*...? y ¿por qué esos sugerentes puntos suspensivos que generalmente se ignoran y lanzan desde allí el reto renovador? Julio Ycaza Tigerino en un ensayo sobre el significado del título, se afirma en las conocidas explicaciones del mismo Darío (*Historia de mis libros*) para resumir que el azul es el "color del ensueño y del Arte como ideal, y el ideal supone una valoración ética de lo real" (204). Nos parece importante afirmar la conjunción ética/estética en el libro, porque como se vio en la cita anterior, se ha tendido a ver sólo el último aspecto. Las reflexiones de Darío sobre esta conjunción están salpicadas por toda su obra, pero vamos a ilustrarla con un pasaje del relato "La novela de uno de tantos", de 1890. El narrador se dirige al hombre que ha despilfarrado su vida en placeres personales, y ahora se halla enfermo y pobre:

> ¡Oh! perdona, harapo humano, que te muestre a la luz del sol con tu amargo espanto; pero los que tenemos por ley servir al mundo con nuestros pensamientos, debemos escudriñar, buscar el mal y sacar el ejemplo de su escondido agujero, con el pico de la pluma. El escritor deleita, pero también señala el daño. Se muestra el azul, la alegría, la primavera llena de rosas, el amor; pero se grita: ¡cuidado! al señalar el borde del abismo (150).

Aunque la cita suene quizás demasiado didáctica, como es el relato en que se encuentra, sirve para ilustrar una connotación del polisémico "azul" (que va a aparecer prácticamente en todos los cuentos), pero más importante, acentúa el maridaje de lo bello y lo moral de que hablaba el crítico. Esta moral nueva, que preconiza la libertad, junto con la justicia, tiene que ver obviamente con los problemas sociales de la época.

En 1980, Noël Salomon se detuvo con atención en la extraordinaria carga ideológica que conllevan los cuentos de *Azul*... El estudioso francés ve la "unidad del libro en la reinvindicación artístico-ideológica de lo bello y de lo humano [...] así como en la toma de conciencia del poeta frente a una sociedad deshumanizada por el dinero" (280-281). Salomon piensa que fue su experiencia en Chile la que estimuló vivencialmente la composición de los cuentos, y presenta evidencias para probarlo. Coincidiendo con el crítico en su rastreo genético, nos parece que esa "resistencia poética al mundo del dinero" que él halla en los relatos, es tan manifiesta, que incluso sin el rastreo se puede observar, y sólo razones ideológicas pudieron pasarla por alto.

Al desplegar en el orden de su primera aparición los nueve cuentos –"El rey burgués", "La ninfa", "El fardo", "El velo de la reina Mab", "La canción de oro", "El rubí", "El palacio del sol", "El pájaro azul" y "Palomas blancas y garzas morenas"– se compueba de inmediato lo que no se quiso ver por tanto tiempo: cinco de los nueve aparecen espoleados por un fuerte deseo de impugnar aspectos sociales. El lujoso disfraz discursivo no puede ocultar al buen lector la aguda visión crítica que Darío tiene de su tiempo. La excepción es "Palomas blancas y garzas morenas", anómala además por situarse en Nicaragua (único en esto) y contener claro material de carácter autobiográfico. "El fardo" por otro lado, aunque comparte la visión crítica de los demás, se aparta también de ellos por los indicios que apuntan a la geografía e historia de Chile, y su factura de tipo realista/naturalista. No incluiremos estos dos relatos en nuestras consideraciones, además de las razones dichas, porque ambos han sido estudiados con esmero, "El fardo" por Hugo Achugar, y "Palomas blancas..." por María Salgado[6].

A nuestro parecer, "El rey burgués", "El "velo de la reina Mab", "La canción de oro", "El rubí", y "El palacio del sol", forman una serie de relatos integrados por varios elementos afines. Todos ellos adoptan del cuento y la leyenda tradicional la ubicación de las historias en lugares y tiempos imprecisos, que poco tienen que ver con geografías o cronologías históricas[7]. Las fórmulas "Había una ciudad", "Por aquel tiempo...", y la existencia de reyes, hadas y duendes subrayan ese carácter legendario que no debe velar, repetimos, el dardo crítico oculto bajo el deslumbrante ropaje poético. "La ninfa" y "El pájaro azul" por su parte, se ajustan claramente al subtítulo de "cuento parisiense" que Darío le dio al primero. En "La ninfa" los amigos que admiran a Frémiet, y beben chartreuse en el castillo de la caprichosa actriz Lesbia, ubican la historia en la capital de Francia, que Darío sólo conocía en libros. Lo mismo sucede con "El pájaro azul" cuyo escenario principal es el café Plombier, aunque aquí el motivo central del artista pobre lo liga al grupo que mencionamos más arriba.

Cuatro relatos: "El rey burgués", "El velo de la reina Mab", "La canción del oro", y "El pájaro azul", trabajan el motivo del artista sin dinero, incomprendido por una sociedad ignorante, de ostentosa riqueza, ciega a los ideales de Belleza que persigue el artista. Los otros dos: "El rubí" y "El palacio del sol", se montan como directos aguijones contra la ciencia y en defensa del amor y la belleza. El ataque a la ciencia aparece también en "El pájaro azul", aunque como motivo secundario (el cuento se burla del errado diagnóstico del médico alienista, 22). En forma más indirecta, el rechazo a la ciencia aparece en "La ninfa" al defenderse allí la existencia de hechos increíbles o milagrosos (61).

El impulso crítico que manifiesta el uso de estos motivos en la mayoría de los cuentos, destruye la repetida observación de que en *Azul...* prima la "evasión contemplativa" y el "deleite en las texturas y el semblante de lo bello y lo exótico" (Pupo Walker 1982: 519). Sin duda esas texturas existen, y como el mismo crítico sostiene, ellas contribuyen a que los cuentos de Darío contrasten "violentamente con el desaliño y la pobreza del relato naturalista" (518). Insistimos, sin embargo, en que esas texturas no son pura superficie hermosa. Al examinarlas con atención se transparenta un subtexto marcado por las contradicciones de la época, que producen una escritura mucho más compleja de lo que admitió la crítica tradicional.

Uno de los soportes más firmes de la calidad de los relatos del libro está, como observó también Pupo Walker, en "las simetrías y estructuras más ajustadas" de los cuentos (518). Sobre las estructuras, en general, puede decirse que todos son breves, y se presentan divididos en cuadros o escenas. Los blancos que separan estas escenas son elipsis representativas de omisiones de sintagmas conectadores (de espacio y tiempo mayormente), que alivianan y dinamizan la narración[8].

Mirados como conjunto, al contrario del uso –prevalente en el tiempo– de un narrador omnisciente que se entromete a cada rato para predicar o guiar al lector hacia lo obvio, aquí el narrador básico participa mínimamente. Esto no quiere decir que no haya discursos explicativos y a veces semi-didácticos. Sí los hay, pero en casi todos los casos están puestos en boca de los personajes. Por ejemplo, en el poeta de "El rey burgués", o en los cuatro artistas en "El velo de la reina Mab". Cuando el narrador básico le entrega la palabra a los personajes, lo hace de manera rápida, directa, sin verbos introductores, y con un máximo uso de los signos de puntuación:

-Dejadle aquí.
Y el poeta:
-Señor, no he comido.
Y el rey:
-Habla y comerás.
Comenzó:
("El rey burgués"
57. Mis cursivas).

-¿Ninfas?
-No, mujeres
("El rubí" 39)

Risa.
Luego se detuvo.
("El rubí" 83)

En la primera columna se halla un ejemplo de construcción paralela (que subrayamos) que se emplea con mucha frecuencia en los cuentos, produciendo efectos diferentes. La brevedad de la frase, resultado de la elisión de verbos introductores y/o deíticos demostrativos como 'entonces' o 'a su vez', le añade aquí una especie de ritmo –staccato–, inusual en el español, más dado al sintagma extenso y a la clásula explicativa. Casi es innecesario señalar cómo una escritura tan abundante de elipsis y subentendidos como es la de Darío, exige un lector más atento para la producción del texto.

RUBÉN DARÍO 73

De los siete cuentos que estamos considerando (no incluimos "El fardo" y "Garzas..."), "La ninfa" tiene un narrador testigo que usa la primera persona (singular y plural), y es parte del grupo que rodea a la actriz Lesbia. La actriz "caprichosa y endiablada", es la única mujer en una animada tertulia de amigos que "hablan con entusiasmo de artistas", después de una buena comida (61). El cuento exuda alegría, sobre todo por los actos y actitudes de Lesbia que une algo de tentadora experta (tiene ojos de "faunesa"), con la frescura de una niña. Las notas de color y sensualidad –tan típicas de Darío– se dan al presentar a Lesbia "como una niña golosa, [chupando] un terrón de azúcar húmedo, blanco entre las yemas sonrosadas" primero (60), y luego humedeciendo su "lengua en el licor verde como lo haría un animal felino" (62). La liviana alegría de la mujer contrasta con el aspecto y pomposidad del sabio (obeso y con una corbata monstruosa), que diserta sobre la existencia 'verdadera' de los seres mitológicos. Notable es que este 'sabio' se apoye para sus conclusiones en autores de obras esotéricas como Alberto Magno y Enrico Zormano, con lo que se ajusta al interés modernista por esos conocimientos, aunque aquí nos parece que importa más el gesto irónico de desmitificar a tal 'sabio', cuya perorata corta Lesbia con un "basta de sabiduría" (62).

Si la actriz querría ser poseída por un sátiro o un centauro, el narrador/poeta desearía contemplar la desnudez de una ninfa, deseo que Lesbia hará realidad. La escena de la aparición de la mujer en el estanque es característica del lirismo sensual de Darío, con su extraordinaria habilidad para crear efectos sinestésicos, con llamadas sobre todo al sentido de la vista. Repárese además en el uso de recursos de la poesía como son la repetición, la enumeración y cuasi oxímoron ("luz opaca", "burlesca y armoniosa"):

Estaba en el centro del estanque, entre la inquietud de los cisnes espantados, una ninfa, una verdadera ninfa, que hundía su carne rosa en el agua cristalina. La cadera a flor de espuma parecía a veces como dorada por la luz opaca que alcanzaba a llegar por las brechas de las ho-

jas. ¡Ah! yo vi lirios, rosas, nieve, oro; vi un ideal con vida
y forma y oí, entre el burbujeo sonoro de la linfa herida,
como una risa burlesca y armoniosa que me encendía la
sangre (63).

Un yo narrador aparece en los marcos que abren y
cierran "El rey burgués" y "El palacio del sol". Esta primera persona representa en ambos casos a un pseudo autor que se dirige a un narratario específico: En "El rey" es
un amigo; en "El palacio", son las "madres de las muchachas anémicas" (invocadas varias veces en construcciones
paralelas). Las estructura de estos dos relatos los divide en
tres partes, que pueden representarse así:

I.   Introducción (Narrador a narratario)
II.   Historia
III. Narrador a narratario

El "yo" narrador del marco, usa la tercera persona para contar la historia, pero no se desliga del todo de su narratario. El del "Rey burgués" una vez interrumpe la narración para contestar una pregunta (elidida) de la cual
sólo oímos la respuesta: "¿Era un poeta? No, amigo mío:
era el Rey Burgués" (55). En "El palacio del sol" el narrador interrumpe la historia cuatro veces, simulando ade-
lantarse a las objeciones de las narratarias, contestando
preguntas o peticiones elididas en el texto (36, 37, 38).

El subtítulo "Cuento alegre" para "El Rey burgués", es
un guiño irónico porque de alegre no tiene nada, y como
el mismo Darío declaró, quiso resumir en él "la eterna
protesta del artista contra el hombre práctico y seco, del
soñador contra la tiranía de la riqueza ignara" (nota p.
54). El Rey, descrito con un "vientre feliz" con su corona
en la cabeza "como un rey de naipe" (56), "aficionado a las
artes" favorece por igual a los pintores y escultores, que a
los "boticarios y barberos" (55). El brochazo sarcástico del
narrador se hace más grueso después, al declararse que
este Rey ama la "lija" y "la ortografía", y es "defensor acé-
rrimo de la corrección académica" y del "modo lamido en
artes" (56), elementos execrables para el moderno.

La opulencia del palacio del Rey, da ocasión al autor para lucir sus dotes poéticas en extensas descripciones de objetos preciosos acumulados, sin que se pierda el aguijón crítico y la distancia que pone el narrador entre él y esos objetos. Véanse por ejemplo los comentarios lacónicos y sarcásticos que siguen a las descripciones. Con los "cisnes de cuellos blancos" del pórtico, va un "Buen gusto". Un breve "Refinamiento" comenta la descripción de la lujosa escalera de alabastro. Por fin un "Por lujo y nada más", subraya la adquisición de "¡Japonerías y Chinerías!", para acentuar el afán de acumulación sin aprecio verdadero.

La violenta oposición entre la pobreza y la riqueza excesivas se da entre la figura del hambriento poeta y el Burgués ignorante que lo cosifica preguntando "¿Qué es eso?" (57). El discurso del vate es una especie de arte poética del modernismo, rechazador del romanticismo y naturalismo, y de sorprendente analogía con algunos de los principios estéticos de Martí[9]:

> He acariciado a la gran Naturaleza, y he buscado, al calor del ideal, el verso en la perla de lo profundo del Océano. ¡He querido ser pujante! Porque viene el tiempo de las grandes revoluciones, con un Mesías todo luz, todo agitación y potencia, y es preciso recibir su espíritu con el poema que sea arco triunfal, de estrofas de acero, de estrofas de oro, de estrofas de amor (57).

Coincidiendo en que el discurso del personaje es un poco altisonante para el gusto contemporáneo, disentimos de la opinión de Sonia Mattalía, según la cual en este cuento se intenta ridiculizar "a los poetas enfáticos" (284). Si es cierto que el narrador lo llama "pobre diablo de poeta", dado el contexto en que se inserta la frase, es difícil leerla como ella lo hace. El tono de protesta y enojo es demasiado claro para obviarlo. Por otro lado, la muerte del personaje por hambre y frío, mientras en el palacio del burgués se ríe y se bebe champán, encarna una urgencia que no se condice con el propósito de ridiculizar a la víctima. Aunque el terreno de las intenciones es resbaladizo, hay un testimonio de Darío que confirma lo que decimos. Según nota de Mejía Sánchez en las explicaciones que añadió a la segunda edición de *Azul...*, Rubén Darío habría proseguido "con más fogosidad" la protesta que quiso hacer en este texto (58).

Darío califica "El palacio del sol" como cuento a la "manera parisiense" y cree que llamará la atención en él, "el empleo del leit-motiv" (35). Fuera de constatar el cuidado de la forma, y la autoconciencia del autor sobre su producción, este relato ilustra la manera innovadora con que Darío maneja sus fuentes de inspiración, en este caso una composición de Mendès[10].

El leit-motiv al que se refiere Darío es la descripción de Berta, "la niña de los ojos color de aceituna, fresca como una rama de durazno" y "gentil como la princesa de un cuento azul", que se repite cinco veces en el relato, con muy sutiles variaciones[11]. La belleza de esta niña, y del palacio que la va a sanar, contrasta con la fealdad de la ciencia, encarnada por el médico que metonímicamente se describe como "las antiparras de aros de carey, los guantes negros, la calva ilustre y el cruzado levitón" (35). Igual que en "El rubí", el desprecio por la ciencia se muestra en el fracaso del doctor al diagnosticar y no remediar el mal de Berta, y por la oposición de los vocablos científicos 'feos' (ácido arsenioso, glóbulos, hipofosfitos), y los hermosos que se refieren a la niña, al amor y la ilusión.

El cuento rompe la tradición del relato lineal de la historia al narrar primero la sorpresiva cura de Berta, para retroceder luego a lo que sucedió en el palacio del sol. Como en los demás relatos, la ironía y el humor son notas preponderantes, y algunos sintagmas parecen pertenecer a una escritura más contemporánea. Por ejemplo, para expresar la sorpresa de la gente al ver la recuperación de la anémica Berta, el narrador dice que "todos, la mamá, la prima, los criados, pusieron la boca en forma de O" (37).

Además del humor, el juego 'dramático' que establece el narrador con sus narratarias (las madres de las muchachas anémicas) es muy hábil. Se ilustrará este fenómeno con el pasaje siguiente, en que aparece un metacomentario, y ejemplifica también el lirismo del lenguaje. En este momento, Berta, a pesar del tratamiento médico, sigue triste, con "vaga atonía melancólica", mientras camina por el jardín:

> Vio un lirio que erguía al azul la pureza de su cáliz blanco, y estiró la mano para cogerlo. No bien había... –sí, un cuento de hadas, señoras mías, pero ya veréis sus aplicaciones en una querida realidad– (puntos suspensivos en el texto, 36).

El mismo tipo de interrupción dramática se da casi al final del relato. Después de un brillante y extenso dibujo del palacio del sol, en el que las anémicas bailan y sueñan "cosas embriagadoras", el narrador interrumpe la historia con un malicioso "¡No esperéis más!", intimando la curiosidad que despierta en las madres la sensual descripción (38).

"El pájaro azul" fue escrito en 1886, y en nota de Darío, reproducida por Mejía Sánchez, se lo describe como "otra narración de París, más ligera, *a pesar de su significación vital*" (21). Mi subrayado desea llamar la atención, otra vez, sobre la autoconciencia autorial, ya que este relato oculta, bajo su apariencia liviana, algunos tópicos serios que el volumen repite. Central entre ellos es el del artista pobre, incomprendido, que aquí se expande al incluir al padre comerciante, ciego a la vocación artística de su hijo.

Como en "La ninfa", el narrador es también personaje. Aquí forma parte del círculo de artistas que rodea a Garcín, la figura principal. Este narrador usa tanto el singular "yo" como el plural "nosotros", y se dirige a interlocutores invocados por un "vosotros". Como en la mayoría de los cuentos, el narrador simula un diálogo con ese interlocutor ("¿No sabéis por qué me llamaba así?"), que cambia la narración en ciertos momentos a un presente en la situación enunciativa. Esta situación se refuerza con algunas exclamaciones ("¡Bravo!, ¡Bien!"), emitidas por el narrador o algún contertulio que pide más licor ("¡Eh mozo, más ajenjo!"). Como en otros cuentos, se presentan

diálogos sin verbo introductor para indicar quién habla, y
se deja en elipsis las respuestas respectivas, que el lector
puede colegir por la pregunta siguiente:

> - ¿Y te irás?
> - ¿No te irás?
> - ¿Aceptas?
> - ¿Desdeñas? (22-23).

Una nota que aparta este cuento del resto es su tono
melancólico, que se aviene al carácter de Garcín que está
"triste casi siempre", rasgo que se confirma con su suicidio.
El joven se presenta como "bohemio intachable", cuasi oxímoron y especie de reto de Darío, dada la carga negativa
del primer vocablo. Su permanente tristeza, su final, y sobre todo porque dice preferir "la neurosis a la estupidez"
(22), hacen del personaje un incipiente decadente[12].
Pero Garcín tiene razones suficientes para estar triste.
Es víctima de la pobreza (no tiene dinero ni para libros),
sufre por la muerte de su amada, pero sobre todo le amar-
ga que no se comprenda su "afán de crear arte", uno de
los significados del pájaro azul que habita en su cabeza.
Este afán es visto como especial caso de "monomanía" por
un alienista (otro dardo contra la ciencia), y como "locu-
ras" y "tonterías" por el padre, quien se niega a ayudarlo
financieramente. La dura decisión paterna que, según el
narrador, le "cambió el carácter" (23), impulsa a Garcín a
componer su poema "El pájaro azul".
En un extraordinario vuelco metaliterario, el cuento
no sólo narra la génesis del poema, sino también su contenido. En él, contrario a la 'realidad' que rodea a Garcín,
priman en su primera parte la bondad y la belleza. Fuera
de hermosos niños a imagen de pinturas de Corot y los
bellos ojos de la amada Niní, "el buen Dios" envía volando
"un pájaro azul" que "anida dentro del cerebro del poeta,
en donde queda aprisionado" (23). El último sintagma del
poema, no obstante, apunta directamente al suicidio final,
y agrega un metacomentario del narrador, consciente del
fenómeno presentado:

Cuando el pájaro quiere volar y abre las alas y se da contra las paredes del cráneo, se alzan los ojos al cielo, se
arruga la frente y se bebe ajenjo [...]. He ahí el poema
(23)[13].

En el ambiente más 'realista' de este cuento, Garcín no
tiene un hada que le mejore su circunstancia. La factura
del relato de apariencia más histórica (por lugar y tiempo), y el hecho de que el 'adversario' se encarne en el padre, probablemente contribuyen al tono melancólico más
cargado de este relato[14].

El tono melancólico de "El pájaro azul", se transforma
en protesta e imprecación en el lamento que emiten los
personajes de "El velo de la Reina Mab". Aunque este relato vuelve al distanciamiento característico del patrón
dado por la leyenda, con sus lugares y tiempos remotos,
los lamentos de los hombres se originan en causas concre-
tas y contemporáneas.

Desde el mismo comienzo, el cuento presenta el contraste entre la bella ilusión, representada por Mab, y la
fealdad 'real' del ambiente de pobreza. Así comienza la
obra:

La reina Mab, en su carro hecho de una sola perla, tirado
por cuatro coleópteros de petos dorados y alas de pedrería, caminando sobre un rayo de sol, se coló por la ventana de una boardilla, donde estaban cuatro hombres, fla-
cos, barbudos e impertinentes, lamentándose como unos
desdichados (51).

El escultor, que "tiene el espíritu de Grecia", y ama los
"desnudos" de ninfas y faunos, se queja del desaliento de
no poder plasmar en la materia la grandeza de sus sueños. El pintor sufre el desencanto del rechazo de su obra
y, más específico, el precio barato del arte: "¡Vender una
Cleopatra en dos pesetas para poder almorzar!" (53). El
músico, inspirado doblemente por Wagner y Pitágoras
(oye "la música de las esferas"), teme el desprecio de la
muchedumbre y la pérdida de la razón (53). El poeta, que
tiene "alas de águila" para ascender en el ideal "que flota

en el azul" está también abrumado por "un porvenir de miseria y hambre" (53).

Nótese que el velo de los sueños que otorga Mab a los cuatro artistas, les proporciona sólo esperanza y "un poco de vanidad", que oculta pero no elimina las causas de la desdicha. En otras palabras, el sueño va a alegrar el espíritu, pero no va a llenar el estómago.

De "La canción del oro" bien pudiera alegarse que no debe llevar el calificativo de cuento porque la historia que narra es mínima. Sin embargo, hay razones que ligan esta obra al resto de los relatos, que interesa subrayar.

El comienzo del texto tiene toda la apariencia de un cuento, con un narrador que se parece al del cuento tradicional, aunque con el discurso poético de calidad visto. La descripción del personaje principal –un pobre otra vez–, contrasta violentamente con la opulencia del castillo que enfrenta, castillo donde "hay desafíos de la soberbia" (70). El narrador, que se ha mantenido distante en los dos párrafos de descripción de la magnífica y rica mansión, se acerca repentinamente con una exclamación que lo identifica sentimentalmente con los que no tienen "un mendrugo para llenar el estómago" (71). Ese "–¡Dios mío!–" que se le escapa, representa la única vez en que el narrador se aparta del discurso sobrio y contenido que emite.

En el novedoso uso de paréntesis y letra cursiva diferente al resto, se presenta el transcurrir de las horas y la llegada de una "soberbia pareja" palacial, que va a originar la visión (de "todos los mendigos, de todos los suicidas, de todos los borrachos" y pobres en general), y a disparar el himno central del título. Este famoso "himno al oro" que ocupa la mayor parte del texto –y que es la 'prueba' blandida para quitar el rótulo de cuento a la obra– es enunciado por el harapiento, que tiene muy buenas razones para hacer un canto "cruel", como metadiscursivamente apunta el narrador (71).

Como en el caso de "El velo de la reina Mab", aquí no hay tristeza sino cólera, mezcla de "gemido, ditirambo y carcajada" como se caracteriza el canto en otro metacomentario (74). Fuera del empleo maestro de recursos poéticos (sobre todo de las frases paralelas), resalta en este himno el uso de la ironía y el sarcasmo. El oro "hace jóvenes y bellos" a los que se bañan en él, y "envejece a aquellos que no gozan de sus raudales"; "rey de la mina, donde el hombre lucha y la roca se desgarra", "inunda las capas de obispos" y "es piedra de toque de toda amistad" (72-3). El puntazo sarcástico a las desigualdades económicas es evidente, y por eso nos parece que, temática y discursivamente, pertenece a las prosas de *Azul*... En cierto modo, esta obra pudiera ser una especie de pórtico de los cuentos porque resume uno de los motivos centrales del conjunto, y representa el otro elemento y color que fundamenta la base ideológica de los relatos. Como ha visto muy bien Jaime Concha, junto al azul de los sueños, el libro despliega el amarillo del oro que "concentra todas las contradicciones históricas y sociales" que brotan del canto dariano (37). Importa insistir cómo en los tres últimos relatos vistos la pobreza económica explícita es el factor preponderante (si no el supremo) de la desgracia que aflige a los actores. Por esto, no puede negarse el matiz alegórico que revisten hasta las criaturas darianas más 'irreales' al habitar en mundos que tienen tan humanos problemas, problemas que vivió en forma aguda el escritor modernista.

Quizás "El rubí" constituye el mejor ejemplo de la nueva factura estructural del cuento que va creando Darío. Bien estudiado por Keith Ellis, nos limitaremos a exponer sólo algunos aspectos que deseamos acentuar. Ellis resume las virtudes de este relato destacando el "armonioso funcionamiento del punto de vista, caracterización, tono, ritmo y flexibilidad en el uso del lenguaje" (90). Con "armonioso funcionamiento" creemos que el crítico sintetiza la arquitectura precisa, sin innecesarios anejos en que se encierra la historia. La estructura del relato que presenta un cuento dentro del cuento, se divide en cinco secciones que pueden esbozarse del siguiente modo:

I.   Narrador 1 (básico extradiegético) y un duende.
II.   Narrador 2 –Puck– y diálogo. Se presenta el narra-
        dor 3.
III.   Narrador 3 (gnomo viejo que cuenta la historia del
        mito del rubí). Nivel de pasado más remoto.
IV.   Vuelta al II. Duendes comentan la historia de III.
V.   Puck resume el significado de la historia.

El relato comienza *in medias res* con un fragmento de
monólogo ya en proceso de uno de los duendes (Puck quizás). Como sugiere el esbozo, el narrador básico importa
sólo en la primera parte (para describir la hermosísima
gruta en que se reúnen los duendes). En el resto del cuento, este narrador sólo dice lo indispensable para dirigir el
movido diálogo de los gnomos, sobre quienes recae el peso
de la narración.

Además de su calidad poética, "El rubí" es muy representativo del modernismo en aquella vertiente que rechaza la ciencia positivista, y exalta el conocimiento esotérico
(alquimia, cábala, nigromancia, etc.). Ya Keith Ellis recal-
có cómo el cuento se teje asentado en la oposición central
de lo artificial versus lo natural, representada en el primer caso por el rubí, hecho de "sílice y de aluminato de
plomo", y en el segundo por la sangre vertida por una bella mujer enamorada. La factura del cuento, de apariencia
simple, exige no obstante un lector competente para gozar
el cruce de figuras históricas (Averroes, Lulio, Fremy,
Chevreul), con otras totalmente imaginarias como son
Puck, Titania, Althotas y los duendes. Los tres últimos
nombres señalan algunos de los hilos intertextuales que
se entretejen en la trama, fenómeno que los modernistas
cultivan con asiduidad. La competencia del lector la desafía además el frecuente empleo de vocablos de uso raro
(crisofasia, hipsipilo, calcedonias, etc.). En el entrecruce de
modalidades, no falta la nota del humor. Por ejemplo, la
anacrónica 'huelga' de los duendes de la mina de diaman-
tes (82), o el juicio sobre el rubí artificial, "piedra falsa,
obra de hombre, o de sabio que es peor" (81).

No se puede abandonar el cuento sin insistir en la
maestría de su lenguaje. Por medio de aliteraciones, sines-
tesias, enumeraciones, polisíndeton, metáforas e imágenes
novedosas y otros recursos, el poeta logra representar el

mundo de luz y de color de las piedras preciosas que describe el narrador. Dejando la tentación de citar alguno de los innumerables pasajes antológicos, nos interesa por último subrayar la concepción del amor, representada en el cuento como una fuerza poderosa y misteriosa, que ni aun el sabio gnomo puede comprender. Como se sabe, Darío concibe el amor, en su fusión de carne y espíritu, como una vía trascendental, concepto proveniente de las doctrinas esotéricas, a las cuales era muy aficionado. En el pasaje que vamos a transcribir, nótese además la discreción con que el narrador (el viejo duende), alude al orgasmo que experimenta la mujer por la comunicación con su amante, aun en la distancia:

> Ella amaba a un hombre, y desde su prisión le enviaba sus suspiros. Estos pasaban los poros de la corteza terrestre y llegaban a él; y ella, la enamorada, tenía –yo lo notaba– convulsiones súbitas en que estiraba sus labios sonrosados y frescos como pétalos de centrifolia. ¿Cómo ambos se sentían? Con ser quien soy, no lo sé (83).

La segunda edición de *Azul...*, publicada en 1890, agregó los relatos "El sátiro sordo" y "La emperatriz de la China". El primero cabe bien en el grupo que apartamos antes, por trabajar el motivo del artista incomprendido. El segundo se hermana con el cuento parisiense de la primera edición ("La ninfa" y "El pájaro azul").

"El sátiro sordo" ha sido atacado porque "no es ni cuento ni griego" (Brownlow 382), aludiéndose con lo último al subtítulo que trae el relato. A nosotros nos parece que sí es un cuento (y de los buenos): cuenta una historia que lleva a un fin a través de las acciones de ciertos personajes. Lo de "griego" del subtítulo subsume el ambiente en que se desarrolla la historia –un bosque cerca del Olimpo– con conocidas figuras de la mitología griega. Tampoco admite Brownlow la modalidad alegórica del cuento debido a la "manipulación perversa de la perspectiva narrativa" que resulta en una "supuesta alegoría de una manera que no es moral ni ideológicamente conclusiva" (381). A nuestro juicio, la alegoría aquí no es supuesta y sí muy evidente: la sordera del sátiro representa la indiferencia del medio al Arte, motivo central en la cuentística de Darío, como vimos antes.

Igual que en los otros relatos ya comentados, aquí el narrador básico emplea el temple típico del cuento tradicional, sobre todo al comienzo, transformándolo tanto con esplendor poético como con dardos satíricos. Así se va construyendo la historia que, como en los otros cuentos, tiene en su base la oposición del Artista contra los negadores del Arte. La colocación de este relato después de "El Rey burgués", hecha por Darío para la edición de 1890, confirma la relación entre ambas obras. En elaboración de contrastes similares, a la ignorancia del Rey allá, se coloca aquí la sordera del sátiro. A los cortesanos retóricos áulicos que alimentan el mal gusto real, el sátiro aquí cree escuchar la opinión del burro. La función del harapiento poeta en "El Rey..." la tiene Orfeo, "extraño visitante" en el bosque del sátiro, que sufrirá la incomprensión del poderoso. Importa destacar que Orfeo vino a parar al bosque, "huyendo de la miseria de los hombres" (113).

Como vimos en los relatos anteriores, la narración contiene alusiones librescas que mezclan lo admirado con lo despreciado (Passerat, Buffon, Victor Hugo, Posada y Valderrama), y una galería de personajes mitológicos, exigentes de la competencia del lector. De igual manera despliega Darío en este cuento sus dotes poéticas, con el diestro empleo de todo tipo de recursos para convencernos con *su* arte, del poder del arte que rechaza el sordo sátiro. Así, para el narrador las canciones de Filomena "hacían detenerse los arroyos y enrojecerse las rosas pálidas" (111). Cuando Orfeo "tañía su lira", las palmeras derramaban su polen, las semillas reventaban" y una vez "voló un clavel de su tallo hecho mariposa roja, y una estrella descendió fascinada y se tornó flor de lis" (113).

La última línea que cierra el cuento "No se ahorcó (Orfeo), pero se casó con Eurídice" resulta extraña, no por la "arbitrariedad" o "perversidad" del narrador (Brownlow 381), sino precisamente por la maestría del que nos instaló en un lugar encantador, que ahora nos despierta con un puntapié 'realista'. La molestia que siente la estudiosa porque se subvierte "la solemnidad de la fábula

mitológica" (382), es para nosotros una extraordinaria
muestra de antecedente de la escritura contemporánea.
Lo que la investigadora juzga como resultado de la "inde-
cisión estética" de Darío (384), no es sino producto de la
amalgama compleja que trabajan los modernistas. Esta
amalgama acepta la desmitificación de 'figuras sagradas',
el temple poético junto a la risa socarrona, y sobre todo las
"contradicciones y ambigüedades" que reprocha Brownlow, que son factores connaturales al tiempo que vivió el
autor, y más aún de la compleja naturaleza humana[15].

"La muerte de la emperatriz de la China", como
dijimos, se hermana con "La ninfa" y "El pájaro azul" por
situar la historia en un ambiente parisino. La novedad la
constituye aquí el motivo central de los celos –no trabajado antes– que reemplaza los de la pobreza y la incomprensión del medio, pivotes de los relatos anteriores. La
pareja central, Recaredo y Suzette, son "pobres muchachos enamorados" pero felices en el amor y el arte. Por
primera vez también se da una fecha específica (18 de
enero de 1888, de la carta del amigo). La representación
del amor en este cuento se relaciona con la divulgada por
las doctrinas esotéricas que comentamos a propósito de "El
rubí", que piensa el amor como vía de conocimiento, vía
trascendental hacia el Absoluto:

> ¡Cómo se amaban! Él la contemplaba sobre las estrellas
> de Dios; su amor recorría toda la escala de la pasión, y
> era ya contenido, ya tempestuoso, [...] a veces casi místico.
> En ocasiones dijérase aquel artista un teósofo que veía en
> la amada mujer algo supremo y extrahumano (129).

Si en "El Rey burgués" el monarca tiene japonerías y
chinerías por puro lujo de rico, aquí Recaredo las colec-
ciona por su "pasión de la forma" que lo hace amar su arte
de escultor (129). Los indicios intertextuales de este orientalismo traen los nombres de Loti y Judith Gautier, orientalismo que conforma un tipo de belleza específico en las
descripciones. Si se comparan el busto de la estatuilla de
la emperatriz y el altar que ha compuesto Recaredo a su

alrededor, con los colores y tono empleado en los escenarios y objetos de los otros cuentos, resaltará esa diferencia. Aquí prima el amarillo, con un ocasional toque negro en consonancia con el 'misterio' que se le otorga a la estatua, y al concepto que se tenía del Oriente (incluído el color), visto como exótico y misterioso.

En la estructura de escenas, uso de diálogo y tipo de narrador, este cuento se asemeja a los ya vistos. El tono 'conversacional' lo usa en un momento para dirigirse a Recaredo (132), y en otro, como si estuviera frente a uno o varios narratarios ("¡Oh jóvenes llenos de sangre y de sueños!"), les advierte que el amor pone un "azul cristal ante los ojos" (129).

Como en otros cuentos, hay indicios metadiscursivos, reveladores de la autoconciencia sobre el carácter fictivo de lo que se cuenta:

> ¿Era la Bella durmiente del bosque? Medio dormido, el delicado cuerpo modelado bajo una bata blanca, la cabellera castaña apelotonada sobre uno de los hombros, toda ella exhalando un suave olor femenino, era como una deliciosa figura de *los amables cuentos que empiezan "Este era un rey..."* (130, suspensivos de Darío, mis cursivas).

Como sucede en "El sátiro sordo", el último sintagma del texto es ambiguo y objeto de encontradas lecturas. Ese mirlo que se muere de la risa al presenciar la reconciliación de la pareja, puede estar afirmando un "final feliz", o ser predicción irónica, insinuadora de ocurrencias negativas en el futuro, como la reincidencia de los celos y la ruptura del idilio. Otra vez esta ambigüedad es para nosotros indicación de una escritura precursora de las de hoy, que admite la contradicción y los finales abiertos. De ningún modo comulgamos con el juicio confuso de achacar este desenlace a la "irresolución en la ideología estética" de Darío, o a los "enigmas teórico-morales" del autor (Brownlow 391)[16].

¿Cuentos nuevos?

Como afirma Raimundo Lida en su estudio preliminar a los *Cuentos completos* de Darío, entre 1888 y 1890 "vienen a colocarse aquellos relatos sombríos que Rubén Darío se proponía agrupar bajo el nombre de *Cuentos nuevos*" (VII). Con "nuevos" quizás Darío quiso significar una modalidad diferente a la que exploró en *Azul*... porque ciertamente no se ven como 'nuevos' los de corte realista/naturalista como son "Morbo et Umbra", "El perro del ciego", "La matuschka" y "Betún y sangre" que de ningún modo alcanzan la calidad de "El fardo". Los dos primeros se publicaron en julio y agosto de 1888, y su divergencia con los de *Azul*... de junio de ese año es sorprendente. El hecho de que se escribieran el mismo año que "El sátiro sordo" o "El rubí" (para nombrar sólo dos), prueba que es cuestionable hablar de una primera fase 'preciosista' (Salgado 95), pues la tónica más duradera, tanto en Darío como en otros modernistas, es la heterogeneidad de estilos.

Más afín a *Azul*... resulta "Arte y hielo" también de 1888, que elabora la historia de un escultor pobre, enfrentado a la falta de sensibilidad artística de los ricos. El título es clave metafórica para el nombre del lugar (Villanieve) y sus opulentos habitantes, sobre todo sus mujeres, bellas pero "glaciales" (107). El cuento se mofa de la ignorancia e hipocresía de los poderosos que se escandalizan ante el desnudo de la estatuas: "Aquel Mercurio, Dios mío, ¿y su hoja de parra? ¿Para qué diablos labra usted esas indecencias?" (109). El credo estético dariano rechaza el arte de fácil imitación de la naturaleza, como se explica cuando un rico rechaza las obras del escultor para comprar un

> gran reloj de chimenea que tenía el mérito de representar un árbol con un nido de palomas donde, a cada media hora, aleteaba ese animalito, hecho de madera, haciendo ¡cuú, cuú! (109).

De 1889 es "La matuschka", último cuento escrito en Chile según el editor, y que sigue la moda del 'cuento ruso' imperante en Francia en ese tiempo (121). Fuera del exotismo de los nombres rusos, es novedoso dentro de la cuentística dariana que el narrador –Alexandrovitch– sea soldado, aunque también componga coplas. La historia es simple, y se aprovechan los estereotipos que circulaban sobre Rusia en la época (como el amor materno y el patriotismo sentimental). La anécdota se centra en la mujer anciana del título, que sufre la muerte del joven tambor de un regimiento, a quien quiere como hijo. El cuento es de rápido desarrollo, con breves descripciones y diálogo dinamizado por la carencia de verbos introductores, pero no se destaca mayormente de los cultivados en esa modalidad por esos años.

De tema antibélico es también "Dios es bueno" de 1891, inspirado al parecer por sucesos sangrientos ocurridos en El Salvador (nota pág. 134). La historia narrada ocurre en un asilo de huérfanas atacado por las bombas. De modalidad realista, sobresale la frase final en que la niña Lea pide al "buen Dios" que no 'sea malo' (138). El subtítulo "Cuento que parece blasfemo, pero no lo es" resulta irónico puesto que la niña culpa a Dios por los desastres, blasfemia que se hace más devastadora dada su inocencia. No sorprende que se haya cortado la frase final en una publicación de Costa Rica, como comenta Mejía Sánchez en nota pertinente a este cuento (134).

"Betún y sangre" de 1890, es también de corte realista/ naturalista, y narra el sacrificio que hace un muchacho pobre por una pareja que lo ha tratado bien. La pobreza del muchacho se expresa al comienzo en una descripción de su ropa, en una verdadera imagen 'chaplinesca':

> Se puso las grandes medias de mujer que le había regalado una sirvienta de casa rica, los calzones de casimir a cuadros que le ganó al gringo del hotel, por limpiarle las botas todos los días de la semana, la camisa remendada, la chaqueta de dril, los zapatos que sonreían por varios lados (139).

Además de pobre, el limpiabotas recibe malos tratos de parte de su abuela con la cual vive. Huído a la guerra, el muchacho se esfuerza en hallar al capitán desaparecido, esposo de su benefactora. A pesar del tema bélico, este cuento no tiene el tono sombrío de los dos anteriores por el carácter alegre del niño, y su maliciosa admiración por los encantos de la esposa del capitán.

Ya dijimos que "La novela de uno de tantos" (1890), nos parece más crónica que cuento. Aunque bordea la crónica, resulta más interesante "Rojo" del mismo año, porque muestra la atracción de Darío por los 'genios neuróticos' de los que va a escribir en *Los raros* de 1896. De modalidad naturalista con un toque decadente por el crimen pasional que narra, cuenta de Palanteau, un pintor francés cuya excentricidad y celos lo llevan a matar a su mujer. Otra vez aquí hay una tertulia como marco, en este caso de periodistas, uno de los cuales va a contar la historia. A la manera naturalista, se acentúa la génesis familiar del personaje (Palanteau desciende de "locos, hombres de gran ingenio, suicidas e histéricas" 161), y su relación tormentosa con su mujer tiene que ver con su carácter "apasionado, raro, vibrante" (162). Este carácter lo acerca a un tipo común de 'decadente' que se refuerza con el sufrimiento constante que padece este hombre, y su inclinación al ajenjo ("su musa verde") y a "los pies pequeños que taconean por el asfalto" 160). Los comentarios del narrador sobre la relación entre el talento y la locura, y los nombres de médicos como Lombroso, Garofalo y Richet, afirman la procedencia de asuntos de actualidad en la época, y se adelanta a los que Nordau va a tratar en su *Degeneración* en 1892, como veremos en el último capítulo.

Más arriba mencionamos varias leyendas sin detenernos en ellas por alejarse del patrón del cuento que seguimos. No obstante, por su calidad, echaremos una mirada a "Historia de la princesa Psiquia, según se halla escrita por Liborio, monje, en un código de la abadía de San Hermancio en Illiría"[17]. Publicada en 1906, la historia de Psiquia se emparenta con las leyendas bíblicas de *Las fuerzas extrañas* de Lugones, y tiene ciertas notas escriturales que resuenan a las que van a caracterizar el tan celebrado estilo de Borges. El título y los subtítulos que llevan las diferentes secciones de este cuento, son un indicio evidente de la voluntad arcaizante de la prosa, inspirada en textos medievales. Como "La leyenda de San Martín" y "Palimsesto II", este relato tiene como subtexto la idea, elaborada por muchos modernistas (Jaimes Freyre en "Aeternum Vale" por ejemplo), sobre las devastadoras consecuencias que tuvo para las viejas religiones el surgimiento del cristianismo, exaltado como el más verdadero y excelso. La historia que se cuenta parece una versión modificada de "La estatua de sal" de Lugones, pero aquí es Lázaro el que pronuncia las palabras misteriosas sobre el fenómeno que, como la mujer de Lot, Psiquia desea conocer[18]. La semejanza con el relato del argentino se hace muy estrecha en el momento en que Psiquia se convierte en mujer triste y silenciosa "como si fuera una estatua de piedra o de mármol" (282). A Lugones recuerda también la afición por la magia que tiene el padre de Psiquia, quien conoce la "ciencia de los hechizos y las cosas ocultas" (281), afición que los dos escritores compartieron, como se verá en la sección dedicada a Lugones. La diferencia en este cuento es que las ciencias ocultas no se enfrentan a las positivas como va a hacer el argentino en los relatos de *Las fuerzas extrañas*, sino que a ellas se opone el cristianismo triunfante: Psiquia tiene "deseos profundos e insaciables que la ciencia de los magos no era suficiente a apagar" (285).

El bellísimo tono poético –pero contenido– de la prosa, encuentra un seguro asidero al hacer que el narrador de la historia sea el monje Liborio, lo que disminuye la distancia entre enunciador y enunciado, a la vez que 'verosimiliza' lo que dice. Ese tono poético puede apreciarse en la descripción de Psiquia:

> Entre todos los habitantes del reino, era Psiquia una excepción, pues en aquel país de gigantes [...] su figura

no era desmesurada, antes bien fina y suave, de modo
que al lado del rey su padre, coloso de anchas manos y de
crines rojas, tenía el aspecto de una paloma humana o
de una viva flor de lis (282).

Más arriba dijimos que el discurso presentaba ciertas
resonancias borgianas. Esto se ve sobre todo en las recreaciones de escenarios de la Antigüedad, como va a hacer
Borges (por ejemplo en "El inmortal"). La descripción del
"vastísimo y escondido reino de Asia" donde habita Psiquia, es una buena ilustración de esos ecos:

> Era la ciudad como una montaña de bronce y de piedra
> dura, y los palacios monumentales tenían extrañas ar-
> quitecturas ignoradas de los cristianos, murallas inmen-
> sas, columnas y escaleras y espirales altísimas, que casi
> se perdían en la altura de las nubes [...]. En las plazas de
> la gran ciudad estaban los ídolos y ante ellos se encen-
> dían hogueras en donde se quemaban robles enteros y se
> celebraban fiestas misteriosas y sangrientas, que con-
> templaba desde una silla de oro y hierro el rey (281)[19].

Cuentos fantásticos

Escritos entre 1893 y 1914, los llamados cuentos "fantásticos" de Darío tienen de común un lenguaje más económico y directo que los de *Azul...*, aunque con muchos de
los recursos que contribuyeron a la renovación del género
que significó el libro de 1888 (enmarque, omisión de verbo
introductor, diferentes distancias del narrador, trazo rápido y dinámico). Dado que algunos de los relatos han sido
bien estudiados, daremos breves notas sobre ellos, dete-
niéndonos en los que nos parecieron los mejores del conjunto.
De los diez *Cuentos fantásticos* de la edición
preparada por José Olivio Jiménez, de la cual citaremos
en esta sección, "Verónica", "Cuento de noche buena" y
"El Salomón negro" califican como cuentos "maravillosos"
de acuerdo con la nomenclatura de Todorov, puesto que el
hecho 'misterioso' *se explica* por la intervención divina[20].

A pesar de que nos proponemos examinar sólo los propiamente fantásticos, estos relatos tienen algunos rasgos dignos de destacar. En "Cuento de noche buena" sobresale la voz del narrador, que usa un tono conversacional de leyenda antigua. Dirigiéndose a un narratario colectivo innominado ("¿pero no os he dicho nada del convento?" 26), este tono crea una agradable sensación de intimidad. El sabor a lengua oral se refuerza con el uso de diminutivos, o con sintagmas típicos del contar a viva voz, sobre todo ante niños ("con un usado trotecito" 28; "Y fue el caso que Longinos anda que te anda, pater ave, tras pater ave" 27).

"Verónica" de 1896, interesa especialmente por la crítica que hace de las ciencias ocultas y de la curiosidad científica, tópicos caros a los modernistas, y que va a ser central en los cuentos de Leopoldo Lugones. La posición negativa hacia la ciencia se da desde el comienzo al decirse que su personaje principal "Fray Tomás de la Pasión era un espíritu perturbado por el demonio de la ciencia" (52)[21]. A la ciencia le achaca el narrador el "mal de la curiosidad" que ha llevado al fraile a "iniciaciones astrológicas y quirománticas" que le apartan de la buena senda (51). Peor aún, según el narrador, el monje ha olvidado que la ciencia es "el arma de la serpiente" y la "potencia del anticristo" (52).

Como lo va a hacer Lugones más tarde, el cuento mezcla referencias a la ciencia positiva del día (luz catódica, rayos X, Roentgen), con otras conocidas en el esoterismo (Crookes). El deseo del monje de fotografiar la cara de Dios (¿antecedente de un episodio semejante en *Cien años de soledad*?), da lugar al hecho misterioso, sólo explicable por intervención divina. La muerte del fraile, que se dejó tentar por el diablo, es obvio castigo a su curiosidad. Como Anderson Imbert (234), pensamos que la primera versión del final de este cuento en que la placa fotográfica revela "una terrible mirada" en los ojos de Cristo, se adecúa mejor a ese castigo que la retocada posteriormente. En "La extraña muerte de Fray Pedro" como se llamó la versión de 1913, esa mirada cambia a "dulce", lo que no concuerda con el castigo, y hace perder el efecto amenazante de la primera publicación.

Concordamos con el editor en considerar "El Salomón negro" el cuento más débil de la colección (12). Fuera de un uso "ingenuo" del tema del doble, tal vez su único interés estribe en la sátira del concepto del super-hombre de Nietzsche, y el empleo del diálogo –a la manera de texto teatral– en que simplemente se pone el nombre del hablante (aquí animales y pájaros).

A la categoría de "extraños" y no "fantásticos" pertenecerían "La pesadilla de Honorio", "Cuento de pascuas" y "La larva" porque en ellos el hecho misterioso tiene explicación. "La pesadilla de Honorio" de 1894, como indica su título, es de carácter onírico, que aclara el origen de las extrañas formas que ve, y las sensaciones raras que experimenta el personaje central. Narrado en tercera persona, pero con enfoque y visión de Honorio, lo más encomiable en este relato es el barroquismo de su lenguaje. Imaginativas enumeraciones, insólitos adjetivos y sustantivos (a veces neologismos) cargados de connotaciones ideológicas, revisten el discurso de claros matices paródicos:

> Tras él los tipos de todas las farsas y las encarnaciones simbólicas. Así erigían enormes chisteras grises, cien congestionados *johnbulles* y atroces *tiosamueles*, tras los cuales Punch encendía la malicia de sus miradas sobre su curva nariz. Cerca de un mandarín amarillo de ojos circunflejos y bigotes ojivales, un inflado fraile, cuya cara cucurbitácea tenía incrustadas dos judías negras por pupilas (41, mis cursivas).

"Cuento de pascuas" (1911) utiliza el ya conocido marco de una tertulia a la que asiste el narrador, que vimos en los relatos de *Azul...* Semejantes a ellos también son el ambiente elegante del hotel donde habita Wolfhart, y las numerosas redes intertextuales que cruzan el cuento. De estas redes son importantes las que aluden a las aficiones ocultistas de Wolfhart, quien menciona a Lycosthenes, Julio Obsequens y Simón Goulard, entre otros dedicados al esoterismo[22]. Como en "La pesadilla de Honorio", aquí el hecho misterioso (un pavoroso desfile de personajes históricos y sus cabezas cortadas), lo ve el narrador después de haber ingerido la droga preparada por su anfitrión Wolfhart. El sintagma final que cierra el discurso refuerza la 'explicación' (y desaparición) del misterio, por lo que no cabe duda de la naturaleza del hecho como una alucinación: "Nunca es bueno dormir inmediatamente después de comer —concluyó mi buen amigo el doctor" (80)[23].

Mayor seguridad para clasificarlos como "fantásticos" ofrecen "Thanatopia", "El caso de la señorita Amelia" y "D. Q." Los tres contienen un hecho 'imposible' que no se puede explicar por razones naturales, científicas o psicológicas, de acuerdo con los conocimientos de nuestros días. Escrito en 1893, "Thanatopia" comienza in medias res con la voz de James Leen, su personaje central, quien cuenta su historia a un grupo de amigos, entre los cuales está el narrador. Este narrador básico aparece sólo dos veces, y en ambas ocasiones su discurso se da entre paréntesis, novedosa manera de hacerlo inobstruso. La primera vez apenas enuncia una frase con el nombre del que habla (31), la segunda, se da en un párrafo breve, descriptor de James como hombre que suele "tener raros arranques". Aunque el discurso principal de James está en el presente, es claro que el narrador transcribe posteriormente lo ocurrido, al hacer alusión al lector (32). James Leen cuenta que está prófugo en Argentina después de ser prisionero por cinco años "secuestrado" por su padre, del cual sospecha es "un gran bandido" (32). En su discurso, este relato se acerca más al tono romántico que al derrochador de colores y luces que se tuvo por típico del Modernismo. James aprendió a "ser triste" en un colegio de muros negros, con un jardín de álamos y cipreces, que recuerda "bañados de una pálida y maleficiosa luz lunar" (33). Huérfano de madre, y con un científico famoso como indiferente padre, no sorprende que el joven se represente como nervioso y agitado. La casona familiar está descrita con la nota tétrica de este tipo de relato (grande, fría, con criados patibularios), con el decidor detalle de gusto modernista de un cuadro pintado por Dante Gabriel Rosetti[24].

La ambigüedad del fin: ¿es exacta la descripción del
padre y la madrastra, o todo es producto de una enfermedad del joven? se deja sin resolver. El narrador, muy al
contrario del tradicional decimonónico, dispone que el lector decida sobre lo que cuenta James. Según éste, su padre es un "cruel asesino" (pero nunca se sabe a quién mató a pesar de los indicios que da el fallecimiento de la primera esposa), casado con una muerta. La vacilación entre
una explicación 'natural' (James sería un desequilibrado
que odia a su padre por motivos edípicos), o la sobrenatural del cadáver/viviente, se mantiene en el abierto final.

"El caso de la señorita Amelia" es menos ambiguo en
cuanto al hecho central inexplicable, de la detención de
Amelia en su fase de niña. El cuento tiene como marco
una tertulia de varios amigos entre los que se cuenta el
narrador básico. Como en otros relatos, este narrador participa mínimamente, aunque aquí es el catalítico de la historia que va a contar el doctor Z. Este cuento es de 1894,
y tiene dos características que lo relacionan con los que
Lugones coleccionó en *Las fuerzas extrañas* en 1906. La
primera es el esoterismo al cual es adicto el Dr. Z, y la segunda es la sátira contra la ciencia que se representa por
medio del doctor.

La narración se abre con un irónico retrato de Z como
hombre "ilustre, elocuente, conquistador, de gesto avasa-
llador", poseedor de una calva "insigne, hermosa y lírica"
(43). La afición del doctor por la teosofía, subrayada por
sus menciones a Hermes, la cábala, el ocultismo y "los
principios del hombre" (45)[25], son las que llevan al personaje a despreciar la ciencia positiva del día:

> ¿Quién es el sabio que se atreve a decir *esto es así*? Nada
> se sabe [...]. Va la ciencia a tanteo, caminando como una
> ciega, y juzga a veces que ha vencido cuando logra adver-
> tir un vago reflejo de luz verdadera. Nadie ha podido des-
> prender de su círculo uniforme la culebra simbólica [...]
> la inmensidad y la eternidad del *misterio* forman la úni-
> ca y pavorosa verdad (44-45, cursivas de Darío).

Como algunos personajes de Lugones, también el doctor Z está dominado por un "insaciable deseo de sabiduría" (47), que lo lleva a Oriente en busca de maestros, y ayudar al coronel Olcott a "fundar la rama teosófica de Nueva York"26.

Sobresaliente es también –y muy propio de Darío– el matiz sensual que tiene la narración de Z cuando se refiere a su relación con la niña Amelia. Esta relación acerca al cuento a la veta decadentista, ya que el hombre por su edad (tiene treinta y la niña doce) podría ser el padre de Amelia, y deriva un placer sexual de su contacto con ella. Con la niña sobre sus piernas, Z cuenta:

> Yo me sentaba, regocijado [...] y colmaba las manos de la niña de ricos caramelos de rosas y de deliciosas grajeas de chocolate, las cuales ella, a plena boca, saboreaba con una sonora música palatinal, lingual y dental (46).

El final de la historia con el hecho 'fantástico' de que la Amelia del presente sea la misma niña que dejó hace veintitrés años, la relata el mismo Z, y no hay indicios para dudar de su palabra. Por su parte, el narrador básico, quien antes había dicho que creía en milagros y en lo sobrenatural (44), tampoco la desmiente. La última frase que retorna al marco de la tertulia se asemeja a esos sintagmas de ruptura que vimos en "El sátiro sordo" y "La muerte de la emperatriz de la China": "El doctor Z era en este momento todo calvo..." (suspensivos de Darío), que a manera de golpe de atención nos retrotrae a nuestra realidad.

Escrito en 1899, es claro en "D. Q." el peso de la historia inmediata. Inspirado en el desastre español de 1898, tiene explícitos indicios históricos alusivos (General Cervera 4), y un franco carácter político. Cuento breve, y de lenguaje directo, el relato hace de don Quijote el símbolo de la hispanidad, y se dirige tanto a españoles como a hispanoamericanos ("¿Jamás habéis padecido viendo que asesinan a vuestra *madre*?", mi cursiva). El misterioso soldado de unos cincuenta años que "parecía tener trescien-

tos" (62), es ejemplo de generosidad y de heroísmo. Como
Darío hizo en algunos ensayos de *España contemporánea*
(1901), halla en don Quijote la espiritualidad que, como se
predicaba en la época, estaba en peligro de perderse con
la victoria yanki. D. Q. en el cuento prefiere suicidarse a
entregar la bandera al enemigo, caracterizado con la conocida aversión antinorteamericana del día:

> Debíamos dar al enemigo vencedor las armas, todo; y el
> enemigo apareció, en la forma de un gran diablo rubio,
> de cabellos lacios, barba de chivo, oficial de los Estados
> Unidos, seguido de una escolta de cazadores de ojos azu-
> les (64).

Un trasfondo político se trasluce también en "Huitzilopoxtli" el último cuento escrito por Darío (1914). Como
"D.Q.", este relato está claramente plantado en la historia,
latinoamericana esta vez, pero con el mismo enemigo,
aunque más sutilmente dibujado. Más importante aún, el
meollo del misterio toma su inspiración de mitos prehis-
pánicos, poco trabajados por esas fechas.

Carmen de Mora Valcárcel, en "Darío escritor fantástico", hizo un estudio pormenorizado de "Huitzilopoxtli" y
a él refiero al lector para la descripción de su estructura.
Aquí deseo acentuar ciertos puntos que a mi parecer
hacen de este cuento uno de los mejores de la edición de
José Olivio Jiménez. La acción del relato se desarrolla en
el México revolucionario, y se halla en él una clara simpa-
tía por los caudillos como Pancho Villa, y gran desdén por
los oportunistas representado en la ficción por el cura Reguera. Dada la fecha más temprana de publicación que la
de *Los de abajo*, se adelanta así a los retratos de logreros
de la revolución que va a ser típico a partir del Cervantes
de Mariano Azuela. MoraValcárcel sugiere, pero nosotros
afirmamos, que Reguera encarna "una crítica al clero por
su alianza indiscriminada con el poder" (18). Que esto es
así lo muestra el siguiente comentario del narrador:

> El padre Reguera es un antiguo fraile que, joven en tiem-
> po de Maximiliano, imperialista, naturalmente, cambió
> en el tiempo de Porfirio Díaz de Emperador, sin cambiar
> en nada de los demás (82).

Lo extraordinario de este fraile para quien "todo está dispuesto por resolución divina" es que también cree que México todavía está "en poder de las primitivas divinidades aborígenes" (82). En otras palabras, como algunos criollos americanos, este español no sólo ha combinado su catolicismo con las religiones indígenas, sino que piensa que las últimas han vencido al primero:

> aunque yo diga misa, eso no me quita lo aprendido por todas esas regiones en tantos años [...] Y te advierto una cosa: con la cruz hemos hecho aquí muy poco, y por dentro y por fuera el alma y las formas de los primitivos ídolos nos vencen. Aquí no hubo suficientes cadenas cristianas para esclavizar a las divinidades de antes; y cada vez que han podido, y ahora sobre todo, esos diablos se muestran (84).

La perspicacia de Darío para observar la fuerza del estrato indio, materia tan estudiada hoy, es obvia y se hace más extraordinaria con el hecho de que sea un cura español el que la represente. Sobre éste, los indicios del relato señalan que Reguera en su oportunismo está ahora por las fuerzas revolucionarias, por lo tanto resulta lógico (aunque terrible) que no haga nada para prevenir la muerte ritual de Mr. Perhaps cuyo sólo crimen es ser norteamericano.

MoraValcárcel clasifica este cuento como "fantástico de ambiente realista" (8). Más tarde afirma que la influencia de la mariguana que fumó el narrador es posible explicación de la insólita 'visión' que tuvo, y concluye colocando el relato entre los de "carácter onírico" como "La pesadilla de Honorio". Nosotros vemos una diferencia esencial entre "Huitzilopoxtli" y los que se explican por sueños o pesadillas. Si es cierto que el cuento es ambiguo en cuanto a la existencia de la visión como alucinación provocada por la droga, también está implícita la posibilidad de que el sacrificio, a la manera de rito azteca, pudo ocurrir, posibilidad que no contempla la estudiosa. El claro subtexto político, que hace enemigos a los norteamericanos por enemigos de la revolución, apoya esta lectura[27]. El rito azteca en el siglo XX como castigo (que admiten texto y subtexto), nos parece realza el efecto sobre el lector, y por ende la calidad del relato. La buena caracterización de personajes, la abundancia de diálogos que dinamizan la acción, el lenguaje directo, más la utilización de un mito nacional, hacen de este cuento un buen antecedente de famosos cuentos posteriores como son "Chac Mool" de Carlos Fuentes o "La fiesta brava" de José Emilio Pacheco, para nombrar sólo autores mexicanos.

* * *

Julio Valle Castillo, que estudia *Azul*... como ejemplo de lo que Umberto Eco llama obra abierta, nos recuerda cómo Darío modificó su texto hasta alcanzar el definitivo de 1905. Sylvia Molloy en el contexto autobiográfico (1979), y Sonia Mattalía en una reflexión sobre *Azul*..., han mostrado cómo se preocupaba Darío sobre el efecto de la obra en el lector. Esta conciencia y preocupación, creemos, influyen en el avance en calidad que evidencian los relatos del nicaragüense, comparados con los que se escribían en su época, incluídos los de Gutiérrez Nájera. Obviamente, como se ha repetido tanto, esa calidad proviene en gran parte de la maestría dariana en el manejo del lenguaje poético. Pero claro, en un cuento esto no es suficiente. Por eso acentuamos en nuestras consideraciones la importancia del cuidado en el diseño de las estructuras, y las variadas actitudes y distancias que toma el narrador respecto a historia y personajes. El que llamamos inobstruso, que mantiene una distancia de aparente neutralidad, se combina con el yo subjetivo, apartando y acercando los asuntos y personajes, haciendo más ágil la narración. El efecto de proximidad o distancia se refuerza a su vez con las cambiantes miradas del narrador –irónica, tierna, burlona, risueña, melancólica– con el fin de crear las atmósferas apropiadas para las historias.

Entre las modalidades 'modernas' más destacadas, hemos ejemplificado el trazo breve, la presentación fragmentaria, la rica intertextualidad, el humor, la sugerencia en vez de la afirmación rotunda, la ambigüedad, sobre todo en los finales abiertos, y la extraordinaria conciencia autorreflexiva que pone al desnudo el carácter ficticio y de 'construcción' del relato.

De la totalidad de los cuentos que escribió Darío, algunos "fantásticos" y otros de carácter legendario son excepcionales, y los de *Azul...* sin duda son un hito señero en el desarrollo del género.

IV

LEOPOLDO LUGONES
(1874-1938)

"La ciencia no es enemiga del arte"
"La literatura es una rama del ocultismo"
(*Las fuerzas extrañas* 1981: 19, 44)

Obra cuentística

Entre los ejemplos de 'escapismo', el imputado rasgo central que la crítica tradicional dio del Modernismo, se cuenta la atracción de muchos escritores por las ciencias ocultas. Llamamos 'tradicional' a esta caracterización porque ya se ha probado cómo la escritura modernista es una reacción en múltiples formas a la crisis de la modernidad. Como vimos en nuestra primera sección, son ya muchos

los críticos que han rastreado la profunda nota de insatis-
facción que se oculta bajo los lujos y pedrerías.

Si en el caso de Darío la influencia esotérica en su
obra ha sido estudiada detenidamente (Jrade, Skyrme),
un expresivo silencio –sólo roto a partir de los setenta– se
dio en torno a la de Lugones. Este es un hecho curioso
porque la evidencia estaba en sus escritos, pero además
porque el mismo Darío y el hijo del autor habían testimo-
niado el interés y el estudio de esta materia por parte del
argentino[1]. La contradictoria personalidad del escritor
(que origina apasionados admiradores o enemigos), tal
vez tenga que ver con ese silencio. Aquí sólo nos interesa
destacar que la veta esotérica es frecuente expresión de
los modernistas contra 'el tiempo en que les tocó vivir' como dijo Darío. En otras palabras, la inmersión en las ciencias ocultas es una forma más en la desesperada búsqueda de otros apoyos en un mundo que se transformaba con
tanta rapidez.

Como la obra de Martí y Darío, la de Lugones sirve
también para ilustrar la extraordinaria heterogeneidad de
la escritura modernista. En el caso del argentino, basta cotejar los barrocos relatos históricos de *La guerra gaucha*
de 1905, con la precisa economía de *Las fuerzas extrañas*
publicado al año siguiente (1906). La aparición posterior
de *El lunario sentimental*, en años de auge del Modernismo (1909), es prueba evidente de que, sin romper del todo
con los principios estéticos del día, Lugones buscó siempre
nuevas maneras de expresión.

Bajo una mirada más específica a los cuentos mismos
del argentino, la variedad de formas puede ilustrarse si se
comparan, por ejemplo, "La conquista de la Señorita" de
1907, de discurso simple y directo, con "El imperio de cristal" de 1909, cuyos bosques de amatista y palacios de dia-
mante siguen la huella estetizante de "El rubí" o "El palacio del sol" de Darío. Esta variedad de asuntos y de técnicas continuó toda la vida del autor. Así, relatos de retorci-
da complicación y exotismo como "El vaso de alabastro" de
1923, o "Nuralkámar" de 1936, contrastan agudamente
con la simplicidad temática y discursiva de los "Cuentos
serranos" de los años treinta.

Lugones es el más prolífico cuentista del Modernismo, con más de 150 relatos a su haber, según Pedro Luis Barcia, que ha contribuido grandemente a la difusión de la prosa de Lugones en los últimos años[2]. Sobre esta cuentística, hay consenso general en la alta estimación de *Las fuerzas extrañas*, texto que será centro de nuestras reflexiones. Puesto que la crítica ha estudiado muchos aspectos de este volumen, nos detendremos mayormente en la posición hacia la ciencia que se representa allí, posición característica de la época, que merece mayor atención. Haremos también algunas observaciones sobre el arte del discurso lugoniano en esta obra, que sin duda es antecedente de los escritores posteriores que pusieron el cuento hispanoamericano en el mapa de la literatura mundial.

Las fuerzas extrañas: el "Ensayo"

Como ya lo han advertido los críticos, *Las fuerzas extrañas* (*LFE* en adelante), está dividido en dos partes bien definidas: una primera con doce relatos, y una segunda titulada "Ensayo de una cosmología en diez lecciones". Esta segunda parte, a su vez, se introduce con un Proemio a cargo de un narrador que en primera persona nos dice el lugar donde ocurrirán las lecciones (en la cordillera de los Andes), y presenta al 'sabio' que disertará sobre el origen del mundo y del hombre. Este narrador reaparece en el Epílogo para cerrar la narración y acentuar el mensaje que atraviesa todo el libro: el progreso de la ciencia no podrá explicar todos los misterios del universo.

El narrador, metadiscursivamente, declara que más que una plática sobre cosmología, lo que oyó fueron "conferencias" (148), y efectivamente, la materia y el tono magisterial se ajustan a su aserción[3].

El formato de relato enmarcado del "Ensayo" se aviene a la modalidad narrativa del libro, pero además como la crítica ha asegurado, su contenido respalda teóricamente ciertas premisas –sobre todo las científicas– en que se apoyan los hechos de algunos de los cuentos de la primera parte. Lo que está en cuestión para nosotros es precisamente la 'cientificidad' de ese apoyo.

No es difícil darse cuenta que el "Ensayo" tiene relación directa con algunos de los relatos. Por ejemplo, la lección Novena, que atribuye inteligencia a "toda manifestación de vida", se vincula con "Yzur" y "El Psychon"; la Décima sostiene que el reino vegetal posee "rudimentos de un sistema nervioso", hipótesis básica de "Viola Acherontia". Otros enlaces han sido comentados por Scari, Ghiano y Barcia. Pese a estos enlaces, la necesidad de leer el "Ensayo" para entender los relatos, si cierta, disminuiría su calidad, ya que no se sostendrían por sí solos. Voces autorizadas −la de Borges entre otras− se han referido a la maestría de los cuentos sin mencionarlo, lo que desde ya horada esa supuesta necesidad. El "Ensayo", no obstante, tiene gran relevancia para confirmar aspectos de la época transparentados en su escritura, como esperamos demostrar a continuación[4].

Robert Scari separó la ciencia de la ficción en *LFE*, afirmando la "rigurosidad científica del volumen" (164) −en especial del "Ensayo"−, que respondería "a las necesidades del apologista de la ciencia" (165). Lejos de una apología, como se ve en el Epílogo, el énfasis se pone en la espiritualidad y el misterio, precisamente como barreras que la ciencia no alcanza a penetrar. Esto tiene que ver con el interés de Lugones en las doctrinas esotéricas que Scari menciona sólo tangencialmente, aunque para el argentino tenían tanta validez como la ciencia. Pedro Luis Barcia, −que tuvo a mano publicaciones difíciles de hallar como la revista teosófica *Philadelphia*−, afirma que entre los cuentos y el "Ensayo" hay una "articulación en armónico maridaje" (1981: 12). Suponemos que el armónico maridaje se refiere a la igual estimación, por parte de Lugones, de las ciencias positivas y las ocultas, que se transparenta en las dos divisiones del libro. Menos que armonía, sin embargo, nos parece que hay un vaivén de atracción y repulsa tanto a la ciencia como al esoterismo, más complicado y contradictorio que la simple aceptación de ambas, como veremos.

No hay duda de que Lugones poseía un conocimiento extenso de la ciencia del día, ostensible en los relatos y en el "Ensayo". En el último, sin embargo, la conjunción de principios y nombres conocidos en la ciencia (Laplace, Darwin), con otros míticos (Prometeo, Amphion), o de proveniencia esotérica (Crookes, Zohar, Kabala), socavan el "rigor científico" que se le ha otorgado, a la vez que ilumina la honda preocupación epocal en busca de respuestas absolutas, que antes se hallaron en Dios y en las verdades eternas. Por esto resulta curioso leer en las lecciones cosmológicas hipótesis confirmadas por la ciencia, a la vez que comprobar que el sabio expositor se entusiama con el número siete "sagrado por excelencia" (166); que recurra tanto a Darwin como a la cábala para confirmar el proceso de evolución (186); y que se afirme en la astrología para sostener que "Saturno es planeta defectuoso" y de "malas influencias" (167).

Respecto a su posición ante el conocimiento científico y el esotérico, Lugones mismo pone en boca del sabio que diserta ese maridaje a que alude Barcia. Dice este sabio:

> He aquí el espiritualismo y la inmortalidad del alma como soluciones racionales de una concepción cosmogónica, es decir *aceptables sin conflicto* con la ciencia o con la razón. Posición intermedia [...] entre el materialismo [léase positivismo científico y filosófico] y el super-naturalismo [léase astrología, fisiognomía, numerología, y especulación esotérica en general] la nuestra considera todos los fenómenos como naturales, pero no los deriva totalmente de la materia [...]. Todas las consecuencias que se derivan del espiritismo así concebido: solidaridad humana, inmortalidad, causalidad del destino humano, son consecuencias racionales (185, mis corchetes y cursivas).

Jorge Torres Roggero y Bernardo Canal Feijoo indagaron específicamente en la fuerte base teosófica que respalda *LFE*. El título de Roggero, *La cara oculta de Lugones,* es apropiado para el silencio que se mantuvo sobre las actividades como masón del argentino, y su adhesión al ocultismo. Roggero acentúa en su obra el esfuerzo de Lugones por aunar ciencia y mito, y señala la semejanza de la cosmogonía lugoniana con la expuesta por Elena Blavatsky en *Isis sin velo* y *La doctrina secreta,* que considera "llave áurea" para la comprensión de todos los trabajos de Lugones (15)[5].

El esfuerzo del autor por unir ciencia y mito se expresa en el "Ensayo" en palabras tanto del narrador básico como del sabio que diserta. El primero manifiesta en el Proemio que lo que oyó difiere de las "ideas científicas dominantes" (148). El segundo declara que sus conceptos son diferentes a los de Laplace, "pero no son anticientíficos" (162). Varios críticos se han referido ya a las ideas centrales contenidas en las diez lecciones (Soto, Ghiano, Scari), por lo que resumiremos las que pesan de manera general en los relatos, y citaremos otras que parecen insólitas para la época. Según el "Ensayo", ley universal es el cambio de cosas y seres, y la solidaridad esencial entre ellos y el cosmos (también principio básico de la teosofía). En un sintagma de cariz muy contemporáneo se dice a este propósito: "Vivir es estar continuamente viniendo a ser y dejando de ser [...] en equilibrio infinitamente inestable" (sic, 149). La interrelación de todo lo existente hace afirmar que no hay diferencia entre materia y energía, materia y espíritu, o entre espacio y tiempo. "La sensibilidad es la radioactividad de la materia [...] toda materia posee sensibilidad" (174). Si el pensamiento es producto de combinaciones físicoquímicas, "hay pensamiento en toda manifestación de vida" (178). La generación espontánea es "un hecho real" (175). "El amor es el producto eléctrico del contacto de dos cuerpos heterogéneos" (175). Cuando apareció la vida animal, su primer representante fue el hombre, quien dirigía la evolución, y "engendraba por acción mental, es decir, *pensaba* su descendendencia" (186, cursiva de Lugones). La serie de sintagmas citados ilustra la combinación de conocimientos que son axiomáticos hoy, con otros que parecen salidos de un libro de magia. Los especialistas en geología, química, física, biología, y otras ciencias, podrían confirmar la parte científica del "Ensayo", pero sin duda mucho de su contenido sería rechazado por ellos. Más nos interesa el extraordinario temple poético de su discurso. La cita que transcribiremos ilustra ese temple, a la vez que ejemplifica cómo este ensayo transgrede el canon de documento científico que se le ha atribuído. En la lección Décima, a propósito de la aparición del hombre, se da esta descripción de los primeros esbozos humanos:

> Sobre un coágulo de temblorosa masa albúmina, aparecía de pronto un inmenso ojo azul; una pulida mano que al carecer de huesos era más tierna aún, surgía de la antena un molusco mostruoso; peces con cara humana, copos de nácar fluído en cuyo centro latían con intermitente fosforescencia glándulas pineales; serpientes engendradas por el simple movimiento de las olas coloidales y aniquiladas de pronto en una multitud de cabecitas de pájaro; membranas de colores, esbozando en su tornasol complicaciones intestinales y vesículas natatorias (190).

Como se ve, la combinación de vocablos científicos y poéticos logra producir imágenes de extraordinaria expresividad y belleza. La riqueza de recursos no sólo está en consonancia con el cuidado de la forma preconizado por el Modernismo, sino que esa riqueza participa, en cierto modo, de la manera que se va a popularizar bajo el nombre de Art Nouveau, movimiento que se cuenta entre los influyentes de fin de siglo[6].

Las fuerzas extrañas: clasificación de los relatos

Respecto a los doce cuentos de la más conocida primera parte de LFE, en general se reconocen dos tipos diferentes de relatos como indicó un pionero estudio de Emma Speratti Piñero. Un primer grupo basado en lo legendario, incluiría "El escuerzo" (leyenda popular), "El milagro de San Wilfredo" (leyenda semi-histórica), "Los caballos de Abdera" (leyenda mítica), "La lluvia de fuego" y "La Estatua de sal" (leyendas bíblicas). El segundo grupo estaría compuesto por los relatos 'cientificistas' y/o 'fantásticos' que veremos más adelante.

Los cuentos de inspiración legendaria nombrados, han sido bien estudiados, por lo que nos atendremos a ilustrar la excepcional destreza artística del discurso, seguro antecedente de la escritura postmodernista (en sentido hispanoamericano) sobre todo de la característica de Borges.

Antes, sin embargo, unas notas generales que unifican a este grupo. Todos ellos tienen de común la ocurrencia de un hecho sobrenatural, necesitado de fe para su explicación. En la clasificación de Todorov cabrían como "milagrosos": "El milagro de San Wilfredo", "La lluvia de fuego", y "La estatua de sal". Bajo el rótulo de "fantásticos" podrían clasificarse "El escuerzo" y "Los caballos de Abdera", como hace Barcia en su antología de 1987[7].

Todos estos relatos exhiben además un matiz didáctico que castiga el 'pecado' de algún transgresor de las leyes de Dios o de la naturaleza. En "El milagro de San Wilfredo" el pecador es un no-cristiano que osó matar a un cruzado. En "Los caballos de Abdera" la revuelta equina es castigo colectivo por haber fomentado los defectos humanos en los animales. En "El escuerzo" el castigado es un joven que no cree en la existencia del sapo vengador. Es obvio que en "La estatua de sal" se castiga la curiosidad, aunque aquí se agrega a la muerte de la mujer de Lot, la del monje Sosistrato. En el muy antologado "La lluvia de fuego" se castiga a Gomorra por sus vicios.

Junto con la clara manifestación de un castigo en estos relatos, que difiere de un tratamiento más ambiguo en los que llamaremos de ciencia/ficción más adelante, es necesario subrayar que el matiz didáctico sólo se implica en el subtexto, pues rara vez el discurso es obviamente didascálico.

La belleza discursiva de estos cuentos se apoya en gran medida en descripciones de lugares remotos que dan ocasión al autor para ejercer su imaginación poética. Muy del gusto modernista, pero con precisión que evita el recargo de palabras inútiles, la selección de vocables añade expresividad a la historia. Así, en el bíblico valle de Josafat en que se desarrolla "El milagro de San Wilfredo", se halla un campamento que "se desplegaba como una larga línea de silencios y de carpas". (63). El desierto es a su vez "tan seco, tan calcinado, que las mismas tumbas antiguas parecían clamar de sed" (64). Paraje semejante se halla en Sodoma, donde habita el monje Sosistrato en "La estatua de sal". Allí, la soledad y el silencio son correlato apropiado para la historia de la mujer condenada:

Una soledad infinita, solo turbada de tarde en tarde por el paso de algunos nómades que trasladan sus rebaños; un silencio colosal que parece bajar de las montañas cuya eminencia amuralla el horizonte [...]. El ocaso y la aurora confúndense en una misma tristeza (127).

Este pavoroso paisaje, digno habitat para "expiar los grandes crímenes" sólo se alivia con la poética nota de color de las "palomas azules" que alimentan al monje (128).

Del bellísimo "La lluvia de fuego" se ha notado apropiadamente la perspicaz caracterización de su personaje/narrador (Ghiano, Barcia, Pucciarelli). No se ha señalado, sin embargo, la cercanía de su protagonista al modelo de esteta decadente. Refinado sibarita, el hombre está entregado a los placeres del vino y la buena mesa, ahora que su edad no le permite los de la carne. El cuento subraya el egoísmo posesivo del personaje (vive solo, rodeado de esclavos), quien como otros héroes decadentes, buscará la muerte por su mano. En la cita siguiente, además de la posesividad del protagonista, véase cómo el exotismo del lugar sirve a Lugones para dar las pinceladas de color, tan caras a los modernistas, a la vez que agrega una sutil nota de protesta social:

¿Huir?... Y pensé con horror en mis posesiones (que no conocía) del lado del desierto, con sus camelleros viviendo en tiendas de lana negra y tomando por todo alimento leche cuajada, trigo tostado, miel agria... (42, paréntesis y suspensivos en el texto).

La nota del "dueño ausente" ilustra bien aquella veta de crítica social que ahora se ha venido añadiendo a la 'estetizante' que por tanto tiempo se creyó la más caracterizadora el modernismo. Sobre este cuento tan estudiado, tampoco hemos visto apuntado cómo su discurso se adelanta en ciertas ocasiones a la combinación de fantasía y realidad (malamente llamada realismo mágico) que popularizó García Márquez. La descripción de la fiesta que Gomorra celebra al creer que la lluvia de fuego ha cesado, proporciona un estupendo ejemplo de la hiperbólica exhuberancia del discurso, y la imaginativa conjunción de hechos insólitos:

> Un viejo lenón, erguido en su carro, manejaba como si fuese una vela una hoja de estaño, que con apropiadas pinturas anunciaba amores monstruosos de fieras: ayuntamientos de lagartos con cisnes; un mono y una foca; una doncella cubierta por la delirante pedrería de un pavo real. Bello cartel a fe mía; y garantizada la autenticidad de las piezas. Animales amaestrados por no sé qué hechicería bárbara, y desequilibrados con opio y con asafétida (43).

Fuera de lo inusual de la escena, creemos ver una sutil burla a la faz 'esteticista' modernista, no sólo porque la pedrería es "delirante" sino por el comentario irónico sobre la "autenticidad de las piezas" que incluiría a la doncella pintada en el cartel. Reminiscente a García Márquez pero también a Borges, el siguiente pasaje ilustra la poeticidad discursiva lograda por la conjunción misteriosa de un objeto cotidiano con alucinantes propiedades:

> Un personaje fofo, cuya condición de eunuco se adivinaba en su morbidez, pregonaba al son de crótalos de bronce, cobertores de un tejido singular que producía el insomnio y el deseo. Cobertores cuya abolición habían pedido los ciudadanos honrados. Pues mi ciudad sabía gozar, sabía vivir (43).

Nótese el matiz irónico, tan característico de Borges, al final de la cita, para mostrar la ignorancia optimista del narrador sobre el fenómeno que castiga a su pueblo. La mención del eunuco, por otro lado, pone al relato en la línea 'decadentista' que explica este término relacionándolo con épocas corrompidas, en declinación –como veremos–, que es la intención de la leyenda bíblica en que se inspira.

Las fuerzas extrañas: los relatos 'científicos'

Al segundo grupo de relatos, que Speratti llamó 'cientificistas', los llamaremos de ciencia/ficción (rótulo que justificaremos en el próximo párrafo) y serían "La fuerza omega", "El Psychon", y "La metamúsica". Muy cercanos a este tipo son "Un fenómeno inexplicable" y "El origen del diluvio" que clasificamos como fantásticos, como lo hace Barcia, pero no porque contengan fenómenos "metapsíquicos, parasicológicos o paranormales" como afirma el crítico (1981: 11), sino porque el misterio en ellos es inexplicable. En cuanto a "Yzur" y "Viola Acherontia", cientificistas para Speratti y fantásticos para Barcia, creemos que comparten rasgos de ambas especies, según la lectura que se haga, asunto del que nos ocuparemos.

La ciencia/ficción (C/F en adelante), se ha desarrollado como género sólo en el siglo veinte, aunque tiene antecedentes más remotos. El fin del siglo XIX vio una plétora de publicaciones sobre utopías, viajes planetarios, y relatos sobre máquinas e inventos mecánicos, espoleados por el progreso científico y tecnológico (Capanna). Si hay consenso en ver en Wells al fundador del género como se concibe hoy, no lo hay en cuanto a su definición. Entre las diferentes y variadas que hallamos, la de Kingston Amis nos parece apropiada para algunos de los cuentos de Lugones:

> prosa narrativa que trata una situación que no podría darse en el mundo que conocemos, pero que se hipotetiza a base de alguna innovación en ciencia o tecnología, o pseudociencia o pseudo-tecnología, sea humana o extraterrestre en origen (1960: 18).

Esa innovación es acentuada por Darko Suvin, el más prominente teórico del la C/F sobre todo en su forma de novela:

> Defino la ciencia-ficción como un género literario o constructo verbal cuyas condiciones suficientes y necesarias son la presencia e interacción entre el extrañamiento ("estrangement") y cognición, y cuyo recurso principal es una armazón ("framework") imaginativa que es una alternativa al medio empírico del autor (*Positions* 37).

Con "extrañamiento" Suvin se refiere al fenómeno conocido también como "desfamiliarización", puesto en boga por el formalista ruso Shklowsky. En cuanto a la base científica del novum, Suvin aclara que su convalidación no se apoya necesariamente en la prueba empírica de su hipótesis, sino en la lógica del método científico correspondiente a la ciencia contemporánea del autor. A este propósito, Suvin afirma que lo nuevo (el novum) es "siempre una categoría histórica" (*Metamorphoses* 65, 80). El razonamiento científico, entonces, más que la prueba de la ciencia rigurosa, es lo que se apreciaría en el género.

Como a veces no es posible delimitar las especies genéricas, es preciso decir que para muchos críticos, la C/F es un subtipo de la literatura fantástica (Capanna 143, Bagwell 1), otra categoría con múltiples definiciones y controversias. Las controversias derivan de la dificultad de definir asuntos complejos como son los conceptos de realidad —que varía históricamente— y ficción, que tiene que ver con verdad, mentira e imaginación. Como nuestro objetivo no es lo "fantástico" *per se,* nos apoyamos sobre todo en los estudios de Todorov, Brooke-Rose y Barrenechea para denominar como fantástico el hecho imposible, que no tiene explicación natural, sea científica, psíquica o de otra índole conocida en nuestro mundo actual[8].

Tanto Paula Speck como Pedro Luis Barcia se refieren a un patrón estructural semejante para todos los relatos de *LFE*, que nosotros vemos aplicado con más justeza a los que llamamos de ciencia/ficción, pero con algunas modificaciones. El patrón aludido tiene la existencia de un 'sabio' ("mago" para Speck) que hace revelaciones al narrador, y el 'castigo' del investigador por haber infringido las leyes del universo. Las palabras entre comilladas son las que llevan la carga problemática en nuestra lectura. Como veremos, la calidad de "sabio" no se encuentra siempre, y los finales ambiguos no dejan en claro que se trate siempre de un "castigo"[9].

De todos los relatos de ciencia/ficción, sólo "El Psychon" tiene a un hombre de ciencia establecido. El Dr. Paulin es "físico distinguido y ventajosamente conocido en el mundo científico" (135). El narrador además le agrega el atributo positivo de ser "franco" ("era tan sabio como franco" 137), y su deseo de obtener gloria (140). La complejidad de la posición lugoniana se representa desde el comienzo al hacer del Dr. Paulin "un espiritualista", rasgo que irónicamente se califica como "defecto grave", que los académicos no aprueban ("lo miran de reojo" 136). Las reacciones del narrador ante las teorías y experimentos del doctor, son más bien de apoyo que de rechazo. La hipótesis básica de que el pensamiento se puede volatizar, es recibida por el narrador inicialmente "con entusiasmo" (139). Más tarde dice "descreer" pero "escucha con avidez" (140). Luego el narrador, que resiste "en vano" la "terrible lógica" del doctor, se convierte en copartícipe del experimento, y transcriptor del dictado del sabio. Durante el experimento, el narrador se muestra "ansioso" (no escéptico), y confiesa que "vagaba con cierta *lúcida embriaguez* en el mundo de las temperaturas imposibles" (144, mis cursivas al muy borgiano oxímoron).

Estas consideraciones, creemos, ilustran aspectos de la contradictoria posición frente a la ciencia, posición que encapsula el final del relato que el consenso general lee como castigo del sabio en su, para nosotros, presunta locura. Al revisar el texto, no se halla una afirmación categórica sobre esa locura; los indicios al respecto son más bien débiles o inexistentes. Las citas anteriores ya mostraron que no se rechazan las hipótesis del doctor, y no hay señales que hagan un insano del narrador. Por otro lado, el experimento sí tiene un efecto espectacular: Paulin desencadena una fuerza que mueve las cosas y los seres, y provoca risa e ideas de crimen en el narrador (145)[10]. Es cierto que hay la desaparición del sabio, y el instante en que el narrador ve en él "una expresión sardónica enteramente fuera de las circunstancias" (145). Pero la primera puede tener explicaciones plausibles ajenas al estado mental de Paulin, y la breve impresión –que podría apuntar a la insania– está revestida de la misma ambigüedad que cubre el final, el arma más fuerte para probar la posible locura. Así se da este final:

Ayer, por primera vez me llegó una noticia exacta. *Parece* que ha repetido su experimento, pues se encuentra en Alemania en una casa de salud (147, mis cursivas).

Como se ve, el "parece" socava lo exacto de la noticia. Por otro lado, una "casa de salud" no implica necesariamente que se esté allí por locura. Esta posible lectura diferente encuentra otro apoyo en el humor que salpica el relato. Scari lo llama humor "desenfrenado", lo que parece un poco exagerado, pero elige acertadamente para ilustrarlo, el pasaje más jocoso, que habla de la semejanza entre la tonsura de los monjes que dejaría escapar fluidos de diferentes colores, y el polo norte que sería una especie de "coronilla del planeta" (140). Es claro que si el castigo de la locura fuera en serio, el humor estaría fuera de lugar. Por esto creemos más importante afirmar la ambigüedad y la nota irónica del final, que la aserción de un castigo que elimina las aristas contradictorias de la posición del autor[11].

Como en todos los cuentos de este grupo, el discurso poético se mezcla al de resonancias científicas. El psychon, o sea la licuación del pensamiento y su posible "oclusión en algún metal", permite a Paulin soñar con la obtención de "medallas psíquicas": "Medallas de genio, de poesía, de audacia, de tristeza" (143). El narrador mismo no se queda atrás en soñar posibilidades. Al ver el líquido en el vaso experimental reflexiona así:

Si pudiera traducirse, pensaba, *¿qué diría* este poco de agua clara que tengo ante mis ojos? ¿Qué oración pura de niño, qué intento criminal, qué proyectos estarán encerrados en este recipiente? (144-5, cursivas del autor).

La posibilidad de manufacturar medallas psíquicas, soñada por ambos personajes, los pondría en el mismo plano de insania, pero, repetimos, no hay claves textuales que indiquen que el narrador esté loco. Quizás menos que un ataque a la ciencia por medio de un castigo, podría pensarse que lo que se desea representar es el entusiasmo de cualquier investigador apasionado, en el ansia de probar sus hipótesis y experimentos.

Dijimos antes que sólo "El Psychon" tiene un científico reconocido. En "La fuerza omega" el experimento está en manos de un creador de "pequeños inventos industriales, no académico", a quien el narrador califica de "sencillo sabio", sin celebridad (25). Innominado, y con una apariencia "fosca" y desdeñosa de triunfos, el narrador además piensa que su amigo se "presiente" genio, pero lo disimula. Esta contradictoria presentación debería advertir desde el comienzo que el personaje no se puede considerar 'sabio' o 'mago' así a secas, pues esos breves sintagmas sugieren recovecos más complicados en su personalidad.

Como en los demás relatos, el narrador comparte con el investigador su interés por el ocultismo, aunque se distancia de él, temeroso de que vaya más allá de la teoría en esta materia ("Sospecho, Dios me perdone, que mi amigo no se limitaba a teorizar el ocultismo" 27). Así, desde el comienzo, se da una actitud ambigua tanto hacia la ciencia (en la descripción del 'sabio' reforzada luego por el resultado del experimento), como al esoterismo (se lo acepta teóricamente, pero se lo teme).

Aunque el texto sí apoya el invento de un extraordinario aparato capaz de hacer vibrar la casa y mover una mole de 300 kilos (34), la autoridad científica del 'sabio' se mina por su calidad de *amateur* de la ciencia, y por el hecho no científico de que sólo él sea capaz de manipular el aparato (35).

Respecto a la distancia entre el inventor y sus oyentes (son dos, aunque sólo se tenga la voz del narrador), éstos manifiestan curiosidad, pero se sienten defraudados al ver la apariencia insignificante del aparato (33) y, por supuesto, se horrorizan ante la muerte del creador. Las disquisiciones referentes a los cuerpos sonoros y las ondas etéreas, que es la parte 'científica' del cuento, se horada al final con el misterio de la mortífera fuerza que liberó el inventor. Lugones agrega incluso un matiz degradador al experimento y su inventor al describir "la capa grasosa especie de manteca" que constituye la "sustancia cerebral" del vaciado cráneo del experimentador (37).

Contrario a la base científica, al final del relato el narrador acentúa el peso del misterio cuando, después de describir el vaciado cerebral como el fenómeno "más estupendo de cuantos habíamos presenciado" (37), muy al modo de Poe, ve un objeto mortífero que "brilla siniestramente a su lado" (37), y que supuestamente es el mismo mortífero aparato causante de la muerte del investigador. De lo dicho se puede colegir que, pese a los datos científicos que abundan en este cuento[12], no se puede inferir que la muerte del 'sabio' sea un ataque a la ciencia, puesto que éste no es verdaderamente un científico. Por otro lado, si se acepta que la muerte es un castigo, este castigo podría ser el resultado de la fe del inventor en las creencias esotéricas, precisamente rechazadas por la ciencia. En cualquier caso, insistimos en acentuar la ambigüedad de la postura, anunciadora de la tónica escritural que se impondrá ya más avanzado el siglo[13].

En "La metamúsica" el narrador tampoco se enfrenta a un científico sino a un amigo intimo, Juan, cuya pasión es la música. Descrito como "inteligente, ingenioso y perseverante", Juan es además "fuerte en temas científicos" (81). Igual que en los casos anteriores, el experimento en que trabaja Juan tiene alguna base en conocimientos verificables (la acústica, la fotografía, entre otros), y en las creencias esotéricas como la numerología, astrología y la pitagórica música celestial.

Al revés de los relatos vistos, aquí el narrador no cree en las hipótesis de su amigo. El anuncio de que Juan ha descubierto "la música de las esferas" que le permitirá reproducir en colores "el esquema del Cosmos", es calificado como "torbellino de extravagancias" por el narrador, que llama a su amigo "un alucinado" (90).

Como varios críticos han notado, este relato está directamente inspirado en nociones atribuídas a Pitágoras, recogidas por Elena Blavatsky en sus explicaciones esotéricas (Jensen, Roggero, Barcia). Sintagmas como "la música es la expresión matemática del alma" (88), y los números la base matemática del universo (89), o "El universo es música" (89), son conocidos planteamientos pitagóricos.

La música que, según el narrador, le regala un espíritu sereno "formado de antigüedad y de distancia" (90), debe terminar con la "octava del sol" punto culminante del experimento. El hecho "extraño" de que al tocar tal nota cósmica, una llama queme los ojos del músico, se describe patética y ambiguamente con la frase "sus ojos acababan de evaporarse como dos gotas de agua" (91). Decimos ambiguamente, porque el resultado funesto de la "llama deslumbradora" bien pudo provenir de los hilos eléctricos de una lámpara mencionada en el texto (91). La atmósfera 'fantástica' producida después de tocar "las notas específicas de cada planeta" se describen, no como hechos ocurridos efectivamente, sino como *sentimientos* del narrador. Éste "siente" una aura eléctrica y "presencias invisibles" pero el discurso de la narración es aquí de posibilidad ("como si"), no de aserción. Tampoco el cuento afirma que el aparato logre hacer ver los colores anunciados, pues el narrador percibe sólo "una vaga fosforescencia y como esbozos de figuras" (91), lo que minimiza u oblitera la efectividad de la ocurrencia del hecho.

En cuanto a la posible locura del músico, atisbada en las palabras del narrador a pesar de la temprana negación de Juan (82), se asoma otra vez, pero ambiguamente, al describirlo al fin "radiante de locura" e "insensible al dolor" (91). La ambigüedad deriva, en nuestra lectura, de que esas frases pudieran aludir al estado de alegría que siente el investigador al creer en el éxito de su experimento. De la misma manera, la "octava del sol" que supuestamente toca Juan, se describe como "son estupendo" (91), pero hay que recordar que al comienzo del relato se insiste en la sordera musical del narrador, que tenía "incapacidad" para gozarla (80). La explicación 'natural' de nuestra lectura eliminaría "La metamúsica" de la categoría de cuento fantástico, pero sí podría categorizárselo como de ciencia/ficción, ya que el razonamiento del músico tiene base empírica científica[14].

"El origen del diluvio", que ha sido apartado de los otros relatos por Speratti y Barcia[15], tiene rasgos de C/F pero se diferencia de este tipo por su inesperado final que pertenece a la categoría de lo imposible. Este cuento es el más cercano a la estructura y tono del "Ensayo" que forma la segunda parte de *LFE*. En ambos, el grueso del texto es una disertación sobre cosmología y la aparición del hombre en la tierra. Por otro lado, el formato de "El origen" difiere del patrón estructural de los cuentos ya considerados, en que los acontecimientos 'científicos' se trasmiten a través de la voz de un "espíritu" evocado por una *medium* en una sesión espiritista. El narrador, uno de los ocho concurrentes a dicha sesión, relata la segunda parte de la historia, y su participación, así como sus reacciones a los hechos, es mínima.

Como la disertación de la primera parte es la más extensa, y su tono es más bien ensayístico, cabe preguntarse si estamos ante un cuento u otra forma narrativa. Contestamos afirmativamente a lo primero porque se tienen los elementos básicos del género según lo definimos en nuestras primeras páginas. Como en el "Ensayo" que ya comentamos, en que un sabio diserta ante un narrador/ narratario que recibe con unción sus palabras, aquí hay un narratario colectivo, silencioso, constreñido tal vez por la extraña situación de escuchar a un ser que vivió en épocas prehistóricas. Fuera de esa voz de ultratumba que carga una "memoria millonaria de años", la aparición al final de "una masa tenebrosa" de "largos tentáculos" que envuelve a los oyentes, más la presencia de una diminuta sirena muerta, constituyen hechos que se pueden rastrear lejos en la tradición más conocida de lo fantástico, Coleridge, Borges y Cortázar incluídos[16].

Como el narrador se limita a cerrar el encuadre en que se encierra el relato, la función de objetar y descreer lo dicho por la *medium*, se le otorga a uno de los asistentes a la sesión: Mr. Skinner (apropiado nombre inglés para esta experiencia espiritista), quien tacha de "disparatada supercheria" las palabras provenientes del espíritu (99).

Más que en otros relatos, entonces, en éste pesa la fascinación de Lugones por las explicaciones esotéricas sobre el universo. El autor fue muy perspicaz al poner esas explicaciones en las palabras de un 'testigo' ultraterreno, palabras necesitadas de fe de creyentes. El final, no obstante, tuerce la tuerca narrativa al dar una 'prueba' de la veracidad de lo dicho, dirigida sobre todo a los incrédulos como Mr. Skinner y el lector. Desde nuestro punto de vista, más que el recurso de la prueba imposible (la sirenita muerta), lo destacable en este cuento es el discurso lugoniano. La presentación del mundo pre y postdiluviano le permite al autor crear cuadros de ciencia/ficción de depurado arte. Así por ejemplo, se describen los esbozos de los primeros hombres que comienzan a poblar la tierra:

> especies de monos gigantescos y huecos, tenían la facilidad de reabsorberse en esferas de gelatina o la de expandirse como fantasmas hasta volverse casi una niebla. Esto último constituía su tacto, pues necesitaban incorporar los objetos a su ser, envolviéndolos enteramente para sentirlos. En cambio, poseían la doble vista de los sonámbulos actuales. Carecían de olfato, gusto y oído. Eran perversos y formidables, los peores monstruos de aquella primitiva creación (94).

Resulta divertido leer que este "espíritu" prehistórico conoce a los sonámbulos actuales, y posiblemente esto sea una intencionada burla del autor[17]. Paradógicamente cómico parece también que este espíritu pueda dar una conferencia sobre la evolución del planeta, usando vocablos técnicos (alotropías, catalíticos), y que pueda comparar con los de hoy a los primeros seres de menos inteligencia que a pesar de su forma de "moluscos, vivían, obraban, sentían, de un modo análogo al de la humanidad presente" (94). Como sea, no se puede negar la destreza imaginativa y poética de las descripciones. Esos gigantes de la cita, llevaban sus conchas /casas a cuestas, y agrupados construían bóvedas que "parecían cúmulos de nubes brillantes" (94). Las aves, a su vez, no tenían plumas sino "escamas tornasoladas" y se embriagaban con el "arrebato magnético" de la luna, que al atraerlas muy cerca provocaba la caída de las aves "sobre sus campos de hielo" (95). Al revés de la Biblia, el diluvio aquí no es de agua sino de lodo y polvo "flotante sobre las arenas cósmicas", y no hay Noé o arca sobreviviente. La muerte total se anuncia en un sigtagma con resonancias borgianas: "entonces sobre el ámbito del planeta, fue la soledad y la negra noche" (98)[18].

En el recuento de la vida en la fase postdiluviana, como en los otros relatos, se combina la ciencia, la poesía y el mito. El origen de la vida resultaría de formidables tempestades químicas que engendran "nuevas combinaciones de elementos como el azufre, potasio, fósforo, bismuto, zarconio" (98), y otros vocablos considerados 'feos' en "El rubí" de Darío. La poesía surge sobre todo cuando el relator describe los "organismos de agua", que serán los primeros seres humanos:

> monstruos hermosos, mitad pez, mitad mujer, llamados después sirenas en las mitologías. Ellos dominaban el secreto de la armonía original y trajeron al planeta las melodías de la luna que encerraba el secreto de la muerte (98).

El subtítulo de este relato, "Narración de un espíritu", anuncia desde el comienzo el amarre teosófico del texto, y su carácter de "fantástico". La existencia de un castigo, visto en el patrón general, no se halla aquí, a menos que se considere personaje al enunciante, pues dice estar "condenado" a permanecer en "el cono de sombra" durante "toda la edad del planeta" (99). Para personaje, no obstante, le falta actuar (sólo se escucha su voz, mediatizada por la *medium*). Diferente a otros relatos, el recuento científico es monológico, no hay interrupciones o dudas mientras la *medium* habla. Indudablemente, la situación insólita de que el suceso se desarrolle en una sesión espiritista, es fuente de los rasgos diferenciadores que caracterizan a este cuento.

Con abrupto comienzo en *medias res* característico de los relatos de *LFE*, "Viola acherontia" cabría bajo la denominación de fantástico por lo inexplicable de su hecho central, a pesar de la profusión de datos científicos que contiene[19]. Pero aquí tampoco tenemos a un hombre de ciencias, sino a un "extraño jardinero" (109), en cuya voz se darán esos datos. La distancia entre este jardinero —descrito como "cortés y de porte sencillo"— y el narrador es mayor que en los otros relatos, ya que no son amigos, y el último tiene más inclinaciones literarias que científicas

(114). El jardinero se diferencia además de los investigadores vistos porque revela sólo parcialmente sus experimentos, pues teme "vender" su secreto (112). El objeto del experimento es extraer de las violetas –por medio de la sugestión– "una ponzoña fulminante e imperceptible" cuyo destino el narrador dice desconocer (110-111). La visita del narrador al lugar del experimento la justifica éste como un "conocedor" de lo que le interesa al investigador, que suponemos es la botánica por sus conocimientos de esa ciencia. Como en los demás relatos, el discurso explicativo de los datos empíricos está en boca del investigador, en un discurso que imita el científico, con tecnicismos y referencias a hombres de ciencia[20]. El narrador, que se muestra deseoso de aprender, no revela sorpresa al saber que el jardinero desea "grabar *la idea* fúnebre" en las violetas (111, cursivas en el texto). Aunque tilda como "singular" el propósito del investigador, no tiene objeciones al comienzo, pero luego "rebosa" de ellas, callándolas sin embargo por curiosidad. Finalmente llega al convencimiento de que el jardinero está loco ("la locura de mi personaje se me presentó evidente" 114), otra diferencia con los demás relatos.

El resultado del experimento aparece primero en forma dubitativa ("me pareció percibir débiles quejidos" 115), pero luego el narrador afirma lo que ha oído:

> Pronto hube de convencerme. Aquellas flores se quejaban en efecto, y de sus corolas obscuras surgía una pululación de pequeños ayes muy semejantes a los de un niño. La sugestión había operado en forma completamente imprevista, y aquellas flores, durante toda su breve existencia, no hacían sino llorar (115).

Difiere también de los demás relatos una segunda afirmación del narrador sobre el investigador: su convencimiento de que el jardinero es "un verdadero bandido", "un perfecto hechicero de otros tiempos" (116). Implícito en esta afirmación está el hecho de que el narrador cree en las leyendas de hechicería, pues es él quien relaciona la mandrágora con la sangre de un niño, e imputa al jardinero el crimen de infanticidio.

Jensen afirma que es evidente que las flores fueron regadas con sangre de niño (303), mas no prueba su aserción. La revelación macabra se da en un final muy rápido y sin mayores explicaciones, pero hay una clave textual, no anotada por el crítico, que pudiera dar razón a su afirmación. En una curiosa frase entreverada en su disertación, el jardinero cuenta que "para extremar la influencia" sobre sus flores, ha mezclado "a los narcóticos flores cadavéricas" como la arum y la orchis cuyos "colores y olores recuerdan los de la carne corrompida" (114). Esto parece extraño, pero no imposible en el mundo natural. Sin embargo, luego en la misma página afirma que las violetas "aspiran el perfume de los venenos cadavéricos añadido al olor *del cadáver mismo*" (mis cursivas), sin que se sepa a qué cadáver se alude. Más tarde, elípticamente, el investigador revela haber realizado "escenas crueles" delante de las flores, sin aclarar en qué consisten, y que pudiera aludir al infanticidio (115). Esta ambigüedad, propia del "fantástico" según los críticos, reafirmaría su pertenencia a ese género.

La posible criminalidad del investigador, como se ve, lo aparta de los demás 'sabios' discutidos. En el formato final, la apelación directa al lector es otra diferencia. El cuento termina con la siguiente interrogación y puntos suspensivos que dejan abierta la historia: "¿Llegará a producir la violeta mortífera que se propone? ¿Debo entregar su nombre maldito a la publicidad?..." (116, suspensivos del autor).

Si, como vimos antes, Lugones se declara en una posición intermedia entre "el materialismo y el supernaturalismo" pareciera que este cuento apoya a ambos. Aquí existen hechos inexplicables para la ciencia ortodoxa, a la vez que se reprueba la manipulación del ocultismo con fines nefastos. La creación de una "flor de la muerte" es discursivamente condenada por el narrador, pero extrañamente no lo es en la historia. A diferencia de otros cuentos, no hay aquí un castigo evidente para el jardinero. En cuanto a su presunta locura, las palabras del anciano no la revelan, a pesar de la afirmación del narrador. Si ella existe, se derivaría de la fe en la hechicería, en la cual también parece creer el narrador, lo que refuerza la ambigüedad de la posición de Lugones frente a la ciencia ortodoxa y a la oculta. Este cuento, por su macabro experimento y la sugerencia de asesinato, se relaciona con cierto tipo de relato decadentista, como se verá en el próximo capítulo.

El dolor que el hombre inflinge al reino vegetal en el cuento anterior, se relaciona con el que se causa al animal en "Yzur". Este muy conocido relato, es el único del volumen en que el investigador es a la vez el que cuenta los hechos. Al importante fenómeno del grado de confiabilidad del narrador, el uso de la primera persona agrega aquí el juego –tan bien explotado por Borges o Cortázar– de la autoconciencia del que cuenta, tanto sobre lo ocurrido como sobre su persona. En cuanto a su clasificación, la retomaremos al final porque, como dijimos, ésta depende de la lectura que se haga del texto.

De partida es importante señalar que este narrador no es un científico sino un hombre de negocios (118). Su inexperiencia en el campo de las ciencias lo da su confesión de que leyó la hipótesis base de su experimento "no sabe dónde" (117). Esta hipótesis viene de un mito de Java que sostiene que los monos no hablan porque no quieren que "los hagan trabajar". La idea, calificada como "nada profunda" por el mismo narrador, se convierte pronto para él en un "postulado antropológico". El experimento intentará devolver al mono su facultad de hablar.

La maestría de Lugones aparece sobre todo en la sutil ironía que, a costa del narrador, pespuntea su discurso, mostrándolo arrogante, ignorante, y por último muy cruel. Lo 'científico' del discurso se apoya en algunos hechos comprobados en la función de los órganos de fonación, mezclados con otros que son pura especulación, empujada por la obsesión de hacer hablar a Yzur:

> Felizmente los monos tienen, entre sus muchas malas condiciones, el gusto por aprender, como lo demuestra la tendencia imitativa; la memoria feliz, la reflexión que llega hasta una profunda facultad de disimulo, y la atención comparativamente más desarrollada que en el niño (119).

Esas palabras ilustran con claridad que los 'prejuicios' del investigador nacen de su creencia en la naturaleza humana del simio. Este parentesco lo refuerza más a través de la absurda comparación del mono con un retrasado mental (113), y con un sordomudo (119).

Algunas de las presuntuosas aserciones del hombre están teñidas de humor, como en la enumeración de las facultades del mono, en que subrayamos el tono arrogante y el *non-sequitur* del final de la cita. El hombre asegura que el mono posee:

> la diligencia en el trabajo, la fidelidad, el coraje, aumentados *hasta la certidumbre* por estas dos condiciones cuya comunidad es verdaderamente reveladora: la facilidad para los ejercicios de equilibrio y la *resistencia al mareo* (119).

Puesto que el narrador cuenta desde el conocimiento del fracaso de su experimento, por momentos pareciera querer disculparse, al tiempo que continúa revelando su soberbia e ignorancia:

> Si mis teorías parecen demasiado audaces, basta con reflexionar que el silogismo, o sea el argumento lógico fundamental, no es extraño a la mente de muchos animales. Como que el silogismo es originariamente una comparación entre dos sensaciones. Si no, ¿por qué los animales que conocen al hombre huyen de él, y no aquellos que nunca lo conocieron?... (121, suspensivos del autor).

Si no se puede negar cierto razonamiento deductivo en algunas acciones de animales, por lo menos es exagerado atribuirles capacidades para el silogismo. Pero más importante, esa asertiva interrogación al lector, que vemos como excusa e intención de autoconvencimiento no tiene, que sepamos, apoyo empírico.

Desarrollado con gran sutileza, poco a poco el relato se va centrando más que en la meta del experimento, en los cambios que se producen en el hombre y en el animal. El mismo narrador observa que en Yzur "se había operado un gran cambio de carácter que lo humaniza" (122), mientras que él se nota agrio y cruel. Si los cambios en el mono pueden verse como meros reflejos del deseo del hombre por probar su hipótesis, sus estados anímicos son más complejos y permiten conocer mejor su personalidad. Por un lado, quizás como sátira a un rasgo humano, el hombre muestra su posesividad y su engreimiento al comenzar cada lección con la frase "Yo soy tu amo", que según él tiene por fin llevar al espíritu de Yzur "la certidumbre de una verdad total". Es obvio que esa verdad es inexistente, pues el simio no realizará el deseo de tal "amo", en nuestra lectura. Pero dijimos que la representación es más compleja. El deseo del hombre por alcanzar su meta, que lo lleva a golpear al mono, lo llena de sentimientos de culpa. Si primero cree ver "ironía" en los ojos del simio (que se estaría burlando de sus esfuerzos), luego siente remordimiento por su conducta (124). La ironía del relato se refuerza con la extensa disquisición del investigador sobre las posibles razones que habrían tenido los monos para no hablar. En la carrera evolutiva –piensa– el hombre tomó la delantera sobre el antropoide "con un despotismo de sombría barbarie" (125), sin ver que él mismo es excelente ejemplar de ese despotismo.

En cuanto al 'misterio', ingrediente de todos los relatos de *LFE*, los dos momentos en que se presenta la posibilidad de que el mono haya hablado se narran con característica ambigüedad. Tanto Pío del Corro como P. L. Barcia sostienen que Yzur habló. Para el primero, el mono "concluyó articulando palabras desesperadas por la sed" y se "había mantenido en silencio que no era impotencia sino resentimiento" (30). Por su parte, Barcia afirma que el narrador "se ensaña con la bestia cuando descubrió que el mono habla al hallarse solo" (1981: 22)[21]. El texto sin embargo no apoya estas aseveraciones. En la primera ocasión en que el cocinero dice haber escuchado palabras dichas por Yzur, su terror oblitera su recuerdo. En la segunda, durante la agonía del simio, su dueño cree que habla, pero socava su credibilidad con su insistencia sobre la verdad del hecho, porfía más guiada a autoconvencerse y a confirmar su poder sobre el animal, que a reforzar la ocurrencia del acontecimiento:

entonces, con su último suspiro [...] brotaron *estoy seguro*
en un murmullo [...] estas palabras cuya humanidad re-
conciliaba las especies: –AMO, AGUA, AMO, MI AMO
(126, mis cursivas).

Como otros críticos, Barcia sostiene también la existencia de un castigo para el investigador, en cuanto éste no
logra la meta que desea (1981: 22). Nos parece exagerado
llamar castigo al suceder del fracaso del investigador,
cuando el 'castigado' por sufriente es el mono, demasiado
inocente para hacerlo merecedor de punición. Más claramente se da el rechazo al experimento científico, en el discurso mismo del relato. Este rechazo se explicita cuando el
narrador achaca su insistencia en continuar el experimento, a pesar de la enfermedad de Yzur, al *"demonio del
análisis*, que no es sino una forma del espíritu de perversidad"* (124, mis cursivas). Esta declaración está en
consonancia con la repulsa hacia la ciencia que manifes-
taron muchos modernistas, pero con una importante sal-
vedad: aquí no se trata de un científico, sino de un hombre de negocios.

Dando por sentado que las clasificaciones genéricas
son meras herramientas heurísticas, y que los autores
tienden a romper sus delimitaciones, queda la interrogación de dónde ubicar a "Yzur". El minucioso detalle científico, le da validez para incluirlo en la C/F, y numerosos estudios sobre el 'lenguaje' de los animales otorga crédito
científico a su razonamiento[22]. Sin embargo, ya vimos que
la comprobación de la hipótesis (el mono puede hablar), se
da de manera tan ambigua que se puede argüir que no
ocurre. Si esto es así, no existiría el 'novum' exigido por la
C/F. El mismo argumento podría darse para no considerarlo como "fantástico" como hace Barcia, ya que no existiría ningún hecho inexplicable. Paradójicamente, entonces,
estaríamos frente a un escrupuloso relato 'realista' cuyo
realismo quiere presentar más que nada la psicología de
un hombre cuya crueldad rompe la armonía ideal del
mundo.

Barcia clasifica "Un fenómeno inexplicable" como
cuento metapsíquico, porque su tema central es el desdo-

blamiento de un ser (1981: 25). El crítico sostiene además
la base ocultista del relato, apoyado en su primera versión
periodística titulada "La licantropía". Según este estudioso, el léxico esotérico define el vocablo del título original
como "poder psíquico" para hacer ver un fenómeno de "sugestión hipnótica" que Lugones habría cambiado a otro de
"orden paranormal de desdoblamiento"(26). Para nosotros,
como en el caso de "El origen del diluvio" este cuento cabe
entre los clasificados como "fantásticos" porque su final
presenta un hecho inexplicable. Como fantástico aparece
también en la antología de Barcia de 1967.

"Un fenómeno inexplicable", sin embargo, tiene algunas evidentes diferencias al compararlo con los otros relatos del libro. En primer lugar, es el único del grupo que da
datos precisos de lugar y tiempo. El narrador comienza
aclarando que lo que va a contar sucedió años atrás en la
región que divide Córdoba de Santa Fe en la Argentina
(53). Más tarde nos enteramos de que el personaje vivió
en Chile en 1879, y pasó a la Argentina en 1889 (58).

Si en los demás relatos el 'experimento' o 'revelación' a
narrar ocurre siempre en un gabinete/laboratorio, aquí se
efectuará en una casa de campo. El ambiente campesino
proporciona a Lugones ocasión para ejercer un temple lírico más afín con su producción poética (los Romances), que
de las primeras etapas del Modernismo:

> la pampa con su color amarillento como un pañuelo de
> yerbas; casitas sin revoque diseminadas a lo lejos, cada
> una con su parva al costado; sobre el horizonte el festón
> de humo del tren en marcha, y un silencio de pacífica
> enormidad entonando el color rural del paisaje (54).

Como sostiene Barcia, en este cuento abundan las
alusiones a las "disciplinas vedadas": radioestesia, mag-
netismo, yoga, quiromancia, homeopatía y fisiognomía
(1981: 25). El interés en la penúltima es el lazo que acerca
al narrador y al inglés protagonista. La última disciplina
sirve para revelar una sutil arrogancia en el que cuenta:
al enfrentar al inglés, el narrador nos da una cuidadosa
descripción de su rostro, concluyendo que aquel hombre
"podía ser lo mismo un militar que un misionero" (55). La

fe en su conocimiento de fisonomías, que confirma la historia (el inglés fue militar en la India), resulta irónica si se recuerda que el momento de la enunciación ocurre mucho después que el narrador ha conocido los hechos. El misterio de la historia se encierra en la sombra simiesca del inglés, que permanece inmóvil en la pared, aunque éste se mueva. Jensen afirma que en esto prima la idea de la reencarnación, basada en la idea pitagórica de que "un doble espiritual puede hacerse visible antes de la muerte" (303). El problema con esta interpretación es que el inglés se ha venido quejando por cuarenta años sobre la sombra del mono, y sin embargo sigue vivo. El texto explica el origen del desdoblamiento como resultado de ejercicios de yoga, y la curiosidad del inglés de querer *"Ver qué era lo que salía de mí siendo yo mismo"* (59, cursivas del autor). En una forma reminiscente a la usada por Cortázar en "Las babas del diablo" el inglés se lamenta:

> Lo veo constantemente. Soy su presa. Adonde quiera *él* va, *voy conmigo, con él*, Está siempre ahí. Me mira constantemente, pero no se *le* acerca jamás, no *se* mueve jamás, no *me* muevo jamás (59-60, cursivas en el texto).

Los subrayados que ideó Lugones para acentuar el fenómeno del desdoblamiento, se combinan con otro rasgo característico de la literatura actual: la sensación de fragmentación, el sentir el cuerpo como ajeno, y tener la convicción de haber perdido "el concepto de unidad" para decirlo con palabras del autor:

> Cuando me tomo una mano con la otra [...] siento que aquella es distinta, como si perteneciera a otra persona que no soy yo. A veces veo cosas dobles, porque cada ojo procede sin relación con el otro (60; ¿no recuerda este pasaje la pintura de Picasso y otros cubistas que va a darse mucho después?, mi paréntesis).

El inglés, que en 1872 y 1874 presenció sesiones espiritistas en Londres, está convencido de que las imágenes evocadas por una *medium* son "apariciones autónomas" (57). En respuesta a los argumentos 'científicos' del na-

rrador que defiende la alucinación como explicación de
estos fenómenos, el personaje lanza una exclamación que
puede hacerse extensiva a la premisa subyacente en todos
los relatos del volumen: "¡Es tan hermosa la ciencia, la
ciencia libre, sin capilla y sin academia! Y no obstante, está usted todavía en los umbrales" (58)[23]. Es claro que
aquí, como en los demás cuentos, lo que se quiere subrayar es la existencia del misterio, que la ciencia no puede
develar. Ese misterio, que lo hace "fantástico", no se refiere a que el inglés vea la sombra de un mono (esto puede
ser alucinación), sino al acto empírico del dibujo de la sombra simiesca hecha por el narrador siguiendo la silueta
proyectada en la pared. Este dibujo queda –como la flor de
Coleridge– para probar lo inexplicable del fenómeno, como
apropiadamente anuncia el título.

Entre 1897 y 1898, cuando Lugones compuso la
mayoría de las obras que integran *LFE*, publicó "El espejo
negro" (1898), que anuncia entonces los cuentos de cien-
cia/ficción que recogería en el volumen de 1906 recién visto. Incluído por Barcia en *Cuentos fantásticos*(1987), "El
espejo negro" es más breve y sencillo que los relatos de
LFE, pero muestra la misma estructura: Un narrador
cuenta sobre los experimentos de un investigador –aficionado a las ciencias ocultas– quien va a explicar las razones 'científicas' de un fenómeno insólito. Este investigador
se llama Paulin, como se llamará el sabio en "El Psychon"
en *LFE* y, como allí, tratará de 'objetivar' el pensamiento.
Fuera de la aparatosa descripción de la visión en el espejo
(el rostro de un criminal muerto hace años), interesa leer
la teoría del doctor que relaciona color y pensamiento,
muy afín a conceptos estéticos de la época, especialmente
del simbolismo:

> Las pensamientos de devoción se manifiestan en forma
> de nubecillas azules, llegando hasta adquirir formas de
> claveles y margaritas; las inspiraciones místicas son de
> color dorado; las efusiones de amor puro, rosadas o pur-
> púreas; las de amor celoso, verdes; una idea de odio re-
> presentará una coloración rojo oscuro; una ira se recono-
> ce por la mezcla del escarlata y el amarillo (127).

"El perfume supremo" de 1910, incluído en *Cuentos desconocidos* editado por Barcia, se emparenta también con *LFE* por el misterio, enlazado a las actividades de un investigador. Anunciador del orientalismo de *Cuentos fatales* de 1924, este relato se halla sembrado de alusiones y nombres exóticos. A diferencia del patrón estructural visto, aquí cuenta el narrador básico sin entregar la palabra al personaje central, un catador de aromas que desea hallar el perfume que produce la emoción del amor. Lo descubre por fin, después de una larga búsqueda en exóticas tierras y mujeres, en una simple chiquilla de quince años. El misterio se encierra en la súbita muerte del catador al aspirar el perfume recogido, final que evoca el lazo entre Eros y Thanatos, tópico caro a los modernistas. Una coda final nos informa que el narrador contaba la historia a dos amigas, marco parcial innecesario.

Cuentos fatales

Según Barcia, Lugones no publicó ningún cuento entre 1925 y 1934, y los que él recogío en su edición de *Cuentos desconocidos,* con pocas excepciones, se alejan del patrón modernista, y a nuestro parecer, no alcanzan la calidad de los ya examinados. Mucho más extensos y complejos son los que el argentino reunió en *Cuentos fatales.* Analizados por Barcia en su edición de esta obra (1967), aquí haremos consideraciones más bien generales, usando la versión publicada por Leopoldo Lugones hijo (1961), reeditada en 1967, de la cual citaremos.

De los cinco relatos incluídos "El vaso de alabastro", "Los ojos de la reina" y "El puñal" son cuentos fantásticos de ambiente oriental. Rasgo notable en estos cuentos es la ficcionalización del autor Lugones, que aparece como narrador/personaje con su mismo nombre y/o con atributos reconocibles en el hombre de carne y hueso (escritor, estudioso de las culturas orientales y del esoterismo). Más aún, como va a hacer Borges siguiendo su ejemplo, no sólo usa su nombre sino el de amigos (Emir Arslan, profesor de árabe de Lugones), o de figuras históricas conocidas (Abraham Galante, Gaspar Maspero, Lord Carnarvon, entre otras). Estos tres relatos están ligados además por compartir ciertos personajes, y en el caso de "El vaso de alabastro" y "Los ojos de la reina" por continuar básicamente la misma historia: el castigo que reciben los profanadores de las tumbas egipcias[24].

Con excepción de "Agueda", en los demás cuentos el narrador, después de una breve presentación, le da la palabra a un personaje que contará la historia central. En "El vaso de alabastro", Mr. Skinner cuenta al narrador, convertido en narratario, sobre la muerte ocurrida a los que entraron en una tumba faraónica, después de haber aspirado el perfume del vaso que se hallaba junto al féretro. Skinner, que es uno de ellos, se salva por la intervención de un egipcio a quien protegió. El misterio de la historia (el de la muerte de Carnarvon puede ser coincidencia pues murió de neumonía, 35), se da al final del cuento: Skinner cree sentir el perfume que aspiró en la tumba, en la estela que deja una bella dama al pasar por la sala del hotel donde conversan. La historia se deja abierta con un suspenso misterioso, al comentarse que dos hombres ya se han suicidado por dicha dama.

Algunas frases de este relato tienen extraordinarias resonancias al discurso borgiano. Por ejemplo, Skinner al hablar de las excavaciones arqueológicas, menciona "muros iluminados de historia" (29), o cuenta de una faraona que ordena "sicomoros de incienso del país de los Aromas" (29). Cuando se quiere oponer la apariencia "rubicunda y jovial" de Skinner al estereotipo de los "barbinegros magos" de "manida palidez", el narrador termina mencionando la "lentitud remota" de esos seres (26).

Aunque los dos primeros cuentos de *Cuentos fatales* funcionan independientemente, se logra mayor fruición y comprensión al percibir su interrelación. La misteriosa mujer entrevista al final de "El vaso de alabastro" será la causa del suicidio de Skinner en "Los ojos de la reina". Skinner ya está muerto al abrirse el relato, y el narrador se dispone a asistir a su funeral. La narración de la historia central estará a cargo de un egipcio, tutor de Sha-it, la bella joven a quien se acusa como causante del suicidio. Cervantinamente este egipcio ha leído "El vaso de alabastro" y hasta le cita un párrafo de la obra que acabamos de leer al narrador. Le alude además al vínculo de las "fraternidades ocultas" que tienen en común, frase que resulta enigmática, pero que quizás apunte a las actividades de Lugones como masón[25].

El meollo fantástico de la historia es el poder letal de los ojos de Sha-it, quien es la reencarnación de la reina Hatsú, muerta tres mil años atrás. Esta mirada sería la que produjo el suicidio de los dos jóvenes ingleses, mencionados en el cuento anterior, y el de Skinner. Así como el perfume en "El vaso" es el "espíritu material" que custodia la inviolabilidad de la tumba, aquí el guardían vengador es un espejo que refleja el rostro de Sha-it/Hatsú. El cuento termina con un comentario socarrón del narrador básico que, dueño del espejo ahora "dormido", lo donará a un Museo donde podrá verlo "el curioso lector" (59).

Considerada la fecha de publicación (1923), cuando ya el suntuoso 'estilo modernista' estaba en retirada, resulta curioso el discurso lugoniano de esta historia, muy recargado de barrocas descripciones, y de alusiones históricas y geográficas 'exóticas'. Algunas de ellas parecen excesivas, cercanas a la parodia, como la descripción de Shat-it que ocupa casi toda la sección IX (55-57). Valga un breve ejemplo:

> Su tez casi cobriza, parecía iluminarse con dorada suavidad, en una morena transparencia de dátil. Sus cabellos, tenebrosos hasta lo siniestro, agobiaban la frente [...]. Y contrastando, en el fino cobre del rostro, con aquella melena de ardiente lobreguez, [...], sus ojos azules, hondísimos, inmensos, que un poeta árabe habría cantado, al morir por ellos de amor, [...] dilataban, con la pureza inconquistable de la luz, la antigua serenidad del mar violeta (56).

Más medidos y expresivos resultan en estos cuentos los retratos de los varones, como el del egipcio que va a narrar la historia de "El puñal", extensa descripción que termina en un oximorónico sintagma que seguramente habría admirado Borges: "Por ahí era humano y próximo aquel hombre distante" (64)[26].

El fenómeno de la reencarnación, y el puñal que puede reflejar a una persona invocada, constituyen el misterio inexplicable de la historia de este título. Como la flor de Coleridge, el puñal es la 'prueba' de la visita del egipcio que desaparece abruptamente. Igual que con el espejo de "Los ojos de la reina", el narrador al final posee el objeto mágico (el puñal), pero ahora "despulido", "muerto". El último sintagma del texto insiste sin embargo en dejar una nota misteriosa al decir que nada refleja "su acero gris, salpicado de unas cuantas *manchas rojizas*", indudable alusión a la sangre (79, mis cursivas). La historia deja sin contestar las preguntas del narrador que son las mismas que puede formular el lector: "¿Qué sería del fantástico fedavi?"(el egipcio). "¿Habría consumado en el desamparo de la alta mar su tragedia de 'asesino' [...] ¿No era todo aquello una ilusión de mi mente, extraviada por la tentación de las 'ciencias malditas'?" (78)[27].

Este relato tiene varios fenómenos notables. En primer lugar la autorreflexividad literaria, encerrada en más de un metacomentario. Por ejemplo, el narrador básico, después de meditar sobre su "laboriosa soledad" dedicada a descifrar misterios de la Orden de los asesinos, y especular sobre la admonición de Mansur bey (el egipcio personaje de "Los ojos de la reina") de cesar esa labor, dice:

> Apresúrome a advertir que este autoanálisis, ya concluído, por lo demás, explicará de suyo ciertas dificultades inherentes al relato. No intento desaparecer en éste, con la impersonalidad narrativa cuya distancia reconozco, porque no se trata, a la verdad, de una novela, sino de una historia (61).

La cita no sólo revela las preocupaciones autoriales sobre el fenómeno –crucial en un cuento– como es la intervención del narrador, sino que quiere hacer más verosímil lo que se va a contar, distinguiendo entre historia (sucedida), y novela (pura ficción)[28].

Notable es también la insólita revelación íntima del autor, que atribuye al narrador básico no sólo su nombre, sino sus signos 'astrológicos', su heráldica familiar, y la

predicción de una muerte violenta, hechos refrendados
por el hijo de Lugones[29].

Por otro lado, cercanas a temas y voz de Borges, resultan algunas reflexiones del misterioso egipcio. Como
miembro de la hermandad que imponía "la ejecución del
puñal" en defensa de la patria, dice de ellos: "Asesinos, tal
vez, héroes siempre, mártires con frecuencia, no hubo afi-
liado que rehuyera el peligro ni cediera al tormento" (66).
O esta meditación sobre el tiempo:

> Saber la historia equivale a vivirla; ya que el tiempo es
> una ilusión de nuestra personalidad pasajera, como la
> fuga del paisaje ante el vehículo en marcha (68).

En "El secreto de don Juan" volvemos a encontrar al
autor ficcionalizado esta vez como miembro de una tertulia de amigos, uno de los cuales –Juan Eguía– será el narrador principal. El Juan del título es el tenorio tradicional, quien por inexplicables poderes, puede volver a nuestro mundo a hacer lo que lo convirtió en leyenda: enamo-
rar mujeres. Como en otros cuentos de este volumen, se
halla aquí un excepcional retrato del personaje masculino.
Después de detallar su porte, rasgos faciales, elegancia, y
su arrogante mirada de "tenebrosa" fatalidad (86), el narrador resume el 'encanto' de la figura, mencionando su
"cabeza morisca" poseedora de la"desolación de ángel malo" y continúa:

> de sus pestañas abajadas con sombría hermosura, de su
> boca orgullosa, donde sangraba como un tajo la avidez
> del deseo, su tez morena, ligeramente acentuada por la
> barba de punta breve, emanaba una torva simpatía, casi
> material, una especie de oscuridad azul, semejante di-
> ríamos, al pavón de un estoque. Sombrío encanto, que sin
> dejar de atraer, parecía exacerbarse, a poco, en el sinies-
> tro interés de una presencia de bandido (87).

El refuerzo de la 'masculinidad' de este don Juan,
asentado por los adjetivos de la cita, además del color os-
curo y el símil del estoque, es de evidente inspiración en
estereotipos románticos (sobre todo aquel del bandido
atrayente por estar enamorado). Esta vena romántica va

a tener la misma visibilidad en "Agueda" como veremos. Respecto a la figura central de la historia, resulta inusual en la época la aserción del narrador de que los hombres también "se prendaban" de don Juan. Los rasgos románticos adscritos a don Juan tienen un paralelo en el retrato de Amalia Parish (nombre romántico si se recuerda la novela de Mármol, y modernista en el apellido por su resonancia a la capital francesa), la dama que se enamora de él en Buenos Aires. Aunque la imagen de la mujer pura fue cara a románticos y modernistas, la pureza de Amalia se diferencia de la romántica, y se aproxima más a la modernista, por la descripción de su belleza etérea, de tipo prerrafaelita, pero además porque aquí ella valora menos la pureza que el conocimiento de la pasión amorosa, como se ilustrará más adelante. La cita que va a continuación ilustra ese tipo de belleza, da un buen ejemplo de la inserción autorial en la narración, y muestra cómo la mano del escritor trabajaba mejor sus representaciones de varones:

> Linda hasta el éxtasis, griega de Atenas por la perfección y de Siracusa por la gracia, conforme habría dicho nuestro clásico Lemos (uno de los contertulios), parecía que su juventud deslumbraba por transparencia en una inmaterialidad de rocío. Belleza pura, total, propia de que la tallara al diamante en uno de sus sonetos de precisión, Lugones, que es poeta (89, mi paréntesis).

Además de la autoinvocación, es de señalar que en otro giro autorreflexivo –quizás inconsciente– Lugones personaje del cuento felicita a Juan Eguía por el retrato verbal que hizo de don Juan ("hecho de mano maestra" 87), pero no opina sobre el de Amalia, obviamente inferior, lo que pudiera verse como un chiste autoparódico.

Si, como muestra la cita, la figura femenina se concibe más como alma que cuerpo (luminosa inmaterialidad), algunos hechos y reflexiones de Amalia contradicen esta imagen. En una especie de sorprendente nota feminista, Amalia, dama de la alta sociedad, no lamenta haber perdido su 'honra' al convertirse en amante de don Juan. Al contrario, defiende su acto y no lo culpa, porque gracias a él pudo conocer "el ser de pasión, de dolor y de belleza" que ella ignoraba poseer (94). Amalia opone al suyo el amor "por deber conyugal", "meras formas de propiedad privada, exasperación de la avaricia o del orgullo" (94). Calando más profundo en la situación de la mujer, Amalia sostiene que por don Juan pudo hallar su identidad (que ella llama su "alma"), que a su juicio se extravía con frecuencia:

> éste es el verdadero mal que casi todas padecemos: el de vivir ajenas a nosotras mismas, si merece el nombre de vida una existencia por reglamento, que hicieron otros, quién sabe cuándo, para embrutecer al pobre corazón, imponiéndole la ignorancia de sí mismo (95).

Extraña que no se haya notado la fuerza de estos pronunciamientos sobre todo si se considera que vienen de la pluma de un escritor castigado por sus ideas conservadoras. Aún en el contexto de los años veinte y la meta libertaria de los modernistas, la protesta que encierran las palabras de Amalia resulta subversiva. En el próximo capítulo veremos a otro don Juan –de Díaz Rodríguez– mucho más próximo al cariz misógino que prevalece en la época y en su literatura. Por si la cita anterior no fuera suficientemente convincente de lo que decimos, véase la fuerza con que Amalia continúa su protesta, al referirse a su idilio con don Juan, reprobado por la sociedad:

> Pero ese amor que me maldicen educó el mío, aunque fuera en la falta y en el dolor, enseñándome la dignidad, que no será social, pero que es humana, de no pasar la vida como un triste animal de recua con carga y rumbo ajenos (95).

Como señalamos anteriormente, este relato está lleno de comentarios metadiscursivos. Uno de los más interesantes ocurre cuando Eguía dice tener dos relatos para sus amigos: uno concierne a una confidencia que le hizo Amalia, y el otro proviene de su directo contacto con don Juan:

> yo no comprendí sino mediante la revelación complementaria de aquella amiga que dije, la naturaleza del personaje a quien conocí durante su penúltima residencia entre nosotros. Mas, como ese estado de ánimo carece

de importancia narrativa, al no ser yo el protagonista, sino él, haré de los dos relatos uno solo en homenaje a la precisión y a la sobriedad (84-85).

Otro ejemplo del fenómeno metadiscursivo se halla en la escena final del cuento, en que Amalia y una amiga recuerdan el idilio de la primera. El narrador la comienza diciendo: "Treinta años después, como decían las antiguas novelas" (93), y sigue con una descripción de un interior muy al estilo de la novela sentimental, que pudiera verse como sólo paródica, si no fuera por algunos bellos sintagmas del gusto modernista[30].

El final de este cuento se debilita, a nuestro juicio, por la mágica reaparición de don Juan para dejar en claro que nunca enamoró "sin estar enamorado" (97), que aunque funciona como una rehabilitación del personaje, parece prescindible.

"Agueda", el último relato de la colección, tiene de común con el que acabamos de ver el temple de tono romántico. El personaje central –un bandido enamorado– como dijimos fue tópico frecuente del romanticismo. Difiere de otros relatos, no obstante, por ubicar su historia en las sierras de Córdoba, donde Nazario Lucero y sus gauchos criminales tienen su refugio.

El cuento presenta básicamente la leyenda del bandido vencido por el amor. Aunque aparece una anciana docta en brujerías, no hay misterio, y la función de este personaje es secundaria. El momento en que Agueda ve a la "bruja" despedazada y transformada en cuervo, puede ser resultado de la fiebre de su enfermedad, que el texto se cuida de señalar. Como en los retratos de hombres que presenta el volumen, el del 'varonil' Nazario es también digno de destacar. Desde luego su nombre, que evoca al del Nazareno, es intencionada manera de aludir al 'calvario' que el personaje sufre por la intensidad de su dolor. Aunque extenso, transcribiremos el retrato de Lucero, como buena ilustración del meticuloso detalle, usado para destacar ciertas cualidades físicas del hombre que se hermanan con las de su carácter:

> Esbelto hasta parecer más aventajado en su mediana estatura, fundida en bronce a rigor del sol la tez, su oscuro cabello, partido a la nazarena, suavizaba con noble mansedumbre la tersura de su frente. Pero, bajo las profundas cejas que hispía por medio de permanente contracción, imprimiendo a su fisonomía la torva fiereza de un ceño de gavilán, sus ojos verdes clavaban con lóbrega intensidad un rayo de acero. En aquel engarce felino, las pupilas de negra luz parecían retroceder tras la emboscadura de la barba que caía en punta sobre el pujante pecho, acentuando una impresión casi fatal de audacia y dominio. Dijérase que una elástica prontitud estaba vibrando en sus muñecas delgadas. Su elegancia retenía, sin abandonarse jamás, un evasivo apronte de salto. Pero todo esto sin ansiedad ni felonía, antes con una poderosa confianza que parecía exhalar su pausado aliento. Su traje gaucho, completamente negro, acentuaba la prestigiosa impresión (101).

Se habrá reparado en las coincidencias entre este retrato y el de don Juan, con las compartidas notas de fuerza y de dominio. Pero en el de Lucero, resulta lógico acentuar el rasgo de dominador, precisamente para que –por contraste – se refuerce la idea de la 'fatalidad' de su amor por Agueda, en cuya obstinada resistencia encuentra a un igual que termina por vencerlo.

El romántico final en que Agueda resuelve convertirse en la esposa de su secuestrador, más por lástima que por amor, alivia el formato del mero estereotipo, al dejar abierta la resolución. El narrador informa que la "tradición" no aclara si el padre de Agueda mata a Lucero, o si "el amor logró triunfar del crimen y de la muerte" (123).

Como se ha visto, el nexo que une los relatos es la "fatalidad" como apropiadamente juzgó Lugones al ponerlo como indicio en el título. En los tres primeros cuentos la inevitable reencarnación es la fuerza vengadora que origina las muertes. En "El secreto de don Juan" es "fatal" enamorarse de don Juan a los ojos de la sociedad, pero atrevidamente no lo es desde la visión de la presunta víctima. El poder del amor "fatal" es determinante en el sufrimiento extremo que experimenta Lucero[31].

* * *

El repaso de las colecciones de cuentos que compuso Lugones da una idea de su diversidad temática y discursiva. Vimos cómo *Las fuerzas extrañas* es más que un ejemplo de la ciencia/ficción o del género fantástico, como se ha venido sosteniendo. La belleza de su discurso en asuntos de ciencia y técnica que parecieran incompatibles con ella, hace memorable el libro. La actitud ambivalente hacia la ciencia evidente en esos relatos, es elemento a tener en cuenta cuando se quiere ilustrar la inquietud epocal ante la ciega aceptación del progreso que se preconizaba desde el poder. Como lo hizo Darío, Lugones se aferra a la existencia del misterio, apoyado en el esoterismo, pero también en su vasto conocimiento de las ciencias 'positivas', vaivén típico del tiempo de "reenquiciamiento y remolde" como decía Martí.

El amarre al misterio y a las ciencias ocultas continuó en los *Cuentos fatales* tan posteriores al primer libro. Aquí es más evidente la huella romántica –ingrediente importante del Modernismo– que influye en el discurso menos económico y sobrio que el de *Las fuerzas extrañas*. No obstante, como se ilustró, ese discurso se dosifica con la elaboración de muchos recursos apreciados más tarde. Como los autores anteriormente estudiados, Lugones tiene el afán de la prosa bien trabajada, predilección por lugares y nombres exóticos, y estructuras marcadas por el suspenso y la sorpresa. Importante sobremanera es la presencia de la ambigüedad que acerca las narraciones a la tónica buscada hoy. Esta ambigüedad, notoria en los finales abiertos, va acompañada de un alto grado de autorreflexividad tanto en las historias como en los discursos. Las autocitas y la ficcionalización del autor, son recursos novedosos que van a ser imitados por autores posteriores como Borges y Bioy Casares.

Un estudio sincrónico y diacrónico del cuento hispanoamericano tendrá que detenerse a examinar los relatos de Lugones, pues son hito en el desarrollo del género.

V

EL CUENTO DECADENTISTA

"Decadente". ¡Qué horror! ¡Qué escándalo!
La peste se ha metido en casa.
¡Y yo soy el culpable, el vándalo!
Quesada ríe. Solar pasa.

¡Y yo soy el introductor
de esa literatura aftosa!
mi verso exige un disector
y un desinfectante mi prosa

(Rubén Darío, "Versos de año nuevo",
1910).

¿Qué es el decadentismo?

Como sucede con otros nombres que intentan definir ciertas corrientes del arte de la segunda mitad del siglo diecinueve, el de decadentismo ha sido de los más escurridizos, por la diversidad de acepciones y radio de expasión que se le otorga. Sobre el carácter abarcable del vocablo,

George Ross Ridge especula que quizás todos esos 'ismos' –realismo, naturalismo, parnasianismo, simbolismo– que surgieron después del Romanticismo, cabrían bajo el apelativo de Decadencia (1). Arthur Symons vaciló entre llamar su influyente libro *El movimiento simbolista en literatura* (1899) o "Movimiento decadente" (Hennegan 174). Por su parte, Fletcher y Bradbury afirman que la palabra decadencia denominó todo el arte inglés de la última década del siglo pasado (7). Grass y Risley comienzan su introducción a *Waiting for Pegasus* diciendo que Simbolismo y decadencia están tan enlazados que el subtítulo de su obra pudo ser Simbolismo-Decadencia. Más tarde afirman que "el nuevo espíritu" se llamó decadencia, y su literatura "simbolismo" (10).

La boga en el uso del término se manifiesta temprano en Latinoamérica. En 1888, la primera edición de *Azul...* provoca una polémica sobre si Darío y su obra son o no decadentes. En ella Eduardo de la Barra, el prologuista del libro, se pregunta "¿Es Rubén Darío decadente? Él lo cree así; yo lo niego". El prólogo suscita una defensa innecesaria de Emilio Rodríguez Mendoza que insiste en eliminar del poeta tal 'negativa' posibilidad[1]. La carga negativa del término todavía existe en 1910, como muestra el epígrafe. El interés de Darío por los autores llamados decadentes, que continuará toda su vida, lo muestra su libro *Los raros*. Allí se halla no sólo la semblanza de algunos de los más famosos 'decadentes' como Verlaine, Poe, Lautréamont, Moreas y Rachilde, sino también un recuento de las disputas generadas sobre ellos. Volveremos a Darío y el decadentismo más adelante. Además de Darío, otro divulgador de estos escritores fue Gómez Carrillo, uno de los cronistas más leídos en la época. "Los breviarios de la decadencia parisiense" fue publicado en 1902, y revela una lectura detenida sobre algunas de sus obras. ¿Pero por qué este nombre, y cuáles autores y títulos incluye? Es lo que trataremos de esbozar enseguida.

Algunos estudiosos afirman que el vocablo "decadente" empezó a circular a partir de la aparición de *Las flores del mal* de Baudelaire, en 1857, libro que Barbey d'Aurevilly llamó de autor "decadente" en una "edad decadente"

(Carter 45). Otra obra de Baudelaire "Le peintre de la vie moderne," (1860), con su esbozo de un 'dandy' y el elogio a lo artificial, habría echado las semillas que luego se harían sus rasgos más caracterizadores. La referencia a "edad decadente" citada más arriba, nos lleva a la explicación más generalizada de la acepción del término que, además de su etimología (cadere = caer), se inspira en los últimos años del imperio romano para aludir a declinación, fin, muerte próxima. Así, Ross Ridge por ejemplo, sostiene que todos los llamados decadentes vivieron perseguidos por el temor del deterioro moral, social, político y religioso de su tiempo (2). E. A. Carter afirma que el sentimiento de "fin catatrófico" es una especie de leyenda perversa surgida en diversas épocas históricas durante las cuales se alcanzó un grado elevado de 'civilización', y que miran con nostalgia a un tiempo pasado en apariencia más puro y simple (1-2). Como la mayoría crítica observa, este sentimiento es agudo en los últimos años de cada siglo, pero en el diecinueve en particular, a causa de los drásticos cambios traídos por la modernidad, especialmente la industrialización y los grandes descubrimientos científicos y técnicos. De estos descubrimientos, hay consenso respecto al peso que tuvo en la idea de declinación, el hallazgo de la segunda ley termodinámica que, con la noción de entropía como proceso inevitable y universal, influyó en autores como Ruskin, quien escribió sobre la "desintegración del mundo" (Buckley 67). Por otro lado, las teorías de Spencer, Darwin o Haeckel, entre otros, divulgaron las nociones de selección natural y sobrevivencia del más fuerte que, enlazadas al pesimismo metafísico de Schopenhauer y Nietzsche, llevan a la exaltación del arte que ambos proponen como medios para hacer tolerable un mundo que desprecian (Bayertz 282-3).

La idea de la decadencia se ha relacionado también con el concepto de organicidad, tan popular en el siglo XIX, que concibe los fenómenos como entes biológicos que nacen, se desarrollan hasta llegar a un ápice, y luego decaen y mueren. Carter nos recuerda que tanto para Gautier como para Baudelaire —ambos importantes contribuyentes a la cristalización del concepto del decadente— la sociedad europea habría envejecido. Por esto, para el primero, la sofisticación del presente requeriría una literatura "menos ingenua y pudibunda" que la del pasado (125). Para el segundo, esta edad más "madura" exigiría instrumentos adecuados para expresar "la pasión moderna" (126). Atemorizado y alienado por las rápidas transformaciones, el artista se mira en el espejo de otras épocas que considera más afines a su personalidad. Así se explica, por ejemplo, la atracción a reconstruir cuadros de lo que se imagina fue la actitud elegante y estoica del romano al fin del imperio, o la frivolidad y afición por el lujo del siglo XVIII francés.

Lo expuesto pone en evidencia que prima una connotación negativa en el uso del término decadencia, por sus resonancias a la declinación y a la muerte. Para Anna Balakian, lo que define el vocablo es precisamente "the haunting awareness of man's mortality" (116). Pero, como señala Renato Poggioli en "The Autumn of Ideas", se da la paradoja de que los artistas hallan placer en los símbolos asociados a la declinación (París, el crepúsculo, la enfermedad, etc.), y los hacen objeto de máximo embellecimiento. De ahí la combinación de goce y de temor, de atracción y repulsa con que se vive la idea de la muerte; de ahí la actitud de saciedad y tedio, que impulsa a buscar nuevas sensaciones para sentirse vivo.

El amor es por supuesto una fuente principal para combatir la muerte. Como recuerda Ricardo Gullón, Eros y Thanatos forman una simbiosis de larga tradición que, en la escritura finisecular, explora tanto la forma de desbordante sensualidad, como la del místico espiritualismo (1974: 400). Pero el decadente, con el ojo y el conocimiento del naturalista, observó especialmente el amor morboso, que goza haciendo sufrir, y que puede llegar a matar. Los tópicos del sadismo, la necrofilia, el masoquismo, el vampirismo, se hallan entre los más populares del decadentismo.

La misma diversidad de pareceres que existe sobre la definición de lo que es el decadentismo, se halla cuando se trata de caracterizar a su héroe más típico. Para Carter, hay dos clases de decadente: el neurótico lánguido y el dandy estoico (27). Este último habría derivado del romanticismo tardío y, para distinguir entre los dos períodos, el crítico sostiene que los románticos fueron "salvados de consecuencias más graves" por su culto "a la naturaleza y al amor ideal" (28). El verdadero decadente, por el contrario, habría rechazado la naturaleza y exaltado lo artificial. Dice este estudioso para marcar la diferencia entre románticos y decadentes:

> El verdadero decadente es neurótico. No sufre de alguna misteriosa fatalidad, sino de desórdenes nerviosos, heredados usualmente de una línea ancestral manchada (tainted). Tampoco está en rebelión contra la sociedad porque lo ha frustrado (28).

La cita ilustra la ingerencia del determinismo fisiológico, cultivado por el Naturalismo, mostrando de hecho la conexión entre los diversos 'movimientos' finiseculares. Interesa detenerse en la ausencia de "revuelta" que ve el crítico en la producción decadentista porque incide en algunos rasgos diferentes de la literatura latinoamericana si se le ha de aplicar el rótulo, como sugeriremos más adelante. Para la oposición entre el romántico 'revolucionario' y el decadente indiferente a los asuntos sociales, Carter se afirma en los personajes más característicos del decadentismo: aristócratas (duques, príncipes, condesas y baronesas) de la mejor sociedad, "bien provistos de dinero" (29). El impulso a la rebeldía se habría hecho en ellos "spleen, boredom, taedium vitae", como resultado de la saciedad y no de la frustración (29). De aquí algunos de los principales rasgos que distinguirían al decadente: resignado, indiferente, blasé; buscador de nuevas sensaciones para sus sentidos hartos (29). Más intelectual que sentimental, según Carter, el decadente sería "casi lógico" en sus manías. Citando a Baudelaire, el crítico afirma que la sensualidad del decadente es más un asunto de su razón que de sus sentidos, de lo que derivaría su interés en lo 'perverso' (29).

Pero lo 'perverso' fue también objeto de elaboraciones de los autores naturalistas, que basaron sus 'diagnósticos' en la medicina y la incipiente ciencia de la psicología. No obstante, si el naturalismo relacionó la perversidad (sobre todo sexual), con la herencia y la fisiología, fenómenos que representó con prurito ético y didáctico, el decadente

sentiría atracción hacia lo que puede 'condenarlo', con la
ambivalencia del que se aterra al borde del abismo, al
mismo tiempo que desea arrojarse en él (caso de Darío
muy trabajado por la crítica).

El concepto de perversidad supuesto en el decadente,
se asoció en la mente de los contemporáneos con el de
degeneración, y pocos libros influyeron tanto en la cuasi
sinonimia como la obra de Max Nordau con ese nombre.
Traducida al francés en 1894 (salió en Alemania en
1892), el libro contribuyó a la caracterización más negativa de los llamados decadentes. Considerado como uno de
los documentos más importantes del siglo, y su autor como
hombre típico de su época, la obra es un rico depósito de
las opiniones coetáneas, pese a la estridente pasión de su
discurso. Este burgués liberal y utilitario, como lo caracteriza George Moss en el prólogo de la edición que maneja-
mos, repudia a los que llama decadentes, por su pesimismo, egoísmo, emocionalismo y erotomanía. Para él es decadente (en la práctica todos los grandes escritores europeos
de la segunda mitad del siglo) un individuo obsesionado,
cuya mente 'degenerada' le empuja a promulgar doctrinas
como el realismo, la pornografía, el misticismo, el simbolismo y el diabolismo (31). El hecho de poner en el mismo
saco la pornografía y el misticismo alerta ya sobre la posición negativa, panfletaria del autor. La tendencia al misticismo, que le lleva a rechazar como 'degenerados' a Tols-
toy, Dostoiewski e Ibsen, entre otros, se ilustra con el pasaje que citaremos a continuación, que nos sirve además
para insertar una reflexión sobre la representación más
frecuente de la mujer en los textos finiseculares. Aquí el
dardo va contra Wagner:

> Como se sabe, el misticismo siempre se acompaña con el
> erotismo, especialmente en el degenerado, cuyo emocio-
> nalismo tiene su fuente principal en estados morbosa-
> mente excitados de los centros sexuales. La imaginación
> de Wagner está perpetuamente ocupada con la mujer.
> Pero él nunca ve su relación con el hombre en la forma
> de amor saludable y natural que beneficia y satisface a
> ambos amantes. Como en todo erotismo morboso [...] la
> mujer se le presenta a él como una terrible fuerza de la
> naturaleza [... o como] una virgen pura y generosa [...]

contraparte de la mujer terrible, mujer que es toda amor,
devoción, toda dulzura celestial: una mujer que no pide
nada y que lo da todo (188-189).

La idea de la relación entre misticismo y erotismo no es
nueva, como lo prueban las meditaciones de Bataille y
Foucault, entre otros. Más interesante desde la mira actual sería cuestionar el significado de lo que son relaciones
"saludables" y qué se entiende por 'eros mórbido', conceptos sujetos a incesantes cambios, de acuerdo al tiempo histórico en que se aplican. Para los rasgos decadentistas que
perseguimos, importan estos términos porque insinúan su
opuesto: enfermedad, uno de los motivos más frecuenta-
dos en la literatura de fin de siglo que lleva ese mote, como han comprobado Gian-Paolo Biasin y Barbara Spackman.

Significativa es también la dicotomía hecha en la cita
entre la mujer 'buena' y la 'mala', especialmente la representación de la última, porque será un tópico de la literatura decadentista, en las variedades de *femme fatale*, andrógina, masoquista, vampira o neurótica[2].

Como dijimos más arriba, Grass y Risley anuncian desde el comienzo de su obra la inseparabilidad de los términos simbolista y decadente; sin embargo, deslizan luego
caracterizaciones diferenciadoras que otorgan atributos
positivos al primero, y negativos al segundo. Aunque ad-
vierten sobre la preferencia por lo anormal y lo feo que
comparten el naturalismo y el simbolismo /decadente (10),
luego, apoyados en A. G. Lehmann, listan los siguientes
elementos esenciales para el simbolismo: vaguedad, misterio, enigma, sugestión, lenguaje hermético, sinestesia (13).
Más tarde, al referirse al "espíritu decadente" que según
Balakian es "constante" del simbolismo, hablan de la connotación "moral y negativa" que adquirió el término, sobre
todo en "las culturas hispánicas", y le atribuyen rasgos en
que abunda lo negativo: narcisismo, esteticismo, artificialidad, hipersensibilidad, neurosis, hedonismo febril, erotismo exagerado y aberrante, perversidad, crueldad, sadismo, morbosidad, necrofilia, etc. (14)

Allen W. Phillips, uno de los primeros estudiosos del
decadentismo en Hispanoamérica, concuerda sobre la

acepción despectiva que tomó el vocablo en el hispanismo, que vio esa literatura como "amoral y enfermiza"[3]. Las más recientes investigaciones de Sylvia Molloy, confirman la combinación de temor y fascinación de los lectores hispanoamericanos ante las obras y autores decadentistas (1992).

Los rasgos vistos son los que han pesado más en la connotación negativa del decadentismo; aquélla que los contemporáneos –con Nordau a la cabeza– rechazaron como influencia social perniciosa. A la cara 'positiva' correspondería el atributo más importante desde el punto de vista de la literatura: el amor por la belleza y el empeño de crearla por medio de un asiduo entrenamiento. Es obvio que el concepto de belleza cambia de acuerdo con los parámetros filosófico/sociales imperantes. Sobre esto, lo que dijimos para el modernismo en nuestra primera sección, se ajusta también al decadente. Éste busca la belleza como un Bien, como un refugio, como un medio de trascender la realidad social e individual. Estamos de acuerdo con R. K. R. Thornton, cuando dice que para el decadente "el arte y el artificio llegan a ser el único camino de ir más allá del mundo, permaneciendo a la vez en él" (28). Según este ensayista, es un error tomar el retiro social del decadente, que es 'superficial', sin ver que es más sutil subterráneamente, ya que sólo acepta "aquellas realidades que se pueden enaltecer y transformar" en espiritualidad, como la que crea el arte (28).

Para regresar a nuestros modernistas. Darío, quien más de una vez se burló de la validez de las etiquetas con que la crítica encasilla a los escritores, con humor y sagacidad vuelve al ataque en un ensayo sobre Eduardo Dubus, "poeta raro", aunque no aparezca en su libro de 1896:

> Ni descoyuntó el verso francés; ¡y era revolucionario y simbolista! Ni mimó a Mallarmé; ¡y era decadente!.... Ni ostentó la escuadra de plata y la cuchara de oro de los impecables del Parnaso; ¡y era parnasiano! Lo único que le denunciaba su filiación era un cierto perfume de Baudelaire; pero era un Baudelaire tan sereno y melancólico... (*OC* II, 417, suspensivos de Darío).

Quisimos transcribir esas palabras porque muestran el conocimiento de nuestros modernistas sobre la heterogeneidad de la escritura de fin de siglo, que en el caso de Darío era respetable. La combinación de entusiasmo y reticencia con que el nicaragüense escribe sobre los decadentes, se marca en las fluctuaciones que se nota en sus ensayos sobre ellos. En su artículo sobre Moreas, los llama "entusiastas y bravos voluntarios del arte", pero registra el juicio de algunos que los consideran "muchedumbre de histéricos, club de chiflados" (*OC* II, 349).

Otra semblanza, la del belga y "poeta raro" Teodoro Hannon, ilustra un retrato 'típico' del que la época consideraba decadente, y la actitud de vaivén entre aplauso y crítica de Darío: "Discípulo de Baudelaire", poeta "de lo artificial", Hannon es un "perverso elegante y refinado"; en sus poemas tiembla la "histeria mental de la ciencia" y la "delectación morosa de los teólogos":

> El diablo que ha poseído a Hannon [...] es el de frac y 'monocle', moderno, civilizado, refinado, morfinómano, sadista, maldito, más diablo que nunca [...] como al autor de *Las flores del mal*, le persigue el *spleen* [...] Todo para este sensual, es color, sonido, perfume, línea, materia [...] tomando por modelo las letanías de Baudelaire, escribe las del Ajenjo, que a decir verdad le resultaron más que medianas. Su histerismo estalla al cantar la Histeria; su *Mer enrhumée* es una extravagancia (*OC* II, 430-434. Cursivas del texto).

¿Existen estos tipos en nuestra literatura hispanoamericana? La respuesta, creemos, es afirmativa, con el agregado de que al parecer no son muchos. El neurótico lánguido, el dandy estoico, la mujer neurótica, se dan en nuestra literatura. Basta recordar los personajes de *Lucía Jerez* de Martí, *De sobremesa* de José A. Silva o *Sangre patricia* e *Ídolos rotos* de Díaz Rodríguez, para confirmarlo en la novela. En el cuento, ya señalamos, por lo menos en los tres autores estudiados, la existencia de personajes que se acercan al modelo decadentista descrito. Las novelas y los cuentos latinoamericanos evidencian también el amor al artificio, si por él se entiende el lujo y la elegancia, y la afición al '*objet d'art*'.

Pero ¿es adecuada la etiqueta de 'decadentista' a nuestro modernismo? ¿Es apropiado atribuirle el rechazo a la naturaleza o al amor ideal, que caracterizaría a los decadentes europeos, según Carter? Como dijimos en la primera sección, la huella romántica no desaparece de la obra de nuestros modernistas, y esta huella no se compadece con un total rechazo de esos elementos. Si esporádicamente un autor como Casal, por ejemplo, prefiere la ciudad y lo artificial, esta preferencia es menos frecuente y/o va acompañada (no sustituida), por la inclinación a la naturaleza (por mitologizada que sea), y al amor ideal[4].

Por otro lado, ¿es justo decir que nuestros modernistas son indiferentes a los asuntos sociales como se dice de los decadentistas europeos? Casi sobra recordar textos como "Nuestra América" de Martí, *Ariel* de Rodó o los cuentos de *Azul...* de Darío que repasamos –sin contar numerosos poemas alusivos a problemas sociales–, para constatar que el caso latinoamericano está marcado por hondas preocupaciones de ese tipo.

En cuanto al amor, como ha mostrado la crítica, sobre todo para la obra de Darío, hay un doble impulso –si así pudiera llamarse– que une lo profano y lo sagrado, lo terrenal y lo espiritual. No se halla, sino en contados textos, aquella supremacía de la carne que intima Carter al hablar de rechazo del amor ideal.

Pese entonces a la existencia en la obra de nuestros modernistas de varios de los rasgos decadentistas repasados más arriba, parece un poco absurdo aplicar la etiqueta *in toto*, con su secuela descriptiva de 'declinación' a una literatura de naciones jóvenes, empujadas más hacia el porvenir que al pasado. Absurdo es trasladar el concepto nacido supuestamente en el ápice de la cultura de un continente, a otro en el que no hay tal ápice, puesto que la formación nacional recién comienza. ¿En qué pasado hispanoamericano podía refugiarse el artista? La historia colonial no podía atraerlo (de allí los intentos de mitificar lo pre-hispánico), y las guerras de la independencia estaban todavía muy recientes para la mitificación (aunque hay intentos de hacerlo, sobre todo en la poesía). Pero sí existía honda inquietud ante los cambios traídos por la modernidad, como vimos en nuestro primer apartado. Por otro lado, como se ilustró en los tres autores estudiados, existió esa 'estética del lujo' que propició no sólo el trabajo de la prosa a manera de orfebre, sino también la representación de lugares lujosos (sobre todo interiores), y la creación de algunos personajes que buscan placeres transgresores de lo que se considera 'normal'. Ahí están la sugerencia de una relación lésbica en "La venganza de Milady" de Gutiérrez Nájera, los experimentos 'macabros' de algunos 'sabios' de Lugones, o el coqueteo sensual de "La ninfa" de Darío. Con todo, difícilmente se encontrará en nuestra narrativa un personaje como Des Esseintes de *À rebours*, considerado el decadente por excelencia.

Sylvia Molloy se acerca al por qué de este fenómeno cuando asocia lo que llama "paranoica construcción de la norma genérico/sexual" con los debates sobre la identidad nacional, tan vivos en la época. Esa identidad exigiría modelos 'viriles', por lo que el del 'feminizado' decadente sería silenciado o reprobado (1992: 198). Precisamente porque la Historia nunca estuvo ausente en nuestros modernistas, en especial después de la derrota de España en 1898, estimamos que el 'decadentismo negativo', parece 'aprendido' más que vivido, más pose que auténtica vivencia existencial, y se da más atenuado que en el patrón europeo[5]. Esos aristócratas o ricos burgueses adúlteros que se hallan en Gutiérrez Nájera o en Darío, quizás sean menos protesta y más compensación, como piensa Julio Ramos para el Modernismo en general (116). Por otro lado, el catolicismo de casi todos los autores no sólo originó el vaivén entre deseo y reproche, sino que se transparentó en la nota moralizante o didáctica de muchos relatos, que advierte contra la irresistible atracción del 'pecado'.

And yet, and yet, como decía Borges, el recorrido que hicimos por innumerables volúmenes de cuentos, nos llevó a dos que sí cabrían en esa fase del decadentismo de connotación negativa, que extrema la transgresión, para entrar en zonas prohibidas no sólo en la moral de la época, sino en la de nuestro tiempo. Si en la actualidad nadie se escandaliza frente a la representación de la homosexualidad, todavía se frunce el ceño ante fenómenos como la necrofilia, el incesto, el fetichismo, o el sadismo y masoquismo exagerados. Algunos de estos fenómenos son resorte central de relatos de *Confidencias de Psiquis* de Manuel Díaz Rodríguez y *Cuentos malévolos* de Clemente Palma, a los que dedicaremos nuestras próximas secciones.

MANUEL DÍAZ RODRÍGUEZ
(1871-1927)

Sus cuentos

Manuel Díaz Rodríguez fue celebrado por Rubén Darío, que lo contaba entre "la naciente y limitada aristocracia mental de nuestra América" (*Obras* III, 758). Reconocido como prosista excepcional, sus novelas y su colección de relatos *Cuentos de color* (1899), han sido divulgadas y estudiadas[6]. *Confidencias de Psiquis*, sin embargo, el conjunto de cuentos que publicó en 1896, es no sólo desconocido, sino prácticamente inhallable. Antes de entrar a examinar este importante volumen, queremos detenernos en un relato de *Cuentos de color* que tiene afinidades con *Confidencias*.

Como bien dice José Antonio Castro en su informativo prólogo a *Cuentos de color* (Monte Ávila, 1991), las nueve narraciones del libro intentan "apresar la correspondencia entre un color determinado y un estado de alma" constituyente de "la atmósfera del relato" (7). Estas correspondencias sitúan los cuentos en el centro del modernismo, en su modalidad más cercana al simbolismo. El titulado "Cuento Rojo", no obstante, se le aparece a Castro como excepción en el grupo, por su tratamiento diferente del amor. Tiene razón el crítico porque, contrario al amor idealizado, casi místico, que se da en el resto de los relatos, "Cuento Rojo" nos presenta una relación amorosa de tipo morboso, que es la más elaborada en *Confidencias de Psiquis*.

La huella del naturalismo se da en el retrato de Renzi, el personaje principal, que heredó con el oro una "red complicada y sutil" de nervios. Último representante de una familia italiana de "linaje y raza" (43), Renzi está dotado de muchos de los rasgos caracterizadores del decadente. Rico, guapo, refinado, el joven está poseído por "el ansia de lo mejor" (43). Su extremada sensibilidad, las lecturas románticas, más el "ocio contemplativo", lo han convertido en un don Juan dispuesto a hacer "del amor un arte" (45).

A diferencia del don Juan clásico, más apasionado, éste se adapta mejor al decadente cerebral, frío y calculador. Este "soñador enfermo" como lo llama una vez el narrador (46), abandona a la mujer, "antes de ser abandonado", temeroso de conocer la "náusea repugnante" de la "hartura" y del "hastío" (46). El pasaje que citaremos a continuación parece un muestrario de los adjetivos vistos para definir al decadente. En él se describe el método de conquista de la mujer, convertida en delicioso néctar para el animalizado deseo (tiene fauces) de don Juan. Según el narrador, Renzi:

> no ponía mucha pasión en sus amores, sino más bien un cálculo depravado de sibarita. Preparaba con mucho tiempo y calma, un néctar delicioso, una de esas bebidas de sabor intenso, que a la vez abrasan y refrescan las fauces. Procedía con cuidadosa lentitud, a fin de avivar sus

propios deseos y conseguir, al satisfacerlos, mayor goce.
Pero llegada la hora, apenas tomaba un sorbo del néctar
[...] después de paladearlo con inefable delicia, cuerpo y
alma en fiesta, abandonaba la copa [...] para tender los
labios [...] a otra copa y a otro vino (46).

La clara y penetrante inteligencia que posee Renzi, la
usa para transformar a las mujeres que lo aman en "ju-
guetes o esclavas dóciles" (46). La excepción es Irma, también "calculadora y fría" que no parece rendirse a las arti-
mañas del don Juan. A diferencia de Renzi, esta mujer se
ha hecho dura en la pobreza, bajo "la fusta del patrón"
(48). Aunque Irma se convierte en amante de Renzi, éste
no consigue romper su conducta indiferente hacia él, hasta el momento culminante de la narración, en que la golpea. El misógino y extendido dictum popular de que la
mujer ama a quien la maltrata, es la base de la resolución
de la historia.

Por más que nos desagrade esta resolución, esa
misoginia es parte de la 'perversidad' de la literatura
decadentista. Si en general no se la vio en la época, que
rechazó los fenómenos más obviamente negativos como el
sadismo o la necrofilia, el feminismo contemporáneo no
puede pasarla por alto. Esa misoginia se excusa parcial y
modernísticamente en el texto, con la búsqueda del
personaje de la mujer ideal, inalcanzable por inexistente.

Como anota Castro, este don Juan modernista se adelanta al Marqués de Bradomín de Valle Inclán (19), y la
obra comparte con la del español la riqueza y lujo en las
descripciones de ambientes, o de la belleza femenina. Aquí
nos interesaba señalar la existencia de este héroe decadente, que prevalece en la colección que va a ser objeto
central de esta sección.

Confidencias de Psiquis

Confidencias de Psiquis fue publicada en Caracas por
la Tipografía El Cojo (1896), de la cual citaremos con la
ortografía original. Al investigar lo que se ha dicho del libro, se descubre que por mucho tiempo se ha venido repi-

tiendo que sus "prosas" son "fragmentos del yo" del escritor (Dunham 27). Es decir que, además de confundir a autor con narrador y/o personajes, se dudó de la pertenencia genérica de las obras. A este respecto, pensamos que este volumen califica como colección de cuentos, y ofrece una extraordinaria galería de tipos representativos de la corriente modernista, asociada con la literatura decadente europea, en su connotación negativa ya repasada. El conjunto presenta el tópico del Artista sólo preocupado de su Arte, el de la mujer victimizada, o maligna, 'devoradora' y sensual, pero sobre todo estados psíquicos en hombres y mujeres que son neurosis o manías excesivas. El hecho de que Díaz Rodríguez haya sido médico (estudió en Europa cuando se divulgaba a Freud y a otros psicoanalistas), tal vez tenga que ver con la fina mano clínica en la caracterización de dichos estados psíquicos, centrales en las seis historias narradas en el libro.

El primer relato, "Celos", trae un subtítulo revelador de la modalidad narrativa adoptada: "Carta que Gertrudis Fuentes le escribe, en vísperas de casarse, a su amiga Blanca Ramos". Sin ningún indicio de lugar o de tiempo (preponderancia del interior sobre lo exterior, que no interesa), la carta es una 'confesión' epistolar del problema que turba el bienestar de la novia. A este propósito, conviene recordar las reflexiones de Foucault acerca de la conversión de la confesión que, determinada en sus inicios por la Iglesia y la religión, pasa a ser regida por la ciencia, sobre todo en el siglo diecinueve (*The History of Sexuality*, I, 64).

La mano 'científica' del médico que había en Díaz Rodríguez se hace evidente en la escritura de esta confesión. El yo que escribe –una joven de 25 años– autorreflexivamente reconoce que la causa de su inquietud es una "bobería", aunque por su 'tenacidad' le impide el sosiego (6). En una división del yo, muy contemporánea, Gertrudis observa en sí dos personas: una del pasado que repudia, y la del presente, que desea afirmar. En el pasado, ve a una muchacha ignorante, deslumbrada de las cosas "vanas", que se "desalaba" por "mozalbetes tan necios como ella" (9). Esta Gertrudis, a los quince años, rechazó el amor del artista incipiente de 18, que ahora (a los 25) ha aceptado como prometido. El sufrimiento actual de la joven lo causan los celos que siente de su yo del pasado, porque ha descubierto que su novio tiene a esa Gertrudis como "musa" de su arte.

Como el centro de la historia es Gertrudis, poco sabemos del novio artista, excepto que según ella es "bueno, amable y generoso" (9). La Gertrudis 'madura' comenta además, que bajo la influencia de su novio "ha adquirido algunos conocimientos", y que su carácter de frívolo que era se ha hecho "grave y serio" (11). Tanto es así, que se ha acostumbrado a "decir su modo" de ver las cosas, y su prometido hace caso de su opinión, consultándola en sus proyectos (11).

Desde nuestra visión contemporánea interesa acentuar la velada crítica que el texto hace al artista por el estereotipo de mujer que prefiere por musa de su arte. La explicación de esta preferencia, si machista por un lado, puede aceptarse como resabio romántico/decadente: el novio pintor dice valorar la Getrudis de 15 años porque le causó dolor, y ese dolor fue la semilla de su arte. Como la que escribe la carta reproduce a su amiga el diálogo que sostuvo con su novio, tenemos la voz de éste reafirmando algunas de las ideas más populares que sobre la mujer divulgaba la literatura. En el siguiente trozo Gertrudis pregunta a su novio si ella es la musa que inspira su pintura. Él contesta que es "la otra":

> - "Y podría saberse quién es la otra?"
> - "Pues la otra —me contestó— es una chiquilla de quince años, *frágil y hermosa como un juguete raro*, la primera que adoré con toda mi alma y que nunca me quiso. Con ese amor primero y ese primer dolor, emanados de la misma virgencita implacable, se formó el grano de poesía que sembrado en mi corazón, ahuyentó de mí la vulgaridad y me hizo artista, me inició en el culto inefable de la belleza, y fue origen de mis sueños, mi talento y mi gloria. (13, mis cursivas).

Mi subrayado quiere llamar la atención sobre el ideal 'decadentista' de mujer como objeto raro y frágil, pero importa además reparar en el rasgo masoquista de amar el dolor, y en el aprecio de la virginidad, que atrajo al artista. Como veremos, en otros relatos hay representaciones femeninas más acordes con la mujer 'moderna', más activa y experimentada. Más arriba hablamos de una crítica velada al artista. Mucho menos velada es la expresión de Gertrudis cuando en otro lugar confía a su amiga el siguiente pensamiento:

> ninguna mujer debiera dar oídos á las palabras de amor de ningún artista, porque los artistas, sobre todas las cosas, aman su arte, y se la pasan de rodillas delante de un fantasma, de una sombra que llaman Ideal, y nosotras, pobres mujeres, no podemos luchar con rivales que no son de carne y hueso (7).

La reflexión se torna más audaz cuando, por las razones que da en el pasaje citado, la joven concluye que "es mil veces preferible ser la querida de un artista á ser la esposa" (7). Aparte de las resonancias darianas, la cita plantea la duda de si tal reflexión, a la manera naturalista, llama a enfrentar los fenómenos de la 'realidad' (mujer incluída) y dejar de soñar con ficciones o si, puesto que es pensamiento de mujer, no es digno de tomarse en cuenta, no sería serio, lectura plausible en el contexto misógino de la época. La ambigüedad del texto permite las dos posibilidades. Tal ambigüedad se refuerza en el final abierto del cuento, con una Gertrudis 'en angustiosa perplejidad' contemplando el porvenir con "negros temores y desconfianzas" (15). El lector puede adherirse a este temor, porque el relato deja sin responder algunas interrogaciones propuestas por la obra: ¿Por qué el artista prefiere a la frívola ignorante, y no a la que es mejor comprensiva compañera?, ¿va en serio la advertencia de Gertrudis, y el autor quiso reprochar —feminísticamente— a sus congéneres su ceguera *vis à vis* la mujer? Repetimos, no hay respuestas en el nivel de superficie, y el subtexto sugiere más de una interpretación. La ambigüedad incluso podría abrazar dos lecturas simultáneas. El texto estaría representando lo positivo del arte, y la exagerada dedicación del artista, negativa si se apoya en 'ideales' cuestionables.

A la nota 'moderna' que impone esta ambigüedad, se agregan la fragmentación del yo y la autoconciencia de la protagonista, como virtudes centrales del relato. A ellas habría que añadir la prosa elegante y pulcra, que hizo decir a un crítico que la joven Gertrudis escribía tan bien como el señor Díaz Rodríguez[7].

"Flor de voluptuosidad", el segundo relato, tiene una historia ubicada en París, un narrador omnisciente y obvios toques románticos y naturalistas, aunque son los 'decadentes' los que priman. Su personaje principal, Rafael, es un joven que viene a estudiar a París desde la provincia o desde el extranjero[8]. La imprecisión geográfica y cronológica, se compensa con detalladas descripciones del carácter de los personajes. Rafael es "artista delicadamente romántico", que posee principios de moral que el narrador describe como "catoniana" (29). Esos principios a la manera naturalista, se habrían originado por "herencia de sus antepasados religiosos" y su "juventud dedicada al estudio". Marta, la mujer de la cual se enamora, es por otro lado, la modistilla parisiense tan manoseada en la literatura coetánea. Marta representa el estereotipo de la pobre, 'caída' al pecado, abusada por los hombres, que termina enferma de tisis, y con una hija sin padre. Lo que separa esta historia de las más trajinadas por el romanticismo y el naturalismo, es la abierta y ardorosa defensa que se hace en ella del amor físico; la voluptuosidad del título.

Para ilustrar la combinación escritural de los dos movimientos nombrados, teñidos con característico didactismo sentimental, léase el párrafo siguiente:

> La miseria continuaba en acecho, descarnada y andrajosa, y el fruto de muchas horas mortales de trabajo apenas sufragaba para los gastos y exigencias de la nodriza. Como una consecuencia natural sobrevino la segunda caída, y luego otra, estableciéndose de un modo progresivo ese estado normal de toda una clase de mujeres de las grandes ciudades populosas [...] mitad obreras, mitad cortesanas que, huyendo al hambre y al frío, comparten la existencia entre la orgía de las noches y el penoso trabajo de las horas diurnas (33).

Al contrario de la mujer 'moderna' que aparecerá en otros cuentos, Marta es "esclava enamorada" de Rafael, que goza en "empequeñecerse y anularse" en presencia de su amado (42-43). Como en "Celos", aquí también el personaje central aparece dividido, esta vez entre la voz de un yo interno que, más audaz que el externo, va a sentirse como un Otro. En un diestro manejo de monólogo indirecto, esta voz-otra es la que convence a Rafael de que ama en Marta su combinación de virtud y voluptuosidad. Esa misma voz interior opone a la rigidez moral del joven (se había prometido no amar a "una de esas flores del mal" 26-27), la arriesgada propuesta de que "cada hombre es una moral distinta", y que "el amor es un crimen ó virtud según los ojos que lo espían". La siguiente es la reflexión con que el joven trata de convencerse de buscar a Marta (él rompió el idilio, insultándola). El diálogo enfrenta los dos *yo* de Rafael:

> ¿Qué hombre puede erigirse en juez para decirte si has bajado ó subido en la escala de los humanos merecimientos? Te atormentas pensando que, sin darte cuenta de ello, has caído en el arroyo. ¿Y qué importa si en el arroyo amas y eres amado profunda y lealmente? En el agua de las charcas se miran las estrellas de oro y las noches azules... (55, suspensivos del autor).

La oposición entre lo bajo y lo elevado, tan característica del romanticismo decimonónico, se hace novedosa al encarnarse juntos en los personajes, que unen la virtud y el 'pecado', en el sentido de los valores de la época. Lejos del maniqueísmo acostumbrado, el texto pregona a través de la historia y el discurso, que el amor "es imposible sin la posesión física (46). Más aún, y ya en pleno terreno decadente, el goce aquí se aumenta con el hecho de que Marta esté enferma. La idea popular en el romanticismo que ligó la enfermedad a la pasión, sobre todo la tisis, hace más deseable la relación amorosa. La tisis compensaría "la cortedad probable de la vida con largueza y profundidad de sensaciones" (45). La mayor intensidad en las sensaciones, naturalmente acrecienta las que experimenta Rafael quien, gracias a Marta, descubre su "aptitud para el amor". El efecto de estar rodeado "en un círculo mágico" que "penetra como esencia" (45) no acalla, sin embargo, el temor del todavía pacato provinciano. Alarmado ante la posibilidad de que esa magia sea en verdad una ponzoña, escucha su voz interior que le asegura:

eso es la voluptuosidad, eso es la virtud de que te ha hecho partícipe. No te alarmes ni te turbes, que no estás oyendo ninguna blasfemia. La voluptuosidad es una virtud a la que todos los hombres deben algo bueno. Aún los que maldicen de ella y quisieran destruirla como a hierba mala, o aconsejan ocultarla como una falta vergonzosa, aun ésos le deben las más puras fruiciones (45).

La osadía de atribuir pureza al goce sexual, repetimos, es inusual, sobre todo para la sociedad hispanoamericana de la época. No sabemos si el genérico "hombres" incluye también a la mujer, aunque en la historia Marta incluye el goce sexual en la adoración que siente por su amante. Lo que es muy claro, es que en la defensa de la voluptuosidad se arguye que ha producido infinito número de obras de arte (45). Su influjo, dice la voz interior de Rafael, "afina y perfecciona" el nervio del artista, y descorre velos de su cerebro que le ayudan a crear formas de un "arte sobrehumano". Así continúa el panegírico, que ahora la eleva a la categoría de lo sagrado:

La voluptuosidad nada tiene de infame: es santa y es triste, como fuente de amor, *que es la suprema tristeza.* Sin ella, el amor es imposible, porque sin ella es imposible la posesión. El espasmo grosero que nace de la unión brutal de los sexos, no es sino la escoria de la voluptuosidad que nada tiene que ver con el amor. Éste se halla tan lejos del vicio como de la pureza intocada (46, cursivas del autor).

El subrayado de Díaz Rodríguez acentúa su concepción desmitificadora del amor, que si origina el arte excelso, es 'triste' y no el estado de felicidad permanente creado por el mito, idea que se repite más de una vez en el libro. Sobre la cita, importa reparar en la separación que se hace en ella entre el sexo brutal y el 'voluptuoso', pues pone en el tapete un asunto de repercusiones actuales, aviva-

das por el feminismo. Pudiera pensarse que con esta separación, y la nota de tristeza que se le agrega al amor, el autor intenta escudarse de aquellos que supone lo tildarán de 'inmoral' por este cuento. En cualquier caso, es encomiable el gesto decidido de descubrir el goce sexual alejándolo del 'pecado' y la culpa, aun con un héroe de tan pronunciados rasgos sexistas[9].
Como en el cuento anterior, éste deja abierta la historia. El lector se queda sin saber si los enamorados se reconcilian, o si Marta morirá pronto. La apertura del final se combina con la imprecisión de ciertos pasajes para realzar la ambigüedad del sentido total. Por ejemplo la del último párrafo, que se une circularmente con el comienzo, para disparar contra París. El narrador anuncia desde el principio que Rafael venía "prevenido", dispuesto a la "defensa" contra la ciudad (19). París es para el provinciano y su familia la urbe "seductora", la:

> infame que tiene por amantes á todos los hombres [...] la hermosa y mala hembra que, tendida sobre un montón de miserias de muladar, sonríe con la gracia inocente de un chicuelo candoroso (20).

El final del cuento repite esas palabras, pero con un expresivo agregado:

> Y París, la ciudad inmensa, la seductora sabia, la hermosa y mala hembra [...] había terminado la conquista de un alma, había hecho suyos, con sólo agitar el polvo de sus sandalias, el corazón y el cerebro de un hijo del trópico (55).

La frase "conquista de un alma" implica esclavitud, sometimiento, fenómenos negativos porque traban la libertad. Pero si recordamos que Rafael no sólo ha aprendido a conocer el amor y el goce sexual, sino también a cuestionar la rigidez de sus principios, habría que ver esa conquista de París como paso positivo en el desarrollo del joven. La irónica oposición entre el "tesoro de consejos" que le dieron parientes y amigos al venir a la ciudad (19), y la seducción parisina final, se burla de la ingenuidad provinciana. Queda, sin embargo, la duda acerca de la posición del autor implícito y el real, sobre si se trata de exaltar a París o prevenir en su contra. El hecho de que Marta sea virtuosa y buena, a pesar de sus 'caídas', y que el maniqueísmo moral de Rafael se abra a juicios diferentes, son notas afirmativas, por lo menos desde la mira actual. Por otro lado se pudiera argüír que el texto también apunta a un Rafael esclavo del sexo, y que el París que triunfó fue el perverso' y no el 'sano'. Esta y otras lecturas se despliegan con la ambigüedad textual, y no es fácil decir con seguridad si el relato encomia al París corrompido o al sabio, o ambos a la vez. Estas posibilidades colocan al cuento en la modernidad y en la decadencia de acuerdo a los parámetros descritos antes[10].

Otra vez, como si el autor quisiera protegerse ante el lector por el arriesgado asunto que va a elaborar en "Fetiquismo", este tercer relato tiene lugar y personajes parisinos. Otra vez también, un subtítulo alerta sobre la modalidad narrativa elegida: "Carta de un joven parisiense a un amigo suyo, médico, residente en provincia". El hacer a un médico el destinatario del escrito permite al autor introducir de manera verosímil nombres y motivos científicos (59). Pero la observación clínica, propia de la medicina, se adjudica también aquí al yo enunciante que confiesa tener "humos de observador", que desea "analizar" rostros y sentimientos con "la crueldad implacable del vivisector" (62).

Esa minuciosa observación la ejerce el fetichista narrador, primero sobre el 'grotesco' marido de la mujer, cuyas manos van a ser el fetiche que lo obsesiona, y sobre todo sobre sí mismo. Lo extraordinario de esta narración es la lucidez con que se expone la rica gama de sensaciones que el objeto de su amor provoca en el fetichista:

> Sólo sus manos son capaces de iniciarme en el misterio voluptuoso. Cuando me desordenan el cabello, cuando me rozan la cara, cuando me ciñen la frente como una corona de azucenas, ó me enlazan el cuello como un dogal de lirios, bajo la blanda presión vibran todos mis nervios, cosquilleados por una múltiple caricia, como si de

cada uno de ellos se elevase, agitando las alas, una ban-
dada de mariposas (66).

La unión de Eros y Thanatos, tópico caro de los románticos y ahondado en la vena de la perversidad por los
decadentes, se asoma luego en el espasmo orgásmico que
trae resonancias al deseo de la nada y el silencio mallar-
melianos:

> Entonces cierro los ojos, dominado por una sensación de
> aniquilamiento dulce, por un deseo vago, progresiva-
> mente intenso de apagarme, de extinguirme, dilatándo-
> me en no sé qué ambiente, como el suspiro en el aire,
> como la onda en el mar, como la luz en los cielos. Es un
> esbozo de la suprema voluptuosidad, mezcla de espasmo
> y calofrío de la muerte (66-67).

El fetichismo del personaje se hace más complejo con
atisbos masoquistas y sádicos que complican el cuadro
clínico. En ocasiones, el narrador quisiera poseer las manos de la amada, "acariciándolas, martirizándolas" larga-
mente (65). Otras veces, experimenta "la necesidad inven-
cible de ser castigado, golpeado, brutalizado por [esas]
manos" (67). Sobre este último deseo, el personaje muestra
su sexismo al pensar que ha querido gustar con el castigo,
"el goce enfermizo probado por esas naturalezas femeninas que provocan voluntariamente las brutalidades del
amante" (67)[11].

Como en el caso de "Flor de voluptuosidad" hay aquí
también una defensa: la del fetichismo, que para el
narrador es un fenómeno generalizado. Aunque el
protagonista llama a su obsesión enfermedad (63), borra
la dicotomía entre lo 'normal' y lo 'anormal' ("¿Cómo saber
dónde termina el normal y dónde comienza el
patológico?", 69), y declara que suprimir el fetichismo es
"acabar con la razón misma de la existencia" (70).
Igualando a fetiche e ídolo, el narrador sostiene que
todos, médicos, artistas, poetas y la "inmensa mayoría"
necesitan tener, poseer un "ídolo" (70). Más subversivo
aún, declara que "el fondo de todo amor se compone de
fetiquismo" (68). La autoconciencia del personaje sobre su
estado es muy clara: su fetichismo no es anormal porque

ésta es la condición humana general, posición que lo lleva
a bordear la blasfemia:

> ¿Fetiquista? Sea: soy fetiquista, pero lo es también conmi-
> go la humanidad entera. El fetiche no ha hecho sino
> transformarse: primero, fragmento de piedra mal puli-
> mentada ó amasijo de barro mal cocido, se cambió en es-
> tatua griega, se hizo carne en Jesús, se espiritualizó en
> el Dios de los filósofos (68).

La autoconciencia se extiende también a su tiempo
que 'pretendiendo' derrumbar "todos los ídolos, solamente
los ha sustituido por otros nuevos: ciencia, arte, ideal"
(68). La carta-texto acaba con una frase interrumpida y
cómica: "Además, ¿sabes? sus manos..." (70, suspensivos
del texto). Este final inconcluso es especialmente acertado
porque en su laconismo borra de golpe todos los razonados
argumentos que el personaje presume hará su amigo
médico y confidente. Esa frase deja marcada además, la
fuerza del fetiche (las manos), que con los puntos suspensivos se muestra inefable. El silencio de la elipsis sugiere
el peso de la atracción que continuará, a pesar de las re-
convenciones y consejos del amigo, y los propios argumentos 'racionales' del redactor.

El cuarto relato del volumen es "Mi secreto", pero por
razones que daremos más adelante, lo trataremos junto
con el que cierra el libro. En cambio nos ocuparemos de
"Tic", el quinto cuento, quizás el más conocido de todos,
porque fue reproducido en la edición que Ayacucho dedicó
a la narrativa y ensayos del escritor (1982).

"Tic" tiene un narrador heterodiegético tradicional,
pero en extensos pasajes se le da la voz a Margarita, la
protagonista. Mujer bella, felizmente casada, la joven,
según el narrador, tiene "nervios holgazanes" que el "ocio
vuelve antojadizos y exigentes" (102).

Con gran perspicacia, la historia comienza con un largo monólogo interior de Margarita sobre una "situación"
que la hace muy desgraciada (99-100). La tan "insufrible"
situación se debe a que un amigo de su marido, que fre-

cuenta mucho la casa, parece indiferente a su belleza. Aunque la joven es sutilmente autorreflexiva respecto a los que llama sus "pequeñas supersticiones"[12], esta vez no puede comprender por qué detesta a ese amigo, ni su deseo "confuso e irresistible" que la empuja hacia él con la "tenacidad irreflexiva y ciega de la obsesión" (103). El narrador, como sagaz psicólogo, va a suplir las razones que Margarita ignora. Para él, la verdadera superstición de Margarita es su belleza, y la mayor locura de sus nervios, la vanidad (106). Esa vanidad se convirtió con el tiempo en una necesidad de halagos, y "ansia" de satisfacerla. Lo 'perverso' del deseo de lisonjas, fuera de su fuerza imperativa, es que los aplausos que busca producen en ella, al recibirlos, un "goce íntimo" tan poderoso, que es para su vanidad como "una esencia embriagadora" (110).

Perversa es también la "satánica maestría" (116), con que Margarita se prepara para vengarse del indiferente, usando para ello su coquetería y su hermosura. La prueba de que el hombre no es inmune a sus encantos, se obtiene a través de un beso, que destruye la lealtad y la "moral severísima" del amigo, pero liberan a la coqueta de su obsesión.

En la descripción de la belleza de la mujer se usan todas las armas retóricas características del esteticismo finisecular. Rubia, a la manera prerrafaelista, su "carne parecía compuesta de una pasta suavísima y tierna, mezcla de rayos de luna y harina de trigo candeal y leche muy blanca". En fin, el cuerpo, los ojos, el cabello de Margarita, son repasados con deleitoso recuento de colores y texturas (107-8). Véase como ejemplo lo que se dice de su boca, la parte responsable de la caída del amigo fiel:

> Era indudablemente en la boca donde estaba el mayor de sus atractivos, como si el alma hubiese escogido de intento aquella puerta de púrpura divina y tentadora, para asomarse á esparcir entre los hombres el filtro que da la fiebre y las angustias del amor. Rojos, grandes y medianamente gruesos, tendidos por sobre dos hileras de dientes blanquísimos [...] poseían tal riqueza y abundancia de expresión que, sin hablar palabra, iban diciendo por todas partes un sinnúmero de cosas elocuentes (109).

Como la silenciosa obrera de "Flor de voluptuosidad", el texto implica que la joven no necesita palabras para atraer: basta su cuerpo. La belleza y coquetería de Margarita, sin embargo, añaden un acicate especial, que la torna más peligrosa. La mujer no tiene conciencia del daño que hace al "arrancar a los hombres alabanzas y galanteos" porque nunca pensó que pudiera haber "consecuencias graves" y menos aún que "en su conducta hubiera nada de criminal". (111).

El cuento obviamente quiere censurar a la bella inconsciente y advertir sobre los daños que acarrea la coquetería extrema, pues, para generalizar el caso, el narrador afirma que las mujeres tienen un concepto de la vanidad que difiere del de los hombres. Para ellos, la vanidad excesiva es una "especie de prostitución moral" que menoscaba la fidelidad (111). Las mujeres como Margarita, en cambio, piensan que el amor y la vanidad no se excluyen, al contrario, se apoyan mutuamente dando "fuerza y vigor al amor conyugal" (112). Por eso Margarita no sólo se reconoce como fiel esposa, sino que piensa que a "cada satisfacción de su vanidad" el amor por su marido se hace "más brillante y firme" (112).

La censura de que hablamos está, no obstante, muy lejos de la que acompaña los textos realistas o naturalistas de la época. Aquí la nota didáctica es más sutil que el simple discurso admonitivo, y la ambigüedad que hemos visto en los otros relatos aparece complicando el mensaje. Hay demasiada complacencia en el retrato de la belleza de Margarita, que con su encanto de niña caprichosa se aleja del modelo de la vampiresa vulgar. Incluso si este descargo resultara débil, existe otra razón, que embebida en la ideología sobre los sexos de la época, exoneraría a Margarita de su culpa. El narrador supone que la joven no confiesa ni a sí misma su vanidad, porque la siente "necesaria a su vida, como algo que formase parte de su *naturaleza*" (106-7, mi cursiva). El feminismo podría explicar esa adscripción de uno de los rasgos más enraizados en el estereotipo femenino tradicional, recordando que la belleza es la única arma permitida a la mujer por el sistema patriarcal, y de allí su 'necesidad'. El deseo de admiración –como también se llama a la vanidad en el texto– resulta entonces lógico, pues constituye la manera con que Margarita se siente existir y la que le otorga algún poder.

"Mi secreto" y "Un dilettante" son relatos mucho más breves que los anteriores y, a nuestro juicio, de menor calidad. Sin embargo, por sus asuntos pertenecen plenamente a la onda decadentista que vamos viendo, por lo que ameritan un examen. "Mi secreto, Manuscrito de un viejo", como sugiere el subtítulo, es otra confesión. El que escribe el texto fue un hombre egoísta, mimado y libertino en los primeros veinticuatro años de su vida (77). Lo que lo cambió radicalmente fue saber en el lecho de muerte de su prima Isabel, que ella lo había querido toda su vida. El amor necrofílico por la muerta es lo que une este relato con el resto de los del libro. En el presente de la escritura, el redactor confiesa que muchos lo consideran "misántropo y egoísta", juicio equivocado, porque él vive "acompañado, en dulce coloquio íntimo con la más ideal de las queridas". La nota de necrofilia, la refuerzan la soledad y el secreto con que se rodea ese amor:

> Compañeros alegres, mujerzuelas frívolas, todo lo sacrifiqué á ese idilio triste y melancólico, nacido á la orilla de una tumba, guardado celosamente, como un secreto precioso (95).

La tristeza y melancolía atribuídas al idilio contrastan fuertemente con la vivacidad del retrato de la amada, descubierta como mujer en el momento preciso de su muerte:

> Mis ojos habían permanecido cerrados á las perfecciones del cuerpo como á las excelencias del alma. Cabellos rubios, por la espalda tendidos como un manto de luz, ojos azules, serenos como remansos de lago, todas las gracias de ese cuerpo ideal se me aparecían tan sólo en el momento mismo en que estaban condenadas á reducirse á un puñado de polvo (90).

Con menos énfasis en el placer físico, hay aquí un tono didáctico, más perceptible que en los cuentos anteriores. Si ese tono tiene una explicación verosímil, pues proviene de un anciano deseoso de enseñar cuál es el amor valioso, el escrito se defiende también con declaraciones metaliterarias. El redactor desde el comienzo afirma que siempre se mantuvo "lejos del campo de las letras" y que no pretende "hacer obra de arte". Por esto, no tiene en mente a un lector sofisticado, sino a sus "hermanos en el dolor" (87). No obstante, repetimos, ese didactismo lo desluce un poco, en comparación con los otros cuentos.

"El dilettante", relato que cierra el libro, es también una confesión epistolar. El subtítulo reza: "Lo que un joven diplomático escribe á un amigo suyo". El redactor de la carta es un joven de 32 años, "obscuro empleadillo de ministerio", acusado de "vano pisaverdes" porque va de mujer en mujer, abándonándolas con prontitud (123-4). Pero este abandono es reflejo de un rasgo caracterológico más serio, ya que tampoco ha sido capaz de abrazar una profesión porque abandona todos sus proyectos a medio camino. El joven atribuye sus "caídas y errores" a un defecto de su naturaleza, que llama "la joroba" de su alma, cuyo resultado más grave es su incapacidad de amar. Según la confesión, esa 'joroba' ha producido no sólo una reputación de perversidad, sino también dolor en su vida. Repárese en las notas 'decadentes' en la caracterización:

> Muchos, y tú entre ellos, han creído ver en mis veleidades amorosas las manifestaciones de un arte raro y perverso, y en mí mismo á una especie de artista del amor, artista refinado, tan extrañamente refinado que prefiere la sensualidad superficial que apenas toca los cuerpos á esa otra sensualidad que despierta las voces profundas, y se conforma con la flor, con las primicias insípidas, desdeñando los frutos cuajados en globos carnosos de sabor y perfume riquísimos (130-1).

La incapacidad de amar del protagonista se representa de ambigua manera, y se puede confundir con impotencia sexual. El redactor de la carta confiesa que nació "incapaz de conocer la posesión" y la alegría "y el júbilo gloriosos" que lleva consigo (132). Refuerza la sospecha de impotencia física, oculta en la retórica florida, el que el joven se nombre "llama inútil", incapaz de amar como sus víctimas, "vírgines casi incólumes"(132). Al lamentarse de que lo llamen verdugo de las mujeres, siendo él la 'víctima', puesto que no conocerá "la conjunción suprema que hace de dos almas y dos cuerpos un solo rayo de luz", la identificación con el eunuco es clara:

> En tanto yo, el verdugo, bañaré mis entrañas en una ola de amarguras, y maldeciré mi carne, y maldeciré mi inteligencia, hallándome en el hondo silencio de mi espíritu, moralmente igual á uno de esos pobres mutilados á quienes se confía, en los palacios de Oriente, la custodia y vigilancia del harem (132).

Aunque se hable de identificación "moral", los indicios sobre lo físico son tan inescapables como la acepción que se le da al término eunuco, más cargada a la impotencia del cuerpo que del espíritu.

La frase final del texto, en que el redactor desafía a su amigo a juzgarlo después de esta confesión, es reto también para el lector. La tarea se dificulta por los argumentos presentados. Para verlo como otro Don Juan, falta la evidencia de la posesión física, y sobra el dolor y remordimiento del personaje. Más aproximado a lo que el narrador parece querer representar, es verlo como un enfermo de la voluntad, un abúlico de los muchos que aparecieron en la literatura finisecular, y preferido por los decadentes.

* * *

Si se quisiera reducir a una las virtudes 'modernas' de los cuentos que examinamos, tendría que ser la de su finura para analizar estados psicológicos. Si a ella se agrega que el análisis se vuelca sobre estados inusuales, poco o no explorados en nuestra literatura, esa virtud se acrecienta. Sentimientos y fenómenos conocidos hoy, pero no en la época, como la fragmentación del yo, aparecen junto a otros que por su intensidad exagerada se ven como anormales: los celos obsesivos, la vanidad egoísta, la exaltación de la emoción senso-sexual. Pero aún más a fondo, otros fenómenos, como el fetichismo o la necrofilia, que son inusuales hasta en la literatura actual. Moderno también es el que esos sentimientos de exagerada intensidad, provocadores de daños, salgan a la luz de labios de los mismos que los sufren, creados como personajes altamente autoconscientes. Más que moderno, tal vez 'postmoderno' sería el grado de ambigüedad que marca los relatos. La audacia para trabajar asuntos considerados 'inapropiados' por entonces se evidencia también en la desmitificación de otros como el amor idealizado, que por siglos la literatura venía representando. La franca defensa de la sexualidad como *sine qua non* del amor, y el socavamiento de la línea divisoria entre lo 'normal' y lo 'anormal', son otros elementos significativos en el paso a la modernidad en las letras.

CLEMENTE PALMA
(1872-1946)

Sus cuentos

Harry Belevan llama a Clemente Palma (CP) "el máximo exponente del modernismo en el Perú" y, como sostuvimos respecto a Lugones, ve en los cuentos de Palma "un estilo borgesiano *avant la lettre*" (4). Por su parte, Earl M. Aldrich afirma el sólido conocimiento que CP tuvo de la literatura decadentista, apoyado en la tesis doctoral del peruano, en que trata de asuntos como ateísmo, androginia y satanismo, y estudia especialmente la obra de Joris Karl Huysmans (9).

Nancy M. Kason en su *Breaking Traditions: The Fiction of Clemente Palma* (1988), cita dos artículos del autor sobre la literatura decadente que muestran su interés por el tema. Esta estudiosa ve una abierta contradicción entre las ideas estéticas de Palma y el uso que hace en su obra de temas y formas que reprueba (117), uso que es precisamente lo que buscamos aquí. El peruano tiene dos colecciones de cuentos. *Cuentos malévolos* (*CM*), que en su primera edición de 1904 contiene trece relatos, y veinte en la segunda de 1913. *Historietas malignas* (*HM*), su segunda colección, trae tres relatos además de la novela corta "Mors ex Vita", y fue publicada en 1925. La más tardía aparición de *HM*, cuando ya se habían impuesto otras corrientes literarias, nos lleva a considerar sólo *Cuentos malévolos* porque encierra los más valiosos a nuestro criterio, a la vez que los más relacionados con el decadentismo. De las dos ediciones de *CM* trabajaremos con la de 1904, aunque consideraremos un par de relatos de la de 1913. También haremos mención a algunos cuentos de *HM*, cuando sea pertinente[13].

Kason clasificó en cuatro categorías los 32 relatos que escribió Palma: Modernistas, Heréticos, Decadentes y Fantásticos. Dicha clasificación no parece justa porque todas esas modalidades forman parte de lo que se llamó Modernismo[14]. La diferenciación entre ellos, además, oblitera el lazo común que aúna a los trece que estudiamos, los cuales tienen por centro una acción perversa, con la excepción de un cuento. Hasta en aquellos relatos llamados heréticos por Kason, que elaboran conocidos temas religiosos, la presencia de Satanás y sus actos tienen que ver con el Mal (de allí el apto título). Estamos conscientes de que el significado del mal varía con los cambios históricos. Así, por ejemplo, hoy no se considera 'perversa' la homosexualidad, pero sí la necrofilia, el sadismo o la pedofilia, asuntos que aparecerán en los cuentos que veremos, y que los sitúa en esa corriente decadentista que perseguimos.

Si dejamos de lado los cuentos rotulados como Fantásticos, por ser una categoría especial con específicas características que sólo tangencialmente interesan aquí[15], repasaremos en forma rápida las otras agrupaciones de Kason que contienen relatos de *CM*, para ver con más atención los llamados decadentes. El detallado examen que ella hace de las obras nos exime de repetir aquí algunos pormenores de estructura y estilo.

Cuentos malévolos

Kason coloca entre sus relatos 'modernistas' a "Cuento de marionetes", el único de los cuatro que nombra incluído en el volumen (*CM*), y la excepción que no se acomoda al título[16]. El cuento risueño, juguetón, con un tono que recuerda a los cuentos de *Azul...* de Darío, utiliza los personajes de la Commedia dell'Arte, Pierrot, Colombina y Arlequín. Con una prosa dinámica, que fluye fácil, la obra sobresale por su humor (Pierrot es un Rey de naipes, miope, enamorado de la luna), que contrasta con el tratamiento melancólico que hicieron de esos personajes, entre otros, Darío en "Luz de luna", y Lugones en "El pierrot negro", incluido en *Lunario sentimental*. Valdría la pena hacer un estudio sobre la elaboración de estos personajes populares en el modernismo latinoamericano, como ha hecho A. G. Lehmann para el francés en su "Pierrot and Fin de siècle". Para nuestros propósitos importa la especie de moraleja con que termina este cuento, porque su escepticismo es el que tiñe todos los relatos del libro:

> en amor no debe llegarse a la posesión, a la apreciación exacta del objeto amado. Poseer ó conocer es matar la ilusión [...]. En amor no debe pasarse de un beso, so pena de que nuestra alma se ponga á mirar por el anteojo del duque de Egipto (el aparato que permitió a Pierrot ver la fealdad de la luna; 92, mi paréntesis).

Esta moraleja se deconstruye luego cuando el narrador metadiscursivamente tacha lo recién citado como una "horchata idealista", confesando que "el amor no tiene moraleja" (92). De un modo indirecto y ambiguo —como se va a hacer en otros relatos— este final está entonces confirmando la inevitabilidad de 'pasar más allá del beso', con lo que se sostiene la inseparabilidad de cuerpo y espíritu preconizada por Díaz Rodríguez, y los cuentos de este volumen.

"El último fauno" fue colocado entre los cuentos "Heréticos" por Kason, y si se ha de agrupar, pensamos que
tendría que estar junto a los llamados 'modernistas' por la
autora. La recreación del fauno y su discurso más 'brillante' (abundan las notas de luz y color), justificarían la
calificación. Como hicieron varios modernistas –entre ellos
Darío y Jaimes Freyre en sendos poemas– este relato opone el cristianismo triunfante a las moribundas religiones
de la Antigüedad, y desarrolla el tópico, también frecuente, del rapto de una 'virgen' por un sátiro. Habría razón
en llamarlo 'hereje' al constatar que aquí se llama "nueva
mitología" al cristianismo, pero hay que recordar que la
"repugnancia" al nuevo "espiritualismo" la dice y siente el
'último fauno' de la muerta religión. Más importante para
el asunto que nos interesa es el sensual regodeo en la descripción de las jóvenes monjas que retozan junto al mar. Si
Ana del Corazón de Jesús tiene "ojazos negros, profundos
y apasionados", Rosario del Martirio es "un poco gorda,
pero admirablemente modelada, rebosando salud por sus
frescas mejillas". Hay también la anémica proverbial,
"nerviosa, enfermiza, pero expresiva y graciosa en todos
sus movimientos". No obstante, es Ágata de la Cruz quien
cautivará al fauno: "rubia, replandeciente, con sus veinte
años dedicados a los santos ensueños, era la más endiablada y juguetona" (39-40).

La 'herejía' que constituye el hecho de que Ágata
acepte acompañar al fauno, anula el acto como rapto, y lo
debilita como sacrilegio, ya que la monja le hace jurar que
creerá en Jesucristo antes de ir con él (43). Hay, sin embargo, una acción al fin del relato que podría considerarse
como una forma de perversidad, y lo acercaría a los que
veremos en detalle. Los pasajeros de un barco (entre ellos
Sara Bernhardt), ríen y aplauden cuando se dispara por
puro aburrimiento sobre la pareja. La indiferente
crueldad de este acto gratuito, sorprende por el violento
contraste con el risueño comienzo del cuento.

"El quinto Evangelio", antologado por Hernández Miyares y Walter Rela en su colección sobre el Modernismo,
nos interesa por la representación que se hace allí de Sa-

tanás, y ciertos pasajes discursivos que suenan extraordinamente a "El aleph" de Borges. La 'herejía' del relato tiene que ver con su aserción de que el sacrificio de Cristo
por salvar a la humanidad es inútil, porque las fuerzas
del mal en el mundo son más poderosas. Obsérvese en el
siguiente trozo, además de los ecos nietzscheanos, las cualidades que se autoatribuye Satán, muy semejantes a las
que se otorgaba al artista moderno y decadente. En la cita, Satán se dirige a Jesús:

> ¡Pobre visionario! Has sacrificado tu vida a la realiza
> ción de un ideal estúpido e irrealizable. ¡Salvar a la Hu
> manidad! ¿Cómo has podido creer, infeliz joven, que la
> arrancarías de mis garras, si desde que surgió el pri
> mer hombre, la Humanidad está muy a gusto entre
> ellas? Sabe ¡oh desventurado mártir! que yo soy la Car
> ne, que yo soy el Deseo, que yo soy la Ciencia, que yo soy
> la Pasión, que yo soy la Curiosidad, que yo soy todas las
> energías y estímulos de la naturaleza viva, que soy todo
> lo que invita al hombre a vivir (94).

Fuera de este sacrílego autorretrato, 'hereje' también
se puede considerar el poner a Don Quijote de la Mancha
entre los Evangelios, acción aplaudida por Unamuno en
su prólogo[17]. Digno de antología nos parece el pasaje en
que Jesús contempla su obra "a través de los siglos". La
extensa enumeración de lo que vio, sin duda recuerda a
la que Borges elaboró cuando el personaje homónimo
puede contemplar el universo en la pequeña esfera que es
el aleph. En esta larga enumeración se privilegia a las
ciudades corruptas que, con París a la cabeza, son tópico
'decadentista' por excelencia. Aquí, Lutecia tiene el mal
del 'pecado' y el de la modernización:

> Y vio una larga serie de ciudades irredentas, las que, a
> pesar de que ostentaban elevadas al cielo las agujas de
> mil catedrales, eran hervidero de los vicios más infames
> [...] Y vio abadías que parecían colonias de Gomorra, y
> vio fiestas religiosas que parecían saturnales [...] En los
> confines últimos del horizonte vio levantarse una ciudad
> llena de cúpulas, de chimeneas fumantes, de alambres,
> de torres altas, como la de Babel, y de construcciones ex
> trañas: esa ciudad era Lutecia (95-6).

El final de la historia es irónicamente ambiguo. Cristo muere con los ojos abiertos que reflejan el Mal que ha visto, y el diablo por "piedad" o "impiedad" se los cierra. La pregunta sobre la naturaleza de este último acto diabólico, se deja al lector como abierta interrogante.

"Parábola", otro de los cuentos "heréticos" de Kason, pudiera haber servido de pórtico a la colección, ya que su historia y su discurso reiteran el arriesgado axioma de que el Mal es necesario para la humanidad. De los dos enunciantes que presenta este cuento enmarcado, el que cuenta la parábola del título es un prior de convento, lo que hace más 'creíble' su palabra. La historia es la legendaria petición de tres deseos a Jesús. El que solicita es un anciano ermitaño que, dolido por los pecados del mundo, pide que se erradique la enfermedad, la pobreza y el odio. Como ninguna de las concesiones termina con los pecados, el anciano vuelve a pedir a Jesús que los retorne a su "primitiva condición de víctimas del mal" (55).

Toques decadentes son el hecho de que el primer narrador (sobrino del prior), tenga una novia muerta que tuvo un "extraño amor" por él, y a la que caracteriza de "diabólica" (47-48). Este joven es además un escéptico religioso que asegura que Dios es un "tirano cruel" que se complace con los sufrimientos del mundo (48). Es éste el catalítico que va a producir el cuento dentro del cuento. Verdaderamente decadente es que sea Jesús mismo quien acceda a devolver el Mal a la humanidad, hecho que hasta el texto califica metadiscursivamente como "espantosa herejía" (55). Más aún, al hallar 'razonable' el último pedido, Jesús profiere un comentario que se ajusta a uno popular entre los decadentes: el peor 'pecado' es el hastío:

> suprimiendo la enfermedad, la miseria y la lucha hemos creado, buen anciano, la inercia y el hastío; es decir, el mayor pecado y la mayor condenación (55).

"El hijo pródigo" es el último de los relatos de *CM* que Kason califica como heréticos, porque en él se concibe a

Satán como hijo de Dios, y no como uno de sus ángeles (43)[18]. Para nosotros, lo hereje y decadente a la vez es reiterar que el Mal es la verdadera fuerza que da vida al mundo. El interés en la pintura, característico de los modernistas (recuérdese *Lucía Jerez* y *De sobremesa*), es central aquí, pues su personaje principal es Néstor, un pintor. Néstor explica al narrador que va a reproducir su palabra, las razones que lo impulsaron a pintar su cuadro "El hijo pródigo", por el cual ha sido excomulgado. En una especie de hábil comentario especular del cuadro/pintura, se reflexiona sobre el cuadro/cuento, que utiliza además la división de juicios entre Néstor y el narrador básico para opinar sobre el arte del día. Estas opiniones se marcan incluso a través de subrayados del autor, para parodiar los más populares clichés sobre el arte decadente. El cuadro excomulgado habría tenido un gran éxito por:

> la maestría en la ejecución, la novedad y rareza de la factura, y sobre todo por la extravagancia ó humorismo de la composición, que agradó hasta el entusiasmo á los *exquisitos* del arte, á los *gourmets* del ideal, á los hijos trastornados de este *fin de siècle* que, fríos é impasibles ante los lienzos del período glorioso del arte, vibran de emoción ante las coloraciones exóticas, los simbolismos extrañamente sugestivos, las figuras pérfidas, las carnes mórbidas y voluptuosamente malignas, los claro-obscuros enigmáticos, las luces grises o biliosas y las sombras fosforescentes, en una palabra, ante todo lo que significa una novedad, una impulsión rara que mortifique el pensamiento y sacuda violentamente nuestro ya gastado mecanismo nervioso (113, cursivas de Palma).

La cita de tan extenso párrafo nos pareció justificada porque reúne algunos de los juicios más socorridos sobre el decadentismo, englobador de rasgos parnasianos y simbolistas, además de su peculiar morbosidad, rasgos que se hallan también en los cuentos del peruano. Pero, como si Palma quisiera distanciarse del asunto, el mismo narrador comenta luego que sólo un artista "loco, un desarreglado, podía tener la idea de hacer de Satán el protagonista *simpático* de un cuadro" (114, mi cursiva), que es exactamente lo que va a pasar en el discurso de Néstor al defender

su pintura. La contradictoria posición del primer narrador
–la de tantos modernistas– se hace evidente luego
cuando, repitiendo que el cuadro es "diabólico" y "execra-
ble", termina reconociendo que esto "no obstó para que
fuera una ejecución maravillosa" (114).

En su defensa, el pintor repite los conceptos nietzscheanos vistos en "Parábola", críticos del cristianismo por
exaltar principios pasivos, como son la humildad y la
mansedumbre. Luzbel es presentado audazmente como
bienhechor de la humanidad porque la aguijonea "la acti-
vidad y el esfuerzo", única manera de "conquistar las al-
turas excelsas" (118). El final de la historia tiene a un
Luzbel perdonado, pero ¡ojo! no "domado" (119), que va a
sentarse al lado de Dios Padre. Su presencia allí ratifica la
idea de la necesidad del mal, central en el libro. El último
sintagma del texto revalida tal concepto: "faltando Luzbel,
el Universo murió: le faltaba el alma... Y volvió á ser la
Nada..." (120, puntos suspensivos del texto). No es de ex-
trañar que el atrevimiento de esta historia haya moles-
tado a un católico –aun heterodoxo– como Unamuno[19].

"Los canastos", el primer relato de *CM* que Kason clasifica como "decadente", merece el adjetivo por la maldad
de Marcof, personaje central, que también es narrador.
Con una historia ubicada en Rusia, el cuento es más
breve que los demás, y su historia simple: Marcof ve que
los canastos de pescado que lleva un pobre carretero sordo
comienzan a caer al río, y decide no advertirle para presenciar gozoso la catástrofe. El personaje excusa su maldad diciendo que es el invierno el que lo convierte en malvado. Esta estación avivaría sus instintos "malos" que lo
harían sentirse "nihilista" capaz de ser "ladrón y asesino"
(19). La conducta chocante del personaje se prepara desde
la primera frase del discurso, que es la que repite Marcof
al miserable carretero:

> Entre hacer un pequeño servicio que apenas deje huella
> en la memoria del beneficiado ó un grave daño que le de-
> je profundo recuerdo, elegid lo segundo (19).

Lo que separa esta historia de otras semejantes que tienen un claro fin didáctico, es que aquí no hay arrepentimiento ni castigo del malvado. El cuento termina con la cínica reflexión del narrador de que "Después de todo, el sitio de los peces era el río y no los canastos" y que con su acción ha "restablecido el equilibrio de la naturaleza". (23). En ese equilibrio, como propone "Parábola", el Mal existe 'naturalmente'.

"Idealismos" pertenece de lleno a la calificación de 'decadente' en aquella vena morbosa que se reprochó en la época. Con formato de cuento enmarcado, un primer narrador nos dice haber encontrado las páginas del diario que leeremos en un "carro de ferrocarril". Este narrador nos comunica además, metaliterariamente, que transcribe esas páginas por constituir un "extraño drama". (25).

El yo redactor del diario remece al lector con la primera frase de su escrito: "Estoy contentísimo: mi buena Luty se muere" (25). El choque aumenta al saber que Luty es la novia del diarista, que hasta hace poco era "rozagante y alegre". Como en el caso de "Mi secreto" de Díaz Rodríguez, la enfermedad y proximidad de la muerte añaden a la novia un encanto especial, según el que escribe. El narrador la contempla como a una "flor desfallecida", cuando está a punto de morir "con los ojos brillantes de fiebre" (25). El hálito necrofílico que empapa la historia aparece desde la primera página, cuando la moribunda pide a su novio que le dé "un beso muy largo y apretado", al momento en que sus labios estén "pálidos y rígidos" (25-6). La perversidad del diarista estriba en que es él quien provocó la muerte de la joven. Consciente del horrror de su acción, el narrador se muestra desafiante al dirigirse a "los espíritus burgueses" que, según él, no podrán entender el móvil que lo guía. El redactor está seguro de que esos burgueses sentirán "repulsión y horror" por su "crueldad" (26). Este repliegue que incorpora al lector y la emoción que se desea producir, se combina con un elevado grado de autorreflexión del narrador/personaje, para hacer un texto altamente metaliterario. El redactor reconoce la temprana "perversión" que ha contaminado "su filosofía" y su "vida íntima" (27), y aunque el diario va sólo del 14 al 21 de noviembre, su acción contra la novia es más que suficiente para confirmar la autocaracterización. Según la anotación, Luty, joven "pura y sin malicia", vive su primer amor con su novio, quien la moldea como blanda arcilla (27). El poder que el hombre tiene sobre ella es tal, que la hace llorar a voluntad, "gozar con las mayores delicias ideales, ó mortificarla con las más horribles torturas, casi sin necesidad de hablarla" (27). El diabólico plan de este "amo absoluto de Luty" —objeto de la historia— es provocar en la joven la voluntad de morir. Con refinada blasfemia, planea matarla con "pociones ideales mortíferas", centradas en las nociones cristianas del paraíso. Como una parodia siniestra de los esponsales en el más Allá, imaginados por Swedenborg, el diarista le pinta a su novia encantadoras escenas de un matrimonio celestial, que van a crear en ella un deseo 'entusiasta' de morir. Que Luty termine anémica —esa "enfermedad romántica" como la define el diarista— es arma secundaria ante el mortífero "trabajo sordo" de los deseos que en la joven implanta el redactor.

El diarista, con equívoco razonamiento, explica que su acción es "la mayor prueba de amor" que puede dar a su novia para que no sufra en el mundo "ignominioso" y no se envilezca con su propia maldad (29). Con irónica perversidad el enunciante declara que rechaza casarse con la joven para prevenir "el anonadamiento" de su alma, y Luty no sea absorbida por él (¡!). El diarista considera su deber liberarla de las "ignominias carnales de la vida conyugal", en que "muere toda ilusión [...] para ceder el sitio á una amalgama de animalidad y respeto" (28). Nótense en el siguiente pasaje las notas autorreflexivas y metadiscursivas:

> Mi deber era libertarla de la demoníaca influencia que yo ejercía sobre Luty, libertarla por un último acto de la tiranía moral, que había de ser la única forma noble posible de mi absolutismo; crear la libertad por un acto de opresión, puesto que ya el regreso á la primitiva independencia era imposible; esto os parece, señores burgueses, una absurda paradoja (28).

Las mortíferas "pociones ideales" que matan a la joven tienen que ver, como es obvio, con el título del cuento que, una vez leído, recubre de ironía la connotación más conocida del vocablo. Que se trate de "Idealismos" en plural, nos recuerda que la historia apunta a más de uno: al mito religioso del Paraíso que engaña a la joven, y al idealismo espurio del novio que llama noble y honrado su acto, porque intenta conservar un "ideal" (33).

"Una historia vulgar" lleva más lejos aún la audacia de su asunto, ya que la acción "perversa" es aquí ejecutada por una burguesa corriente (de ahí el título), considerada como una buena joven. La acción se sitúa en París, y sus personajes son franceses. Cuento enmarcado, la historia se la refirió al pseudo-autor un médico francés, que al final también muestra rasgos de maldad. Importa fijarse en las diferencias de carácter que se establecen entre el narrador y su amigo Ernest Rousselet, la víctima del primer hecho maligno. Ernest es estudiante de medicina, serio, de afiliación luterana, "puritano" que no cree en la existencia del mal (57-58). El narrador, por el contrario, piensa que el "hombre es ingénitamente perverso", y que la mujer "cuando no era mala por instinto, lo era por dilettantismo". (58). Este franco misógino cree que "conocer el alma de la mujer" es despreciarla, por lo que prefiere tener amantes que puede despedir a su antojo (59). Ernest, al revés, concibe el amor "completo" que une cuerpo y espíritu. El carácter más 'realista' del narrador se revela en una de sus discusiones al respecto:

> Pero á mi vez te pregunto yo: ¿ese cariño que tú preconizas es completo, careciendo de aquello que censuras? Indudablemente que no. Y entre dos amores incompletos, prefiero aquel en que lo que falta es el ensueño á aquel en que lo que falta es la *realidad* (60, cursiva del autor).

La historia va a dar la razón al positivista porque el soñador será destruído por la 'realidad'. Ernest se enamora de Suzón, de familia respetable, "alegre, bulliciosa, *un ángel lleno de diabluras"* (62, cursivas en el texto). Ya novios, Ernest rompe el compromiso cuando por casualidad sorprende a Suzón encerrada en su cuarto con sus primos de 15 y 13 años. Lo que vio el joven no se revela al lector, pero las claves están ya sembradas. Los muchachos eran "algo pervertidos para su edad" (64), y Suzón los adoraba. La elipsis del acto se carga de significado con el atroz efecto en Ernest, que termina por suicidarse[20]. El final de la historia cuenta que Suzón se casó con un militar destinado a Rusia, pero con un vuelco inesperado. Al enterarse del destino y nombre del marido, el narrador le envía una carta revelándole la 'perversidad' de su esposa. El narrador justifica su acción como "deseo de vengarse en el sexo" por un engaño que sufrió de parte de una mujer. Apoyado en la autoridad de un científico que afirma que "Los pilluelos son menos inofensivos de lo que parecen", el relato agrega la desmitificación de la 'pureza' de la niñez, a la ya hecha de la mujer.

La audacia del autor con estas desmitificaciones es evidente. Si es novedosa la atribución de "maldad" a una joven de 'buena familia', más nuevo resulta imputarle el pecado de pedofilia. Por otro lado, la venganza del narrador, acto perverso, queda abierto al juicio del lector, pero la marcada misoginia del personaje es indicio de que el texto se inclina quizás a colocarlo en el grupo de los malvados. Abierta a la reflexión del lector queda también la cuestión de cuál de las dos acciones –la de la joven o la denuncia del narrador– es la peor.

"La última rubia", subtitulado "Cuento futuro", es uno de los relatos más novedosos de *CM*, porque es de los escasos de la época que cabría bajo la clasificación de ciencia/ficción. Menos centrado en la perversidad del tipo comentado, aquí lo negativo proviene de más usuales defectos, como son la codicia y el engaño. El narrador intradiegético data su historia en el año 3025, y la sitúa primero en Tombuctú [sic] y luego en el polo Norte. Para esa época, el oro se habría agotado en la tierra, y la mezcla de razas habría acabado con la blanca e impuesto la amarilla. El narrador /personaje que "adora el arte y la

ciencia antiguos", descubre una receta para fabricar oro,
que requiere un cabello rubio de mujer, objeto extinguido.
Como también sabe que es posible que una rama de
lejanos parientes europeos sobreviva aislada en el polo, se
lanza a buscarlos, con la esperanza de hallarlos todavía
'puros' racialmente. Allá encuentra a un tío y una prima
rubia, de la cual se enamora. El relato termina con el narrador vuelto a Tombuctú, [sic] después de descubrir que
la prima se teñía los cabellos, sabiendo su preferencia.
   La historia tiene un obvio sabor paródico, y se burla
de la codicia extremada, del racismo, y del afán de lo artificial. El texto es explícito sobre el racismo del personaje
en frases como su odio "al inmundo mestizaje", y su
orgullo de creer que en su sangre tiene algo de "esas
razas añejas" que admira (104). Pero en forma más sutil
–como lo hace Cortázar para burlarse de algún personaje
obtuso, con la complicidad del lector– el hombre es ciego a
su propia estupidez. Así, por ejemplo, confiesa sin
autoverse, que su padre le hablaba de la rama familiar
europea diciéndole: "esos parientes son unos estúpidos
que tienen la chifladura de la pureza de sangre" (104).
   El mestizaje mismo del narrador está elaborado con
humor. Mofándose del prurito genealógico/racial, el texto
lo hace decir:

> sabía que mis ascendientes habían sido rubios como el
> sol, y que de las cuatro ramas, tres se habían mixtiona-
> do: una, la mía, con sangre afgana, otra con la de un
> mestizo chino y la otra con la de un sastre samoyedo de
> origen manchúe (104).

   Fuera de la nota exótica de los pueblos mencionados,
en relación a la decadencia se da la reflexión sobre la 'declinación' de los europeos, tan popular en el fin del siglo,
como vimos. Importa subrayar sobre esto el énfasis, común en el Modernismo, de relacionar tal declinación con
la ciencia y el utilitarismo, como se ve en la cita siguiente,
que repite la ceguera y posición caduca del personaje:

> Todo lo que habían progresado las ciencias habían retro-
> cedido las artes, pero no hacia Grecia, sino hacia la ca-
> verna del troglodita [...] En ese cataclismo de los bellos

ideales y de las bellas formas, sustituidos por nociones utilitarias y concepciones monstruosas, sólo en un espíritu *retrógrado* como el mío, había un regreso psicológico á las nociones antiguas, un sentido estético añejo (105, mi cursiva).

La burla a la codicia del narrador se continúa en su tío europeo que niega al comienzo la petición de matrimonio de su hija por considerar que su sobrino mestizo "arruinaría el último resto de sangre noble que queda sobre la tierra" (109). Luego, como su sobrino, que confiesa su meta de desear el matrimonio por codicia, el tío avaro no vacila en 'vender' a su hija y sus principios raciales, cuando se entera de la posibilidad de hacerse rico (106).

A la manera de los cuentos de Lugones, el relato inserta voces y fenómenos científicos, aquí con cómicas traducciones del latín, innecesarias por su transparencia (102-3). El viaje en aeroplano hacia el polo, sobresale por la imaginativa lista de lo que lleva para sobrevivir: "carnalina", "legumina" (ambas esencias de carne y vegetales), y "aire líquido" (106). Imaginativa es también la descripción de Upernawick, el lugar donde aterriza provisto de un libro fónico que le trasmite el nombre Houlot de su familia, y de un espejo fotogenófono, en que se "inscriben la imagen y la voz de los pasajeros" (106).

El final refuerza la nota humorística porque el narrador descubre que un Houlot, en el año 2222, "había ejercido en Iquitos (gran ciudad de 2.500.000 de habitantes en la Confederación Sud-Americana)", la profesión de "peluquero, perfumista y tintorista de cabelleras" (111).

Al considerar el racismo y la codicia como males, este relato pertenece al grupo de "malévolos" del título. No obstante, es obvio que estos fenómenos, y el artificio de teñirse el pelo, son males más generales dentro de lo social. En los otros cuentos, por el contrario, la maldad ocurre en una relación íntima, más personal entre los involucrados, empujada por alguna anomalía psíquica o fisiológica.

El narrador del próximo cuento, "Leyendas de Haschischs", obsesionado por el recuerdo de Leticia, su difunta mujer, halla alivio para su insomnio en la droga, cuyo efecto resulta en las tres leyendas del título. El relato/ marco del comienzo, cuenta el idilio que vivió la pareja, y se presenta con fuertes rasgos 'decadentistas'. Por ejemplo, la descripción de Leticia parece una parodia de la mujer pintada y cantada por los prerrafaelistas. El narrador primero evoca la mirada de "animal doméstico" de la mujer, su cuerpo anémico, "nacido para el amor burgués, metódico, sereno" (153), pero luego recuerda sus curvas, de "línea elegante, [...] curva mística que, en los cuerpos de las santas jóvenes de algunas vidrieras góticas, expresa mejor la exaltación del fuego interior". (153). Como si la fusión de sensualidad y misticismo no se hubiera notado, el texto añade la siguiente descripción, con énfasis del autor:

> El cuerpo de Leticia tenía *la delicada pureza de una virginidad cristalizada, el encanto infantil y la gracia de una adolescencia detenida en los músculos antes de la expansión que experimentan éstos, cuando una joven ha visitado la isla de Citeres* (153)

El efecto paródico decadente se refuerza cuando, para acentuar la fase 'mística' del idilio, otra vez como burlándose, el narrador recuerda las noches de verano, y destaca ciertos elementos con lenguaje recargado y subrayado: la luz astral los cubría como si "fuera el sutil *polvillo blanco prendido de las alas de una enorme mariposa pálida*" (152, énfasis del autor). Más próximo aún al patrón 'decadente', en esos momentos "*impregnados del alma serena del Cosmos*", la pareja se cree "*andróginos*" que cruzan "*los misterios de la noche vinculados por una entrañable fraternidad asexuada*" (152, cursivas de Palma). Sobra recordar que el arte decadente fue aficionado a la figura del andrógino, pero queda la duda de si los subrayados van en serio, o si tienen la intención paródica que leemos.

Como obra decadente, no extraña que la fase 'pura' del amor se dé con otra 'impura', en que priman las pasiones locas con "exquisiteces y refinamientos" que aniquilan a los amantes, y acaban matando a Leticia (152). Cercano al tipo de decadente cerebral que discutimos en las primeras páginas, aquí se confiesa que ese "amor loco, inquieto y extenuante" era exigido por sus cerebros llenos de curiosidades malsanas y por "sus nervios siempre anhelantes de sensaciones fuertes y nuevas" (153).

La primera 'leyenda' inducida por la droga, transporta al narrador a Trapobana, donde conoce a Djolamaratta, un fakir experto en religiones hindúes. Este anciano "austero" que había alcanzado con la meditación un estado que le hace "superior" al resto de los mortales, tiene una larga barba donde anidan culebras, alacranes y otras alimañas. El horror de la descripción aumenta al contarse que este fakir vivió enterrado por ocho años, durante los cuales sus uñas crecieron hasta perforarle las manos como a un crucificado (155).

Ya se hace evidente que este relato busca un efecto distinto al observado antes. Aquí se asoma esa otra vena cultivada por el decadentista europeo: la que produce la emoción del choque desagradable, el asco y el horror, menos frecuente en el modernismo latinoamericano. Como muestra de ese efecto, citaremos un pasaje de la descripción del lugar al que llegaron el fakir y el narrador, situado en lo alto de las montañas del Himalaya. Consistente con los conceptos sobre la inevitabilidad del Mal de los otros cuentos, aquí se nos dice que este paraje fue malogrado por Adima "el primer hombre y el primer malvado" ahora muerto, pero cuya esposa todavía reina en el lugar:

> Por todas partes se veían las enmarañadas copas de los árboles extraños, cuyos troncos estaban cubiertos de pústulas. El aire tenía un olor repugnante, como el de la sala de un hospital de gangrenados. Las aves [...] tenían los cuerpos purulentos [...] las fieras cruzaban nuestro camino con paso dificultoso de bestias baldadas por la elefantiasis, tiñosa la piel y los ijares hundidos, como corroídos por un mal implacable. Las flores, apenas abiertas, caían moribundas sobre el césped raquítico y gris [...]. Miré el lago. Flotaban en la superficie enormes cuerpos de lagartos con la panza arriba, roída por gusanos. Por todas partes subían vahos infectos y calientes

como *el aliento de un horno en que se asaran tarán-
tulas*. A flor de agua vi pasar algunos peces escuetos,
casi sin escamas, con los ojos velados por una nube y
asomando por el dorso las espinas astilladas y cariadas
(158, cursivas del autor).

La cita sólo recoge una parte de la extensa enumeración de cosas horrorosas vistas por el narrador. Pero, como
si de repente se quisiera hacernos recordar que es visión
provocada por la droga, inesperadamente la cabeza del
fakir se le convierte al visionario en la de Ovidio Nasón, el
celebrado autor de *Las metamorfosis* y el *Arte de amar*,
visión que no tiene nada de gratuita: el ilustre poeta revela que es Sífilis la que gobierna este país "de putrefacción
y enfermedad", y que ella reina en todo el mundo (159).
Al final de la historia, aparece la reina Sífilis, con el
cuerpo y rostro de Leticia, con su bondadosa "mirada de
animal doméstico" (160). Se deja al lector hacer la conexión entre Ovidio, la visión de Sífilis, el amor loco de la
pareja, y la muerte de Leticia, aunque el lazo entre todos
ellos está sugerido desde que esos elementos se presentan
en el relato. Sobra insistir en cómo el conocimiento médico
sobre las enfermedades venéreas incide en el 'temor' al
sexo, ingrediente poderoso en la conjunción Eros/Thana-
tos que se observa en los relatos.

Más breve, la segunda 'leyenda' tiene menos horror y
más llamadas a la ciencia. Por el efecto de la droga, el
narrador se siente dotado de tales fuerzas descomunales,
que su voz remece casas, su vista atraviesa paredes, y sus
manos pueden empujar los astros (161). La tranquilidad
del personaje la origina su conocimiento científico sobre el
movimiento de átomos en todos los cuerpos, y la ley que
estipula que "todo es transformación". (161). El hecho más
imaginativo es la visión cuasi surrealista que tiene el narrador del interior de su cuerpo, incluído el cerebro:

El cerebro era una pasta tenue que *tenía de la gelatina*
[y] *del ópalo*. En el centro había una pequeña caldera
con un líquido en ebullición: subían las burbujas a la superficie, unas burbujas delicadas y llenas de cambiantes

é irizaciones, como las pompas de jabón; antes de que
estallaran, unos pequeñitos gnomos las cazaban [...] y
las arrojaban á diversos compartimentos que se abrían
por todos lados al modo de un panal de abejas (162, cursivas del autor)[21].

La tercera leyenda comienza con el narrador
arrojando por la boca insectos con notaciones musicales en
sus cuerpos. Luego de oír algunas piezas de música
barroca cuyos sonidos se traducen para el narrador en
"cuadros sugestivos ó frases narrativas" (164), una
composición de Borodino provoca una visión de Rusia con
lobos, hielos y viento boreal (164). Otra melodía rusa le
hace llorar de tal manera que inunda su cuarto y la
ciudad entera con sus lágrimas. Vuelto a su escritorio, el
dibujo de una viñeta en un libro de cosmografía, lo 'con-
ducirá' a un barco dirigido por una hermosa ninfa. El
barco descrito con el lujo de metales y piedras preciosas
tan del gusto modernista lo lleva primero a Upernawick
(el mismo de "La última rubia"), donde ve mujeres
"pálidas, esqueletizadas y llorosas" que son las "novias
difuntas que buscan a sus amantes infieles" (168).
El destino del viaje es "el país de la viñeta", y la descripción del lugar otra vez recuerda la imaginativa naturaleza y bellas mujeres pintadas por los prerrafaelistas,
pero con un agregado tono 'siniestro' y 'decadente' tanto
en las flores como en las hembras, como quieren acentuar
mis cursivas:

además de los centauros, faunos, esfinges e hipogrifos,
observé otros muchos seres híbridos; perros cubiertos de
hojas y con las extremidades de aves palmípedas, ser-
pientes con cabezas humanas, salamandras que comen-
zaban por ser campánulas. Había violetas, heliotropos y
camelias que, como mosquitos, *chupaban* no el jugo ó
néctar de las flores, sino *la sangre-savia* de todos aquellos animales ambiguos de ornamentación. En un bosque de tulipanes grandes como hoteles, vi seres humanos que paseaban sobre los pétalos: eran mujeres, las
mujeres más bellas que se puede concebir, envueltas en
tules de rocío hilado. Sus carnes eran como de marfil y
nácar blandos, sus ojos azules dirigían miradas cando-

rosas y angelicales, *sus labios parecían impregnados en la sangre* de las granadas, y sus cabelleras rubias como el Jerez pálido, descendían en apretadas guedejas hasta más abajo de los muslos (170).

Estas adorables mujeres que rodean al narrador con caricias desprovistas de "impudor", despiertan en él un "apasionamiento místico e inefable" (170). Según la guía estos seres angelicales son "mujeres sin sexo", y su amor, el amor del Limbo (170), descripción que recuerda al andrógino o al impotente de otros cuentos, y uno de los tópicos más trabajados del decadentismo.

Al fin de la historia, la ninfa/guía se transforma en la diosa Afrodita, que dice representar con su hermosura "La Forma Pura, la Belleza Inmortal", a la vez que el Amor con todas las energías:

yo soy la eterna pasión con todos sus misterios de placer y de vida. Yo soy el delirio loco de amor de las almas vibrando en los nervios más sutiles y en la más pequeña gota de sangre viva... Ámame, que soy el Supremo espasmo, en la doble ventura de las almas y los cuerpos (171, suspensivos en el texto).

Como se ve, Palma repite la noción vista en sus relatos y en los de Díaz Rodríguez, de que en el amor no existe división entre cuerpo y alma, noción cara a los románticos y que atacan los decadentes. El recuento de las visiones del narrador, inducidas por la droga, muestra su obsesión consciente o inconsciente con la muerte de Leticia. Si por un lado se la ve representando la sífilis, por otro, aunque el rostro de la muerta no se le atribuye a ninguna de las bellas prerrafaelistas, su aparición abre una probable conexión con ellas. Las visiones de las mujeres asexuadas y andróginas, sugieren además miedo al sexo, a la mujer (especialmente la activa sexual), o un velado homosexualismo, o todos ellos, fenómenos que pueden o no estar relacionados con las enfermedades venéreas, o algún problema psíquico.

La ingestión de haschisch, el amor necrofílico, las inusitadas descripciones, y la exaltación de un amor 'morboso' que llega a matar, sin duda constituyen rasgos sobrados para llamar decadentista al cuento[22].

"El príncipe alacrán" está entre los cuentos que Kason llama "fantástico explicado", nombre inaceptable para nosotros porque, como dijimos antes, el hecho fantástico se define por no tener explicación. Aquí, como en el relato recién visto, el suceso 'increíble' es efecto de la droga a que es adicto Macario, su narrador. Después de algunas consideraciones sobre la extraordinaria semejanza que existe entre él y su hermano gemelo, con atisbos que incursionan en el problema del doble, Macario narra el 'sueño' que tuvo, inducido por la morfina. Lo 'perverso' del sueño es una cópula bestial entre él y un escorpión hembra, como castigo por haber matado a su macho, que era rey del grupo. La pesadilla sobre la invasión de escorpiones vengadores produce el efecto de asco y horror que comentábamos en el relato anterior:

> Infinidad de ojillos fosforescentes y bizcos me miraban con fijeza codiciosa. Veía brillar los accidentados tórax á la luz tenue de mi lámpara verde: de las articulaciones y de los pelos salía un sudor rubio, viscoso como la miel. Y las colas se inclinaban hacia adelante ostentando sus púas agudas y ponzoñosas (181).

La invasión de escorpiones, de la longitud de un brazo el más pequeño, cubre el suelo, la cama y las cortinas del cuarto, aterrorizando al narrador, que puede entender por qué desean matarlo. El horror de la descripción sube en el momento de la cópula con la reina que desea un hijo escorpión, con la inteligencia del hombre:

> Y su boca viscosa y deforme se adhirió amorosamente á la mía; y sus tenazas enlazaron mi cuerpo. ¡Oh qué horrible el contacto de esa bestia fría, melosa, áspera, fétida! (186).

La aparición de dos alacranes 'normales' a la mañana siguiente no tiene nada de sobrenatural, puesto que Macario mató uno la noche anterior. El que el personaje crea que son la reina y el hijo que engendró en el sueño (de ahí el título), sólo subraya su carácter 'neurótico', o la persistencia del efecto de la morfina. Fuera del uso de la droga, y de las alucinantes descripciones, hay otro elemento 'decadentista' que justifica la etiqueta para el cuento. Macario tiene su cama rodeada de libros que van desde el clasicismo de la Antigüedad, el Quijote, y el Wilhem Meister, hasta obras esotéricas y otras reconocidas de la literatura decadente:

> Estaban en revuelta confusión los autores más opuestos en inspiración y en épocas: el *Orestes* de Sófocles y una edición antigua de la *Vida de la beata Cristina de Stolhemm*; una edición de 1674 de la *Vida y hechos del Ingenioso Hidalgo* [...] el *Wilhem Meister* de Goethe, y *L'Animale* de Rachilde; las *Disquisitione Magicarum*, de Martín del Río y *Zo'Har* de Mendès; la *Parerga* de Schopenhauer y un ejemplar de la *Justina* del divino marqués (179)23.

Recogidos como ejemplos de cuentos fantásticos, "Los ojos de Lina", y "La granja blanca" son los relatos más divulgados de Palma. Ambos, no obstante, ofrecen excelentes razones para llevar la etiqueta de decadentes, como veremos.

"Los ojos de Lina" sería un modelo de cuento fantástico si su autor no le hubiera agregado una coda final que deshace el efecto y 'explica' el misterio, quitándole con esto la estricta pertenencia al género. Aquí lo examinaremos desde la mira del decadentismo, sin entrar en pormenores de lo "fantástico".

El cuento se inicia con un enmarque que lo ubica en terreno y personajes cosmopolitas. Jym, un marino noruego, va a contar la historia a un grupo de sus colegas, a bordo de un barco con rumbo a San Francisco. Con protestas sobre la veracidad de su narración, Jym describe a Lina, que fue su novia (ahora es su esposa) cuando tenía dieciséis años, y "endiablados" ojos que lo desesperaban. Estos ojos tienen la rara cualidad de mostrar las ideas en forma de "*pequeñas sombras fugitivas coronadas por puntitos de luz*" (73, cursivas en el texto). Para acentuar el efecto inquietante y doloroso de la mirada, el narrador sigue explicando cómo se manifiestan las ideas:

> Esas entidades inmateriales [... salían] por detrás de la esclerótica, cruzaban la pupila y al llegar a la retina destellaban, y entonces sentía yo que en el fondo de mi cerebro respondía una dolorosa vibración de las células, surgiendo a su vez una idea dentro de mí (73).

Ese aprovechamiento de términos 'científicos' se combina con la lírica belleza en la descripción de Lina, muy modernista, pero con notas siniestras que se deslizan subrepticiamente:

> Lina es morena y pálida: sus cabellos undosos se rizaban en la nuca con tan adorable gracia, que jamás belleza de mujer alguna me sedujo tanto como el dorso del cuello de Lina. Los labios [...] eran tan rojos que parecían acostumbrados a comer fresas, *a beber sangre* o a depositar los intensos rubores (73-74, mis cursivas).

La descripción que fracciona a la mujer por partes, se dirige luego a los ojos, bellísimos, de colores cambiantes, pero con ese "puntito de luz" que mortifica a Jym por sus "tonos *felinos* y diabólicos" (75, subrayado del autor). Una clara huella simbolista hay en el intento del narrador de 'traducir' los colores de los ojos: "Sus sentimentalismos de muchacha romántica eran verdes, sus alegrías, violáceas, sus celos amarillos, y rojos sus ardores de mujer apasionada" (75).

Jym confiesa que el médico a quien consulta sobre el caso lo llama "histérico", y aunque él desdeña el diagnóstico, su propio autoanálisis ilumina problemas de su psiquis. El narrador cuenta que su "orgullo" le hace pensar que Lina tiene poder sobre él, por lo que para reclamar "imaginarios fueros", tiraniza a su novia, con sacrificios y exigencias que la hacen llorar (76). Más sincero aún, Jym reconoce que es su "cobardía" la que no puede soportar la mirada de Lina (76). La morbosidad de la relación se explicita cuando el narrador confiesa que, odiando los ojos de Lina, la quiere precisamente por ellos (76). La cobardía del hombre tiene que ver, por una parte (otras seguirán), con el terror que le tiene al matrimonio (77), ¿y a la mujer?. El desenlace de la historia (sin la coda final), tiene el horror de los relatos ya vistos. Lina se arranca los ojos, y se los presenta a su novio como regalo de bodas. Lo 'fantástico' de este hecho, es que los ojos en la caja siguen mirando a Jym "amenazadores y burlones" (81). El feminismo contemporáneo ha contribuído a que se lea este cuento de manera diferente a como se hacía en el pasado. Jean Capello se detiene especialmente en el hecho de que sean las ideas que ve en los ojos lo que perturba al hombre, que ella lee como denotación de su miedo a tener una mujer que piense, que tenga ideas propias[24]. Estamos de acuerdo con esta lectura y queremos añadir a su base misógina, que a Jym le molesta no sólo la parte 'intelectual' de Lina, sino aspectos de su fisiología. Así, después de describir ese punto ocular diabólico, agrega que también le perturban:

> Los hervores de la sangre de Lina, sus tensiones nerviosas, sus irritaciones, sus placeres, los alambicamientos y juegos de su espíritu, se denunciaban por el color que adquiría ese punto de luz misteriosa (75).

Leído de esta manera, el cuento resulta visiblemente contemporáneo. Detrás de la sumisión de Lina, se oculta el poder de la mujer sobre él, que disgusta al hombre. El terrible sacrificio que deja ciega a la muchacha, no borra la "irónica sonrisa" que tiene al darle los ojos al novio. Metafóricamente, entonces, la joven entrega a Jym el medio más eficaz para adquirir las ideas, pero la persistencia de la burla en los ojos sugiere que podría obtenerlas de otra manera. En otras palabras, lo que se cuenta es el juego de poder entre los sexos. Que esto es así, lo ratifica hasta la coda final, en que Jym declara que ninguna haría tal sacrificio (todo fue un invento suyo), pues la mujer primero le arrancaría los ojos al hombre (81). La calidad de la prosa, mucho más económica y precisa que en otros relatos, se puede apreciar en el siguiente párrafo, que se adelanta con su metafórica visión, a algunos de los descubrimientos surrealistas:

Se me ocurría comparar los ojos de Lina al cristal de la
claraboya de mi camarote, por el que veía pasar, al ano-
checer, a los peces azorados con la luz de mi lámpara,
chocando sus estrafalarias cabezas contra el macizo
cristal, que, por su espesor y convexidad, hacía borrosas
y deformes las siluetas. Cada vez que veía esa parranda
de ideas en los ojos de Lina, me decía yo: ¡Vaya! ¡Ya
están pasando los peces! Sólo que éstos atravesaban de
un modo misterioso la pupila de mi amada y formaban
su madriguera en las cavernas obscuras de mi encéfalo
(73).

"La granja blanca" sin duda califica como cuento fantástico, y tiene una clara huella de Poe en su construcción, según Aldrich (186, nota 19)[25]. Con una base filosófica –el narrador ha leído a Hegel, y se considera ultra-
kantiano–, el relato empieza con interrogaciones metafísicas acerca de lo que es real, y sobre la vida y la muerte.
Como Leal ha señalado, este cuento se adelanta a las disquisiciones borgianas entre sueño y realidad (65), y agre-
gamos, a las que igualan filosofía y ficción.
    Contrario a las relaciones misóginas de otros relatos, la
pareja central del narrador y Cordelia parece vivir un
idilio perfecto. No obstante, los indicios sobre la 'rareza' de
Cordelia se dan desde temprano, sobre todo con la mención del cuadro "La resurrección de la hija de Jairo" (subrayado en el texto), clave que apunta al meollo de la historia. El suceso imposible de que la joven muera, y luego
viva por dos años, e incluso conciba una hija, fluye irre-
prochable porque el cuento propone una intervención divina o diabólica para el 'milagro'. Pero el relato se torna
francamente decadentista, en el sentido negativo, con la
crueldad y el horror del final. Al desaparecimiento de Cordelia, después de dos años de feliz matrimonio (se cumplió
el plazo fatal), le sucede la carta confirmatoria de que
efectivamente había muerto dos años atrás. Más espeluz-
nante es la muerte de la niña, estrellada contra las piedras, por el profesor ¡filósofo! La explicación para este acto
terrible, es explícita: el profesor desea impedir el incesto
entre padre e hija que, el narrador confirma, está dispuesto a cometer (147). El horror se duplica con detalles maca-

bros, como el ruido de los lobos al comer el cadáver de la niña. Como si esto fuera poco, el narrador incendia la granja blanca, y enuncia casualmente la última frase del texto: "Olvidaba decir que cuando incendié la Granja, estaba dentro la pobre vieja sorda" (148). El recuento de la historia ya ha aludido a sucesos que caben en el repertorio decadente –necrofilia, incesto, asesinato, diabolismo–, pero hay otros rasgos que refuerzan esa afiliación. Por ejemplo, en el retrato que Cordelia pinta de ella misma se observa:

> el reflejo sugestivo de su alma, ese algo voluptuoso y trágico, esa chispa de amor y de tristeza, de pasión infinita, de misterio, de idealismo extraño (136).

El encanto de la mujer, aumentado con su enfermedad (en este caso malaria), que a los ojos del narrador la hace aparecer como "una gran flor de lis nacida en las junturas de la tumba" (129), acrecienta también su pasión. Como en "Flor de voluptuosidad" de Díaz Rodríguez, esta enferma es amante ardorosa y exaltada. Aunque justificado por el plazo fatal, véase cómo ese ardor tiene la voracidad de un vampiro:

> Y ese día nuestro amor fue una locura, un desvanecimiento absoluto; Cordelia parecía querer absorber toda mi alma y mi cuerpo. Y ese día nuestro amor fue una desesperación voluptuosa y amarga [...] Fue como la acción de un ácido que nos corroyera las entrañas. Fue una demencia, una sed insaciable, que crecía en proporción alarmante y extraña. Fue un delirio divino y satánico, fue un *vampirismo* ideal y carnal, que tenía de la amable y pródiga piedad de una diosa y de los diabólicos ardores de una alquimia infernal (137, mi cursiva).

Otra vez, creemos que en este cuento hay un subtexto en que se asoma el temor del hombre a la sexualidad de la mujer, temor que se confirma en el cuento "Vampiras", que Palma agregó a la segunda edición de *Cuentos malévolos* (1913).

Todorov comenta que el amor con vampiros o con muertos que regresan a la vida es usual en la presentación del fenómeno de la necrofilia, y está relacionado con el deseo sexual excesivo (137). El deseo sexual es claramente el resorte que mueve el vampirismo de la novia en "Vampiras". Esta historia, que se desarrolla en un hogar 'normal' entre gentes 'normales', difiere de las clásicas en el género por tener un final feliz: el novio cura a la novia de su vampirismo casándose con ella. Considerada la fecha de su primera publicación (1906), resulta audaz considerar como 'normal' el apetito sexual de la joven. Es el médico el que dice al novio:

> No debes tener ninguna idea depresiva sobre tu novia [...] porque es pura como los ángeles. Lo que hay es que no porque sea pura, inocente y buena, deja de ser mujer, y como tal tiene imaginación, deseos, ensueños y cálculos de felicidad; tiene nervios, tiene ardores y vehemencias naturales, y sobre todo, te ama con ese amor equilibrado de las naturalezas sanas. Son sus deseos, sus curiosidades de novia su pensamiento intenso sobre ti, los que han ido á buscarte anoche (226)

Este médico se asemeja a los 'sabios' de *Las fuerzas extrañas* de Lugones, pues aunque es hombre de ciencia, cree en el vampirismo, y hasta presenció un ataque de vampiras a un joven paciente. La descripción de la acción de estas mujeres, "hambrientas de sangre y de placer", es inusitadamente provocativa, y su efecto es obvio sobre ellas y el joven:

> La primera [...] le besó rabiosamente en la boca; luego con una contracción infame de sus labios, cogió entre los dientes el labio inferior de Hansen y le mordió suavemente, y siguió succionando su sangre, mientras su cuerpo se agitaba diabólicamente [...] otra se sentó en el suelo, y con la punta de la lengua [...] se puso á acariciar la planta de los pies de Hansen. Estos contraíanse como electrizados. Otra, siniestramente hermosa, se arrodilló en la cama.y con la espina dorsal encorvada [...] adhirió su boca al pecho de Hansen: parecía una hiena devorando un cadáver (222).

CLEMENTE PALMA 199

Las caricias hacen que el joven se retuerza con "deses-
peración loca que tanto podía ser la contracción de un placer agudo ó de un violento dolor" (222), escena que acentúa el tópico de la dialéctica entre goce/dolor y vida/muer-
te tan trabajado por el decadentismo. Se habrá observado que la fuerza de los pensamientos
y deseos de la novia se asemejan a la establecida por algu-
nos 'sabios' de Lugones que creían que el pensamiento
puede "exteriorizarse" (hacerse materia, decía el argentino). En el caso de esta joven, su pensamiento fijo en el
amado "vive" y "obra", es energía "latente e inconsciente"
cuyas leyes "son aún misteriosas" (226). La diferencia
aquí está en que el pensamiento es deseo sexual, mientras
que en los relatos de Lugones rara vez se da importancia
al sexo[26].

* * *

Entre los ocho relatos que Palma agregó a la segunda
edición de *Cuentos malévolos* aparece "Las mariposas" que
Nancy Kason con razón juzga como manifiesto de su "arte
poética" (31). Ese manifiesto es un preámbulo al cuento
mismo, y revela la autoconciencia de Palma sobre su escritura. El peruano llama "amargos" a sus cuentos, nacidos
de su "escepticismo desconcertante" y su "bonachona ironía" (267). Como verdadero decadentista, Palma ve belleza en "la perversidad, en la tristeza, en la amargura en
los desalientos y fracasos humanos". Lo que dice de sus relatos no sólo es una apropiada caracterización para los
que hemos leído, sino para muchos de los mencionados en
esta sección:

> Esos cuentos inspirados en los bajos fondos del espíritu
> humano son los únicos que sé hacer, cuentos de pasio-
> nes complicadas y anormales, cuentos de fantasía des-
> carriada, de ironía amarga y resignada (268).

Así, de los cuentistas vistos, es Palma el que quizás esté más próximo en sus relatos a los rasgos reprobados del decadentismo que esbozamos en la introducción a este capítulo. La visión en todos ellos es pesimista, escéptica de la naturaleza humana y del mundo en general. Contrario a la luminosidad y brillantez que prima en la mayoría de las prosas de Darío y de otros modernistas, en Palma prevalece la obscuridad en interiores de luz velada, o en paisajes de naturaleza moribunda. La nota sombría se acomoda bien a los asuntos que cultiva: necrofilia, bestialismo, adicción a la droga, refinado sadismo, o rendido masoquismo. Los personajes que 'viven' estos problemas, se ajustan al patrón del decadente: sufren de hastío, son indiferentes o insensibles al dolor que causan, buscan sensaciones nuevas, y en su egotismo o en su debilidad son refinados exploradores de sí mismos.

Palma, más que Díaz Rodríguez, cuida que la estructura de sus cuentos tenga un ceñido diseño, atento al suspenso, y a la elaboración de momentos culminantes. Su discurso, más preciso y económico que el de otros modernistas tiene, como vimos en las citas, momentos reminiscentes del arte borgiano, en que la belleza del lenguaje va unida a conceptos serios, muchas veces metafísicos.

Como en el caso de Díaz Rodríguez, las narraciones de Palma muestran también ricas redes intertextuales, humor —muchas veces paródico— y finos análisis, psicológicos a través de la autorreflexión de los personajes, o literarios en perceptivos metacomentarios.

NOTAS

I. A MANERA DE INTRODUCCIÓN /CONCLUSIÓN.

1. Los muchos estudios que han tratado estas cuestiones han sido citados tantas veces, que es innecesario repetir. Luis Íñigo Madrigal tiene una lista de 355 trabajos pertinentes –sin contar las antologías– en su "Bibliografía del modernismo hispanoamericano", en *Historia de la literatura hispanoamericana: Del neoclasicismo al Modernismo*, (II volumen), Madrid: Cátedra, 1982, 549-599. No están en ese listado por ser posteriores, los muy útiles textos de Ivan Schulman *Nuevos asedios al Modernismo* (Madrid: Taurus, 1987) y (con Evelyn Picon Garfield) *Las entrañas del vacío: ensayos sobre la modernidad hispanoamericana*, México: Americanos, 1984. El libro de Fernando Burgos *La novela moderna hispanoamericana (un ensayo sobre el concepto literario de la modernidad)* (Madrid: Orígenes, 1985), resume las disputas y los problemas discutidos en torno al Modernismo, y trae una copiosa bibliografía.

2. Soy consciente de la extremada simplificación que hago en este asunto. Por ejemplo, en cuanto al narrador, según los niveles de la estructura puede ser heterodiegético (fuera de la historia), aún dentro del mundo ficticio como totalidad. Me doy cuenta además de que una tercera persona gramatical no narra puesto que sólo la primera puede enunciar. Sobre estos problemas, véase el capítulo sobre "La semiotización del espacio enunciativo" en *Elementos para una teoría del texto literario* de Walter Mignolo, Barcelona: Editorial Crítica, 1978.

3. Howard M. Fraser sostiene que la ficción modernista es literatura acerca de la literatura y que los escritores hispanoamericanos modernistas representan la primera generación más autoconsciente del contexto literario que del político

("self-conscious about literature rather than the political context") en *In the Presence of Mistery: Modernist Fiction and the Occult*, North Carolina Studies in Romance Languages and Literatures, 1992: 48. Para nosotros es claro que la autoconsciencia literaria no quita que exista la política, como se evidencia en los textos que estudiamos.

4. Las citas de ensayos críticos de los modernistas –a menos que se nombre otra obra en la cita misma– provienen de *El modernismo visto por los modernistas*, editado por Ricardo Gullón, Barcelona: Guadarrama/Punto Omega, 1980. Las citas de los cuentos de Darío son de *Cuentos Completos*, edición de Mejía Sánchez. Las de *Cuentos malévolos* de Palma y *Confidencias de Psiquis*, de Díaz Rodríguez, tienen fichas bibliográficas completas en las Obras Citadas.

5. Estudiamos diferentes definiciones de decadentismo, y la influencia de *Degeneración* de Nordau en la acepción negativa del término, en el último capítulo.

6. La apreciación del trabajo humano como asunto digno de la poesía es sin duda 'moderno', como lo es también la responsabilidad y el orgullo de la obra bien hecha, ya no inspirada por Dios, sino consecuencia del esfuerzo, del entrenamiento, de la técnica. Como dice Darío en "Los colores del estandarte", a propósito de los "verdaderos decadentes de Francia", para ser como ellos, "hay que saber mucho [...] estudiar mucho" (53).

7. La descripción de Gutiérrez Nájera del segundo cuadro, recuerda la pintura no representativa contemporánea. Después de decir que el segundo cuadro "deja mucho que desear como fiel imitación", continúa: "hay acaso algún león con peluca y algún elefante que tiene grandes narices en vez de trompa..." (174).

8. Sonia Mattalía tiene un perceptivo estudio sobre el narrador de *Azul...* en "El canto del 'aura': Autonomía y mercado literario en los cuentos de *Azul...*", *Revista de Crítica Literaria Latinoamericana* XIX, 38 (1993): 279-292.

II. Manuel Gutiérrez Nájera

1. Ejemplo de corte de coda es la supresión de la postdata en "Los tres monólogos del marido". Para hacer justicia a la encomiable labor de Mapes, hay que acentuar el hecho de que, como él explica, muchos de estos 'cuentos' formaron parte de artículos semanales que se publicaban bajo un título general ("Memorias de un vago", "La vida en México", o "Crónicas de color", por ejemplo). Es decir, hay cuentos que al extraerlos del artículo general no tienen título propio (circunstancia que apoya su origen como no-cuento), a los que Mapes dio nombre. Por otro lado, el crítico cambió ciertos títulos por otros que consideró más "distintivos" o "característicos" ("Cosas del mundo: Después del coleadero" a "El desertor del cementerio", p. 45; "Crónica escandalosa: Infraganti delito" por "Alberto y Luciana" p. 85, por ejemplo).

2. Siguiendo los parámetros sugeridos por Aníbal González, calificaríamos como crónicas los siguientes relatos publicados como cuentos, tanto por Mapes como por Monterde: "En el hipódromo", "La hija del aire", "Tragedias de actualidad", "Los amores del cometa", "En la calle", "Stora", "Balzac en Scarpento", "Juan Lanas", "Después del 5 de mayo", "La hija del aire", "Cuento triste", y "El sueño de Magda". No listamos los que Mapes considera bajo "Otras Narraciones", ni algunos que mencionaremos en el cuerpo de nuestro trabajo.

3. Pupo Walker reproduce en la página 5 de su artículo una cita de José F. Montesinos sobre el relato de costumbres que parece muy apta para caracterizar algunas de las narraciones de GN: "se nota en ellos defectos casi siempre imputables al costumbrismo: un cierto desenfoque, una flojedad de contornos debida a que el autor se complace más en mostrar el *modo de estar* que *el modo de ser* de sus personajes" (subrayado en la cita). Relatos de costumbres podrían llamarse todos aquellos de GN que tienen un objeto personificado como actante central, que se usan como medio para hacer crítica social ("Historia de un paraguas", "Historia de un dominó", "Historia de un peso bueno", "Historia de un pantalón" o "Casi veinte años después".

4. La cita muestra el descuido del autor al escribir primero la desaparición de las alas, y luego hacerlas aparecer nueva-

mente. Este desliz afirma en cierta manera el origen del relato como crónica, ya que se sabe Gutiérrez Nájera las escribía con rapidez, azuzado por los editores.

5. En adelante pondremos *entre paréntesis* el título y la fecha de publicación del relato, de acuerdo con la edición de Mapes. En cuanto a las fechas de publicación, hay discrepancias entre las ediciones de Mapes y Monterde, problema que requeriría consultar la publicación original, que no podemos emprender.

6. La edición de Mapes suprime el párrafo preliminar, con lo que elimina uno de los marcos (p. 52). Ambos editores, a su vez, suprimen el párrafo final, lo cual confirma que el relato se escribió como crónica (menciona a los generales Díaz y González, por ejemplo, y metadiscursivamente se llama "crónica"). Aún con todo el respeto debido al autor, el corte de este fin se ve como razonable para considerar el escrito como cuento. La coda final no agrega nada a la 'historia'.

7. Como se ve por la última cita, otra vez el texto revela su origen como crónica. Al considerarlo como cuento, no sólo se ilustra el límite fino entre ambos géneros, sino las vacilaciones de los propios productores que buscaban maneras más renovadas. Como cuento o como crónica, esta prosa parece más sofisticada que lo que se estilaba en la época.

8. El escepticismo en el amor y en el matrimonio lo sugiere la elipsis del siguiente pasaje:

> Julia, ¿te acuerdas? la escéptica, la desengañada Julia, aquel Voltaire con faldas que tú y yo conocimos en el invierno pasado, aquella que juró... ya, ya te acuerdas (157, puntos suspensivos en el texto).

Al decírsenos luego que a los dos meses de casada Julia había jurado un "odio inextinguible al santo estado" se llena un vacío de la elipsis. El del amor, puede sugerirlo su apartarse de la vida social para visitar a su tía.

9. La edición de Mapes apartó una sección que tituló "Adaptaciones e Imitaciones". Respecto a "La venganza de Milady" aclara que se adaptó de "Le vengeance de Milady", de *Les folies amoureuses* de Catulle Mendès (1877). Tanto Mapes como Monterde suprimieron la nota preliminar y la postdata, reproducidas en nota por Mapes (p. 415).

10. El subtítulo de este cuento es "Imitación". Mapes explica que no pudo hallar la fuente de la adaptación (458). A nosotros nos parece, más importante que la génesis, la vociferante sátira que se hace al predominio de lo económico en la época.

11. Christine Brooke-Rose en *A Rethoric of the Unreal* analiza el cuento de Irving, como ejemplo de relato en que los códigos de acción y hermenéuticos están sobredeterminados. Y así parece ser: El texto norteamericano ofrece menos enigmas que el mexicano. Se sabe que la ausencia de Rip duró 20 años, Rip es reconocido por su hija, y termina feliz acogido por su familia.

III. RUBÉN DARÍO.

1. De 1886 es "Mis primeros versos" que calificaría como crónica autobiográfica. En ella se cuenta paródicamente los esfuerzos de un autor primerizo para que se lo publique, y luego, para soportar las críticas negativas. Es destacable aquí la distancia que un Darío tan joven puede poner entre él y su labor, y el ojo crítico que usa para burlarse de las ínfulas de un proto-escritor, al que probablemente dotó con sus propios rasgos.

2. De *Cuentos completos de Rubén Darío* citaremos el número de páginas, y a veces las notas hechas por Mejía Sánchez. En la introducción de esta edición, Raimundo Lida dice de "Las razones de Ashavero" que es "uno de los relatos más débiles de Rubén" por su "lenguaje de lección abstracta y su tesis simplona" (LXIV). Quizás la razón de esa debilidad sea precisamente su naturaleza de no-cuento, problema en el que no entra el crítico. Sobre el estudio de Lida, sigue siendo fundamental en lo que atañe a los recursos estilísticos de los cuentos, lo que nos dispensa de entrar en ellos, a menos que sea pertinente.

3. "Esta era una reina" (1892) es obviamente una crónica (de la visita de la reina de Portugal a España), pero interesa recordar que en la publicación periodística Darío firmó como Des Esseintes, personaje central de la novela *À rebours* de Huysmans y máximo representante del héroe decadente. Este dato revela el interés de Rubén por esa vena, como lo demostrará luego en *Los raros*. De "Gerifaltes de Israel" Lida dice que sin su intención metafórica no pasaría de ser "una periodística crónica de viaje" (IX). Por el riesgo de que esta crónica se lea como antisemita, Mejía Sánchez recuerda en nota que Darío dijo sus "grandes simpatías por esa combatida raza, tan desgraciada y tan poética", (319, nota 2).

4. Este tipo de enmarque fue muy usado en el relato decimonónico, como muestra B. K. Frederick para el "fantástico" y el del Cono Sur en "The Conventional Structure of the Fantastic Short Story: Nineteenth-Century Argentina and Uruguay", *Hispanic Journal* 9, 2, Spring 1988: 119-128.

5. Conocidos son los prefacios a *Prosas profanas y otros poemas* y a *Cantos de vida y esperanza*, entre otras manifestaciones darianas de su independencia.

6. El material autobiográfico de "Palomas blancas y garzas morenas" ha sido minuciosamente estudiado por María A. Salgado en "En torno a Rubén Darío, la literatura intimista y el preciosismo verbal", *Explicación de textos literarios*, XIX, 1, 1990-91: 95-111. El estudio de Achugar "El fardo de Rubén Darío: receptor armonioso y receptor heterogéneo" apareció en *Revista Iberoamericana*, 137, octubre-diciembre 1986: 857-874.

7. Para la noción de colección de relatos integrados, véase el capítulo cuarto de la segunda edición de mi *En torno al cuento: De la teoría general y de su práctica en Hispanoamérica* (Buenos Aires: D. Albero Vergara, 1993). Salomon ve a Chile, especialmente a Santiago, como el trasfondo histórico y geográfico de estos cuentos, pero se apoya en fuentes biográficas para probarlo, y no en los textos mismos. Fuera de "El fardo", los cuentos no tienen indicios espaciales de referentes 'reales', a menos que sea París.

8. Como es sabido, muchos de los cortes espaciales en los relatos de la época tenían como causa las exigencias editoriales de espacio en los periódicos y revistas. Este fenómeno es mucho más visible en Gutiérrez Nájera que en Darío, quien tiende al cuento más breve que el mexicano.

9. Sin nombrarlo, pero aludiéndolo, el poeta rechaza el romanticismo al decir, entre otras cosas, "He roto la espada adulona de las cuerdas débiles [...] he arrojado el manto que me hacía aparecer histrión o mujer" (57). Lo mismo con el naturalismo y/o el decadentismo (en el último capítulo veremos cómo se confunden estas dos tendencias): "He abandonado la inspiración de la ciudad malsana, la alcoba llena de perfumes, la musa de la carne que llena el alma de pequeñez y el rostro de polvos de arroz". Aún más, ciertas frases sugieren que incluso rehúye el arte parnasiano, que en otros textos dice admirar: "¡Señor!, el arte no está en los fríos envoltorios de mármol, [...]" (57). En cuanto a Martí, en sorprendente analogía con algunos principios estéticos del cubano, el cantor quiere ser "pujante" y anuncia "el tiempo de las gran-des revoluciones" como se verá en la próxima cita.

10. Fidel Coloma González, en "La imitación como base del proceso creativo en *Azul...*", estudia las diferencias entre "El jardín de las almas jóvenes", del francés, que según él es cuento "de espiritualidad desvaída" que contrasta con el sentido crítico "claro y robusto" de Darío (166).

11. La diferencia más obvia está en las formas verbales. Así en la primera aparición, Berta en verbo elidido pero implícito, *es*

fresca, luminosa, etc. En la segunda, Berta *"llegó a estar"* fresca "como una rama de durazno en flor". En la tercera versión aparece "fresca como un alba"; y en las dos últimas se ve al sintagma del comienzo, porque es claro que la niña se ha curado.

12. Decimos incipiente, porque Garcín es demasiado ingenuo e idealista para calzar en el patrón del decadente quien, como veremos en el último capítulo, tiene otros rasgos que lo hicieron aparecer como personaje negativo.

13. En la edición hecha por Antonio Oliver Belmás para *Azul...* (Porrúa, 1981), esta última frase aparece como "He *aquí* el poema" (46, énfasis mío), seguido de un blanco, lo que hace confuso el sentido. Hemos comprobado muchos errores en las diversas ediciones de los cuentos de Darío. La que hizo Mejía Sánchez, aunque incompleta (por los textos hallados posteriormente), es la mejor, pero su acceso difícil urge su reedición.

14. Otra vez no concordamos con el juicio de S. Mattalía de que el narrador ridiculiza la figura del poeta en el "loco" Garcín, "ejemplo de bohemia marginal" (286). Marginales son todos los artistas en *Azul...*, y la nota melancólica de este cuento se aviene poco con la idea de ridiculizar, más aún si se piensa en "la significación vital" que según el mismo Rubén quiso dar a esta obra.

15. Mattalía coloca a Orfeo entre los poetas 'ridiculizados' por el narrador, apoyándose en la última frase del texto (286), con lo que disentimos por las razones dadas en nota 14, y en nuestro texto, a propósito de "El pájaro azul".

16. Desde la mira del feminismo contemporáneo, el retrato de Susette puede verse como adoleciendo de excesiva 'objetificación'. Ella es para Recaredo "joya humana" que habita en un "estuche", y luego se la describe como "avecita" cuyo dueño es Recaredo. Este retrato, no obstante, debe equilibrarse con la acción subversiva de la joven al romper la estatua, tan apreciada por el artista.

17. Entre las prosas poéticas, de tipo legendario, nos parece que "La pesca" es digna de figurar en las antologías de la prosa modernista. Aunque Mapes la incluyó en la sección "Poesías", no es un poema, como lo es "Gesta Moderna", de la misma sección. De inspiración cristiana, el discurso de este relato aparece dividido en dos planos: el primero a cargo a un narrador personalizado (músico), y el segundo en tercera persona, que en letra cursiva y entre paréntesis se refiere a

una pobre familia de pescadores. La tempestad que rompe la barca y la lira del cantor, y amenaza la cena de los pobres, es calmada con la venida de Jesús (implícito, no nombrado directamente). Al final, el narrador aparece en el paréntesis de letra cursiva, para descubrir "las huellas de (los) divinos pies descalzos". La imagen que cierra la breve narración, a nuestro juicio, eleva el relato a rango de primera calidad, por el matiz de misterio que evoca:

> ¡Oh, qué rica cena! El pescador fumaba su pipa, mientras la lira sagrada cantaba; la mujer hilaba en la rueca; y el niño jugaba al calor del hogar, con dos grandes anillos –huesos restantes del pez Saturno (251).

18. "La estatua de sal" se publicó el 17 de mayo de 1898, en La Tribuna de Buenos Aires (Lugones: *Cuentos fantásticos* ed. Pedro L. Barcia, 1987: 115), pero el libro *Las fuerzas extrañas* vio la luz en 1906. La "Historia de Psiquia" apareció en Madrid el 12 de mayo de 1906, de acuerdo a nota de Mejía Sánchez (p.280). En el cuento de Darío se hace más claro que en Lugones el 'misterio' que desean conocer tanto la mujer de Lot como la princesa, el cual tiene que ver con la muerte y/o el Más Allá.

19. La ceremonia descrita en la cita recuerda a la que Darío presenta en "Huitzilopoxtli", relato de 1911 que veremos en la sección dedicada a sus cuentos fantásticos. En el examen de este cuento no entramos en la cuestión –estudiada en su poesía– de la representación de Psiquis como el alma del poeta.

20. Tzvetan Todorov. *The Fantastic: A Structural Approach to a Literary Genre*. Cleveland: The Press of Case Western Reserve University, 1973. En el próximo capítulo sobre Lugones dicutimos el concepto de lo "fantástico" y citamos otras fuentes que nos ayudaron a esclarecerlo.

21. La edición de Jiménez que usamos, suprimió un preámbulo inserto en "La extraña muerte de Fray Pedro" como se llamó "Verónica" en la versión de 1913. Este preámbulo importa porque desde sus primeras líneas se afirma que Pedro "fue uno de los vencidos por el diablo", y "el demonio moderno (se) escuda con la ciencia". (325)

22. Enrique Marini-Palmieri ha rastreado las fuentes teosóficas de este cuento en *El modernismo literario hispanoamericano: Caracteres esotéricos en las obras de Darío y Lugones*. Buenos Aires: García Cambeiro, 1989: 57 y siguientes.

23. El marco de la tertulia se usa también en "La larva" de 1910, cuento de poco relieve, más bien realista que fantástico. La horrible mujer que el adolescente Isaac Codomano dice que vio en una noche oscura, es de existencia posible, pero sus rasgos espantosos pueden ser producto de la imaginación y del miedo del joven, quien confiesa haberse criado oyendo cuentos de aparecidos, fantasmas y duendes (67). Anderson Imbert utiliza el texto para reflexionar sobre el carácter de Darío (232- 233).

24. El retrato es el de la madre de James Leen. Es conocida la admiración de los modernistas por la pintura prerrafaelista. Esta pintura figura centralmente en la novela *De sobremesa*, de José A. Silva, y paródicamente en algunos textos decadentistas, como veremos en el último capítulo.

25. Estos principios aparecen así: "Grupa, jiba, linga, sharita, kama, rupa, manas, buddhi, atma, que significan: el cuerpo, la fuerza animal, el alma humana, la fuerza espiritual y la esencia espiritual" (45).

26. Como se sabe, el coronel H. S. Olcott, con Elena Petrovna Blavatsky fundaron la Sociedad Teosófica de América, en Nueva York, en 1875.

27. El narrador tiene un amigo que es "teniente en las milicias revolucionarias", y llama a Pancho Villa "el guerrillero y caudillo militar formidable" (81). El yanki Mr. Perhaps no hace nada para merecer la muerte, excepto representar a su país. La versión publicada por Jiménez suprimió un sintagma final que viene en el libro de Roberto Ibáñez, *Páginas desconocidas de Rubén Darío* (Montevideo: Marcha, 1970: 220-225). La frase suprimida, a nuestro juicio, agrega un elemento de terror, y reafirma la posibilidad de que el rito ocurra en la historia. La frase dice: "Vino a mi cerebro, como escrito en sangre: Huitzilopoxtli" (225).

IV. LEOPOLDO LUGONES.

1. Rubén Darío en su *Autobiografía* se refiere al interés suyo y de Lugones por el esoterismo, y cuenta la visita que ambos hicieron a Papus en París (Eudeba, 1968: 127). Por su parte, el hijo de Lugones, en el prólogo de *Cuentos fatales* (Huemul, 1967), dice que su padre estudió "las ciencias ocultas" desde la adolescencia, que luego entró de "novicio" en la teosofía, y se relacionó con Helena Blavatsky y el coronel Olcott (20).

2. Pedro Luis Barcia ha editado de Leopoldo Lugones: *Las Fuerzas extrañas* en 1981, *Cuentos desconocidos* en 1982, y *Cuentos fantásticos* en 1987, con valiosos estudios preliminares, notas y bibliografía. En este trabajo, al referirnos a Barcia, lo haremos por las fechas de sus ediciones.

3. Citamos de la cuarta edición de *Las fuerzas extrañas*, publicada en Buenos Aires por la Editorial Huemul en 1966, con un estudio preliminar y notas de Lugones hijo. Todas las citas serán de esta edición.

4. En *Leopoldo Lugones,* Borges se refiere al "Ensayo" como si fuera parte separada del resto de los cuentos. De algunos de éstos sostiene que se cuentan entre las páginas "más logradas de las literaturas de lengua hispana" (1955: 71-72). Tanto Robert Scari como P. L. Barcia acentúan la independencia de los relatos, a la vez que insisten en su relación con el "Ensayo".

5. El libro de Roggero ha tenido muy poca difusión (Barcia no lo menciona en sus bibliografías). Especulamos que quizás esto se deba al subtexto político que se transparenta (¡La Argentina de los setenta!), y la curiosa sensación de que el autor es creyente de las doctrinas esotéricas.

6. Específicamente nos referimos a la abundante riqueza de las imágenes y al efecto que produce la conjunción de vocablos que recuerda la manera barroca. Wylie Sypher en *Rococo to Cubismo in Art and Literature* (New York, Vintage Books, 1960), relaciona el Art Nouveau con el arte barroco y la ciencia (4, 163), y acentúa la influencia del esoterismo tanto en el Nabi como en el Art Nouveau (221). En su estudio sobre Lugones, Borges afirma a su vez que la búsqueda de lo nuevo e inesperado lleva a su compatriota a "ser barroco" (30), y menciona

varias veces el barroquismo en la obra lugoniana (46, 52, 69). No hay que olvidar, sin embargo, que éste es uno en la gran variedad de estilos que practicó el autor.

7. En el estudio preliminar de su edición de *LFE*, Barcia clasifica como ficción científica a "La fuerza Omega", "La metamúsica", "Viola Acherontia", "Yzur", y "El Psychon" (11). En su edición de *Cuentos fantásticos* incluye como tales a "El milagro de San Wilfredo", "La estatua de sal", "La lluvia de fuego" y "Los caballos de Abdera", admitiendo que también pueden llamarse "milagrosos" de acuerdo con la clasificación de Todorov. En cuanto a "El escuerzo", "Un fenómeno inexplicable", y "El origen del diluvio", que también serían fantásticos según Todorov, la edición de *Cuentos fantásticos* sólo trae el primero.

8. Además de estos autores, cuyas obras citamos en la bibliografía, me resultaron de utilidad los trabajos de Félix Martínez Bonati sobre el concepto de ficción en *La estructura de la obra literaria*, Barcelona: Seix Barral, 1972; y "El acto de escribir ficciones", *Dispositio*, III, 7/8, 1978: 137-144.

9. La rigidez del patrón elaborado por Speck la lleva a apartar "La lluvia de fuego", "El origen del diluvio", y "Los caballos de Abdera" porque tienen un "protagonista anónimo o colectivo" (442). La caracterización del narrador en este modelo tampoco es justa ya que lo ve como "pasivo e ineficaz", "escéptico y poco inteligente" (442). Aunque hay ciertas semejanzas entre los diversos narradores, también hay diferencias, como diferente es la distancia entre él y el 'sabio' en cada relato.

10. El efecto del experimento no se describe como terrorífico o trágico. Al contrario, hay en este pasaje una marcada nota de humor. El narrador recuerda que "en medio de la risa [lo] asaltaban ideas de crimen entre una vertiginosa enunciación de problemas ¡matemáticos!" (145, mi exclamación). Aunque luego informa que "el pensamiento puro" que habían absorbido era "el elixir de la locura", tal locura aparece más como una travesura que sería insania.

11. El castigo que afirman los críticos (Speck, Jensen, Barcia) es explícito en el final que tuvo el cuento en su primera versión. Según el recuento de Barcia, en esa versión el gas mata a Paulin, quien antes de morir advierte que el psychon "es el más violento de los venenos" (1981: 124).

12. El 'sabio' menciona la onda hertziana, el rayo Roentgen, y nombres de científicos como Fourier, Tyndall y Koening, anotados por Lugones hijo (196). Además de alusiones a fenó-

menos relacionados con la luz, la electricidad y el sonido, hay una extensa explicación sobre el número de vibraciones de las ondas sonoras, comprobadas por la ciencia de la época.

13. La lectura de Barcia apoya esta ambigüedad al proponer dos interpretaciones para el final de este relato. La primera vería la muerte del sabio como castigo por haber pretendido manejar la fuerza. La segunda hipotetiza una voluntaria autodestrucción porque el experimentador sabe que su invento "como arma sería espantoso" (1981: 16).

14. Fuera de las nociones numéricas en conexión a la música, de proveniencia pitagórica, el inventor se inspira en el descubrimiento de la fotografía en colores de Lippmann (87), y reproduce dos párrafos de la *Chimie Nouvelle* de Louis Lucas sobre la relación entre ciertos productos químicos y la sonoridad (85).

15. Speratti los separa por considerar que "oscilan entre lo científico y ciertos planos lindantes con la filosofía" (1957: 4-5). Barcia a su vez separa "El origen del diluvio" y "Un fenómeno inexplicable" porque son "cuentos metapsíquicos, parapsicológicos o paranormales" (1981: 11).

16. Como es sabido, Borges discurre sobre la existencia de una flor soñada en el mundo 'real', asunto sobre el que Coleridge había escrito ("La flor de Coleridge". *Otras inquisiciones*. Buenos Aires: Emecé, 1966, 19-23). Cortázar elabora en la mayoría de sus relatos el fenómeno de la irrupción de lo irreal en el mundo cotidiano ("Continuidad de los parques" es quizás el ejemplo más conocido).

17. Scari ve como rasgo recurrente en los relatos científicos un "matiz satírico-burlesco" que atribuye a una "predisposición espiritual del autor hacia el escepticismo" (164, nota 4). En otro lugar, el crítico cree ver "una especie de alusión satírica a la burguesía moderna" (184). Estamos de acuerdo en lo del matiz burlesco, pero sin extenderlo a todos los cuentos. En cuanto a la sátira a la burguesía, es rasgo característico de la escritura modernista, y la de Lugones no es excepción.

18. Este pasaje sugiere la pertinencia de referirse a la posición de Lugones hacia la religión católica. Como se sabe, en su juventud se dijo ateo y anarquista, pero terminó abrazando el catolicismo y la política conservadora. Roggero afirma que Lugones "incomprendió el cristianismo e Iglesia católica hasta casi el final" (19). En "Ensayo de una cosmogonía en diez lecciones" de *LFE* dice sobre Dios: "Nosotros llegamos a Dios, es decir al Ser Supremo (que de ninguna manera se nos represen-

ta como un tipo semejante al humano) a través de la materia y de la fuerza [...] De aquí que tengamos a las manifestaciones de la vida absoluta (Dios) por estados de conciencia" (157). Más taxativo aún, luego afirma: "Si hubiera un Creador omnisciente y omnipotente, el universo sería una maquinaria perfecta, sin ningún tropiezo posible" (183).

19. El "extraño" jardinero diserta extensamente sobre sus experimentos con carbonos, anilinas, hidrógenos, etc. (112). Lugones hijo anota que los progresos de la ciencia botánica sobre la "psicología de los vegetales" confirman la extraordinaria intuición de su padre sobre esta materia (202, nota 2).

20. Entre otros, se mencionan los nombres de Bernardino de Saint Pierre, Michelet, Fries, Darwin y Bacon (120).

21. Barcia sostiene que el apoyo teórico de este cuento, es decir, la regresión evolutiva, proviene de *La Doctrina secreta* de E. Blavatsky (1981: 22). El mismo apoyo es mencionado por Roggero para quien Yzur muere "al conquistar la palabra" y piensa que la *palabra* (su subrayado) es fuerza primordial y la muerte es teosóficamente un nacimiento a "un nuevo plano de existencia" (61).

22. Octavio Corvalán plantea este asunto en "Las presuntas fuentes científicas de Yzur", en *Nueva Estafeta Literaria*, 36, 1981: 59-62.

23. Lo de "ciencia libre, sin capilla y sin academia", además de ser una protesta al elitismo científico, puede que contenga una nota de resentimiento autorial, ya que Lugones fue un autodidacta. Según Barcia, ni siquiera terminó sus estudios secundarios (1987: 9).

24. Según nota de Barcia (*Cuentos fantásticos*), a "escasos meses de la muerte de Lord Carnarvon, Lugones "ha ficcionalizado esa realidad y sus circunstancias" (48). Al parecer se publicaron muchas especulaciones sobre este incidente.

25. Jorge Torres Roggero afirma que Lugones se inscribió en La Logia Masónica Libertad, en 1889, y llegó a ser Maestre, Primer Gran Vigilante y Pro Gran Maestre de la Gran Logia Masónica de la Argentina (*La cara oculta de Lugones*, p. 14).

26. Una debilidad de este relato es la endeble justificación para el retorno de la joven. Así lo explica el egipcio: "algunos compatriotas residentes acá decidieron impedir que una de nuestras mujeres [...] comprometiera la parte que le toca en el destino de su raza, abandonando el país natal, y descubriendo su rostro a los extranjeros" (76).

27. La última pregunta, más la siguiente que citaremos, debilitarían el misterio y erradicarían el elemento "fantástico" de la historia: "¿Un sueño quizá? ¿El diálogo con una sombra?" (78). Esta debilidad, claro está, se atenúa por la forma interrogativa en que se ofrecen, pues así conservan la ambigüedad característica de lo fantástico.

28. El problema de la participación del narrador básico, que Henry James puso en el tapete de la crítica, era materia discutida por los latinoamericanos. Véanse a este propósito las reflexiones de Quiroga en mi *En torno al cuento...* Dije que había más de un metacomentario. Aquí va otro ejemplo de esta historia:

> Mi interlocutor había desaparecido. Desaparecido como un fantasma, sea dicho sin pretensión de evitar la vulgaridad novelesca. No sabría ni quiero sortear el escollo, deformando o aderezando literariamente las cosas, ante la prevista incredulidad del lector (77).

29. Lugones hijo dice acerca de esto que es "rigurosamente exacto" (nota 22). Luego comenta que en la visita que su padre y Darío hicieron a Papus en París, éste profetizó la muerte violenta de Lugones que, como se sabe, se suicidó.

30. El pasaje que presenta una mezcla de rasgos románticos y modernistas, podría servir de muestrario para ejemplificar adjetivación y colores típicos de ambos movimientos, dice así:

> Arrebujada entre densas cortinas, aquella habitación silenciosa hasta la intimidad, parecía flotar, casi lóbrega, en un misterioso esplendor de capilla búdica. Sombríos oros fatigábanse al fondo de una verdadera tiniebla, como arrodillada bajo el abatimiento de inmensa colgadura azul. La transparencia oscura del ámbito era a su vez, vagamente dorada. Como un indeciso rescoldo de inaudita suntuosidad, la alfombra ahogaba los pasos en derruída blandura de polvo de oro. Torvos reflejos arrinconábanse acá y allá con áureo escorzo de jaguares. Sándalos y estoraques de exótica vaguedad exhalábanse en sutil bostezo de aromas (93).

31. No incluímos "Nuralkámer" (1936) en nuestro recuento porque, aunque meritorio, no agrega nada nuevo a los rasgos vistos. Muy emparentados con los relatos orientales de *Cuentos fatales*, está incluido en *Cuentos fantásticos*, editado por Barcia.

V. EL CUENTO DECADENTISTA

1. Raúl Silva Castro en *Rubén Darío a los veinte años* (Gredos, 1956), cuenta muchos pormenores sobre la edición de *Azul...* hecha en Chile y se detiene con atención en esa polémica. Es obvio por ella que el decadentismo se califica como originando escritos "extravagantes", "enfermizos" o "afectados" (223). El artículo de Phillips citado en nota cuatro, más abajo, recuenta también esta polémica.

2. Toca algunas de estas representaciones, el ensayo de Nancy Saporta Sternbach "The Death of a Beautiful Woman: Modernismo, The Woman and the Pornographic Imagination". *Ideologies and Literature*, v. #, No. 1, Spring 1988: 35-60.

3. El artículo de Allen W. Phillips "A propósito del decadentismo en América: Rubén Darío" (*Revista Canadiense de Estudios Hispánicos*, I, 3, Spring, 1977), es pionero en el tema y, como el título indica, se estudia mayormente a Darío. Vale la pena leer en este trabajo la reproducción de palabras de Calixto Oyuela, exaltadamente contrario a decadentes y simbolistas (230-1).

4. Oscar Montero en *Erotismo y representación en Julián del Casal* (Rotterdam: Rodopi, 1993), tiene interesantes reflexiones sobre el decadentismo, en una nueva manera de acercarse al escritor cubano.

5. Cuando decimos 'aprendido' pensamos en el retrato de Palma que hizo Ventura García Calderón en el prólogo a la segunda edición de *Cuentos malévolos* (París: Librería Ollendorff, 1913). Allí el prologuista presenta a Palma como hombre que inspira confianza, devoto padre y esposo; para marcar la diferencia entre esa 'persona' y la de los seres que pueblan sus cuentos. Sylvia Molloy en "Too Wilde for Comfort: Desire and Ideology in Fin-de-Siècle Spanish America" (*Social Text* 31-32, 1992) menciona que Ingenieros consideraba que los escritores hispanoamericanos simulaban ser 'degenerados', sobre todo en relación a la homosexualidad (p. 201, nota 28). Coincidiendo con la estudiosa sobre el silencio

de la crítica acerca de aspectos de vida y obra que no se consideraban 'correctos' de acuerdo con los parámetros sociales de la época, creo que el caso de Palma es diferente. En sus cuentos hay representaciones de verdaderos crímenes, o de índoles humanas perversas en cualquier época. Este es un problema complejo, que tiene que ver con la relación autor/obra/personajes, la génesis del escrito como afín o inspirado por otros textos, la censura (tanto la social como la autocensura), y el resbaladizo terreno de las intenciones. Sin duda, hay mucho por hacer en este terreno, sobre el que Molloy ha hecho una notable contribución.

MANUEL DÍAZ RODRÍGUEZ

6. El prólogo de Orlando Araújo para la edición de *Narrativa y Ensayos* de Díaz Rodríguez (Ayacucho, 1982), hace un valioso recuento de la vida y obra del venezolano. A su vez, la edición de *Cuentos de color* que usamos (Monte Ávila, 1991), trae una cronología y una bibliografía sobre el autor.

7. El crítico es Pedro Emilio Coll en un agudo y perceptivo prólogo a la primera edición de *Confesiones de Psiquis* de 1896, de la cual citamos.

8. El cuento no da ningún indicio para saber de dónde viene Rafael, excepto en la última línea del cuento que aclara que el joven es un "obscuro hijo del trópico" (55).

9. Daremos dos ejemplos de varios: El narrador sostiene que Marta encontraba en "su humillación voluntaria" ante Rafael, la "embriaguez del amor" y su ideal era "fundirse en la sombra de su amante para seguirlo, arrastrándose, como la sombra sigue al cuerpo, siempre fiel y silenciosa" (42). Por su parte, Rafael cree que para ser "fuerte" necesita ser "adorado por una mujer" (54).

10. En la lectura actual, este relato puede parecer una parodia de los clichés literarios más usados en la época. Esa lectura debe reconocer, no obstante, cuán osada es la defensa de la sexualidad como componente del amor, que rompe la vieja dicotomía alma/cuerpo, imperante todavía al escribirse la obra.

11. Al machismo comentado en nota nueve, se agrega aquí una importante diferencia al hablarse de "naturalezas

femeninas" sin indicar hombre o mujer, lo que supone que ambos pueden tenerla. Además, aquí es el varón quien desea ser golpeado.

12. Las pequeñas "supersticiones" de Margarita recuerdan las de algunos personajes de Cortázar. Por ejemplo, la joven tiene que sentarse bajo cierto árbol, so pena de arruinar la realización de algún deseo (103-4). El autor es extraordinariamente perceptivo en la representación de este fenómeno común al ser humano.

CLEMENTE PALMA

13. La edición de *Cuentos malévolos* que usamos para este estudio fue publicada en Lima, por ediciones Peisa, en 1974, con presentación de Augusto Tamayo Vargas y prólogo de Miguel de Unamuno. En página 18, se dice que esta edición reproduce la hecha por Salvat en 1904. No sabemos si los errores de imprenta que trae (señalaremos algunos) son de ésta o de la primera publicación. Esta edición trae "El príncipe alacrán", que al parecer no figuraba en la primera de 1904 (Kason, 126, No. 52). Hay varios problemas por resolver en cuanto al aparato bibliográfico. Por ejemplo, en nuestra edición de 1974, aparece "Leyendas de Haschischs" que es "Leyenda de haschisch" en la edición de 1913. De ésta última son las referencias a "Las vampiras" y "Las mariposas" al final de nuestro trabajo. La ortografía de las citas es de la época (mayormente acento en la preposición *a*).

14. Del total de treinta y dos relatos, algunos no se han recogido en colección. Ver el libro de Kason sobre esto. En relación al Modernismo, es obvio que cubre cuentos de la modalidad fantástica y decadente, como veremos. Desde nuestro punto de vista, un mismo cuento puede ser a la vez modernista, herético y fantástico.

15. Kason presenta una categoría que llama "fantástico explicado", que no concuerda con la definición de fantástico con la que trabajamos aquí (ver capítulo Lugones). Al final de esta sección examinamos "La granja blanca" y "Los ojos de Lina" como relatos decadentistas, pero orillamos la cuestión de lo fantástico.

16. De los cuatro relatos "modernistas" que incluye Kason, los otros tres son "Anacreonte ebrio", "Los faunos viejos", y "El carnaval de las flores", cuyos títulos ya dicen algo de la modalidad de la elaboración.

17. Unamuno opina que hacer que Jesús vea a don Quijote, es de gran efecto literario porque él es "la encarnación del cristianismo español", aunque no acepta que Jesús pudo hablar de "burla cruel de la naturaleza" (13-14).

18. Los otros cuentos "heréticos" son "Ensueño mitológico", y "El día trágico", que fueron agregados a la edición de 1912. Un tercero, "El hombre del cigarrillo" forma parte de *Historietas malignas* (1925), y a nuestro criterio es el mejor de la colección. Aquí tanto Dios como el diablo son burlados, lo cual representa un cambio en relación a la última figura, que es omnipotente en *Cuentos malévolos*.

19. Unamuno protesta por el final del cuento, porque no puede aceptar la Nada; prefiere pensar que todo lo que existe es inmortal (14).

20. El suicidio se describe en detalle y con alusiones científicas. Después de tapar puertas y ventanas, y poner mucho carbón en la estufa, "tomó una buena dosis de láudano y atropina". Como quería morir "del modo más dulce posible: colgó de la cabecera de la cama un embudo con algodones empapados de cloroformo; puso su aparato de modo que cada 15 ó 20 segundos cayera una gruesa gota sobre un lienzo que ató sobre sus narices" (67).

21. La edición de 1974 dice "tenía de la gelatina del ópalo" obvio error. La publicación de 1913 trae la conjunción "*y*" que pusimos entre corchetes y aclara el error.

22. Kason coloca este cuento entre los "fantásticos" porque piensa que el rizo de Leticia que el narrador tiene entre sus manos, a la mañana siguiente es inexplicable, irreal (89). Pero, como es *posible* que junto al retrato de la muerta se conservara un rizo de su pelo, nos parece que no es prueba suficiente para el rótulo.

23. *Zo'har* de Mendés y *L'Animale* de Rachilde son pertinentes para el estudio de *Mors ex vita*, la novela corta que Palma publicó en 1918. Las obras francesas cuentan de amores incestuosos y necrofílicos. Aunque el incesto se anuncia como posible en "La granja blanca", en *Mors ex vita* la necrofilia es su tema central.

24. Jean F. Capello, *Reader Response to the Unbelievable Story: The Fantastic, the Non-Verifiable Truth-Claim, and the New Physics*. Disertación doctoral, Rutgers University, New Brunswick, 1994.

25. En un cotejo hecho posteriormente a la escritura de este trabajo, hallamos que las *diferencias* con "Morella" y "Ligeia" –los relatos que Aldrich menciona como posibles fuentes son mayores que las semejanzas. Estudiamos esas diferencias en "'La granja blanca' de C. Palma: relaciones con el decadentismo y E.A. Poe", en artículo por publicar en revista *Casa de las Américas* 205, oct-dic, 1996.

26. Estudiamos en detalle este relato en "Decadencia y vampirismo en el Modernismo hispanoamericano: un cuento de Clemente Palma", que aparecerá en la *Revista de Crítica Literaria Latinoamericana*, 46, 1997.

OBRAS CITADAS

ACHUGAR, HUGO. "El fardo de Rubén Darío: receptor armonioso y receptor heterogéneo." *Revista iberoamericana,* 137, oct-dic, 1986: 857-874.

ALDRICH, EARL M. Jr. *The Modern Short Story in Peru.* The University of Wisconsin Press, 1966.

AMIS, KINGSLEY. *New Maps of Hell.* New York: Harcourt, Brace and Co., 1960.

ANDERSON IMBERT, ENRIQUE. *La originalidad de Rubén Darío.* Buenos Aires: Centro Editor de América Latina, 1966.

BAGWELL, TIMOTHY J. "Science Fiction and the Semiotics of Realism." En *Intersections: Fantasy and Science Fiction.* Eds. George E. Slusser and Eric S. Rabkin, Southern Illinois University, 1977.

BALAKIAN, ANNA. *The Symbolist Movement: A Critical Appraisal.* New York: Random House, 1967.

BARRENECHEA, ANA MARÍA. "Ensayo de una tipología de la literatura fantástica" en *Textos hispanoamericanos de Sarmiento a Sarduy*. Caracas: Monte Ávila, 1978.

BATAILLE, GEORGE. *El erotismo*. Trad. Toni Vicens, Barcelona: Tusquets, 1979.

BAYERTZ, KURTZ. "Biology and Beauty: Science and Aesthetics in Fin-de-Siècle." (Trans. Peter Germain) en *Fin de Siècle and Its Legacy*. Eds. Mikulás Teich y Roy Potter. Cambridge University Press. (1990): 278-295.

BELEVAN, HARRY. *Antología del cuento fantástico peruano*. Lima: Universidad Nacional de San Marcos, 1977.

BIASIN, GIAN-PAOLO. *Literary Diseases Theme and Metaphor in the Italian Novel*. University of Texas Press, 1975.

BORGES, JORGE LUIS. *Leopoldo Lugones* (Ensayo escrito con la colaboración de Betina Edelberg). Buenos Aires: Troquel, 1955.

BROOKE-ROSE, CHRISTINE. *A Rhetoric of the Unreal Studies in Narrative and Structure Especially of the Fantastic*. Cambridge University Press, 1981.

BROWNLOW, JEANNE P. "La ironía estética de Darío: Humor y discrepancia en los cuentos de Darío". *Revista Iberoamericana* 146-147 (1989): 377-393.

BUCKLEY, JEROME. *The Triumph of Time: A study of the Victorian Concepts of Time, History, Progress and Decadence*. Harvard University Press, 1966.

BURGOS, FERNANDO. *La novela moderna hispanoamericana (un ensayo sobre el concepto literario de la modernidad)*. Madrid: Orígenes, 1985.

CANAL FEIJOO, BERNARDO. *Lugones y el destino trágico: Erotismo, Teosofía, Telurismo*. Buenos Aires: Plus Ultra, 1976.

CAPANNA, PABLO. *El mundo de la ciencia ficción: Sentido e Historia*. Buenos Aires: Letra Buena, 1992.

CAPELLO, JEAN F. *Reader Response to the Unbelievable Story: The Fantastic, the Non-verifiable Truth-Claim and the New Physics*. Disertación doctoral. Rutgers University, New Brunswick, New Jersey, 1994.

CARTER, A. E. *The Idea of Decadence in French Literature 1830-1900*. University of Toronto Press, 1958.

CARTER, BOYD G. *Divagaciones y fantasías de Manuel Gutiérrez Nájera*. Selección, estudio preliminar y notas de Boyd G. Carter. México: SepSetentas, 1974.

COLOMA GONZÁLEZ, FIDEL. "La imitación como base del proceso creativo en *Azul...*". *Azul... y las literaturas hispánicas*. Eds. Jorge Eduardo Arellano, Margarita López, Fidel Coloma, María del Carmen Tamayo Díaz. México: UNAM, 1990.

CONCHA, JAIME. *Rubén Darío*. Madrid: Júcar, 1975.

CORVALÁN, OCTAVIO. "Las presuntas fuentes científicas de Yzur". *Nueva Estafeta*. 36 (1981): 59-62.

DARÍO, RUBÉN. *Cuentos completos* Edición y notas de Ernesto Mejía Sánchez. Estudio preliminar de Raimundo Lida. México: Fondo de Cultura Económica, 1950.

-----. *Azul..., El salmo de la pluma, Cantos de Vida y Esperanza, Otros poemas*. Edición de Antonio Oliver Belmás. México: Porrúa, 1981.

-----. *Obras completas*. Madrid: Afrodisio Aguado, 1950.

-----. *Cuentos fantásticos*. Selección y prólogo de José Olivio Jiménez. Madrid: Alianza Editorial, 1987.

-----. *Páginas desconocidas de Rubén Darío*. Recopilación y prólogo de Roberto Ibáñez. Montevideo: Biblioteca de Marcha, 1970.

-----. "Los colores del estandarte". En *El modernismo visto por los modernistas*. Ed. Ricardo Gullón. Madrid: Guadarrama, 1980: 49-57.

-----. "Dilucidaciones". En *El modernismo visto por los modernistas*. Ed. Ricardo Gullón. Madrid: Guadarrama (1980): 58-69.

DAY, JOHN F. "La exploración de lo irracional en los cuentos de Manuel Gutiérrez Nájera". *Revista Iberoamericana* 146-147 (1989): 251-272.

DEL CORRO, GASPAR PÍO. *El mundo fantástico de Lugones*. Universidad de Córdoba (Argentina), 1971.

DÍAZ RODRÍGUEZ, MANUEL. *Confidencias de Psiquis*. Caracas: Tip. El Cojo, 1896.

-----. *Cuentos de color*. Caracas: Monte Ávila, 1991.

-----. *Narrativa y Ensayo*. Caracas: Ayacucho, 1982.

-----. "Paréntesis modernista o ligero ensayo sobre el modernismo". En *El modernismo visto por los modernistas*. Ed. Ricardo Gullón. Madrid: Guadarrama, 1980.

DOLEZEL, LUBOMIR. "Narrative Semantics." *PTL* 1 (1976): 129-151.

DUNHAM, LOWELL. *Manuel Díaz Rodríguez: Vida y Obra*. México: Ediciones de Andrea, 1959.

ELLIS, KEITH. *Critical Approaches to Rubén Darío*. University of Toronto, 1974.

FREDERICK, B. K. "The Conventional Structure of the Fantastic Short Story: Nineteenth-Century Argentina and Uruguay". *Hispanic Journal*, v. 9, n. 2 (1988): 119-128.

FLETCHER IAN and MALCOLM BRADBURY, eds. *Decadence and the 1890s*. New York: Holmes and Meier, 1979.

FOUCAULT, MICHEL. *The History of Sexuality v.I An Introduction*. Trad. Robert Hurley, New York: Vintage Books, 1980.

FRASER, HOWARD M. *In the Presence of Mistery: Modernist Fiction and the Occult*. North Carolina Studies in Romance Languages and Literatures, 1992.

GHIANO, JUAN CARLOS. "Lugones y las fuerzas extrañas". En *El realismo mágico en el cuento hispanoamericano*. Ed. Ángel Flores, México: Premia, 1985.

GÓMEZ CARRILLO, ENRIQUE. "Los breviarios de la decadencia parisiense". En *El modernismo visto por los modernistas*. Ed. Ricardo Gullón. Madrid: Guadarrama, 1980: 472-480.

GÓMEZ DEL PRADO, CARLOS. *Manuel Gutiérrez Nájera: Vida y Obra*. México: Ediciones de Andrés, 1964.

GONZÁLEZ, ANÍBAL. *La crónica modernista hispanoamericana*. Madrid: Porrúa Turanzas, 1983.

GRASS, ROLAND y WILLIAM R. RISLEY. *Waiting for Pegasus: Studies of the Presence of Symbolism and Decadence in Hispanic Letters.* Western Illinois University, 1979.

GREIMAS, ALGIRDAS JULIEN and J. COURTÉS. "The Cognitive Dimensions of Narrative Discourse." *New Literary History* VII, 3 (Spring, 1976): 433-447.

GULLÓN, RICARDO. "Eros y Thanatos en el Modernismo". en *Palabra de escándalo.* Ed. Julio Ortega. Barcelona: Tusquet, 1974: 399-425.

-----. ed. *El modernismo visto por los modernistas.* Madrid: Guadarrama, 1980.

GUTIÉRREZ GIRARDOT, RAFAEL. *Modernismo.* Barcelona: Montesinos, 1983.

GUTIÉRREZ, JESÚS. "Modalidades estilísticas y aspectos ideológicos en la prosa de Gutiérrez Nájera", en *Estudios críticos sobre la prosa modernistas hispanoamericana.* Ed. José Olivio Jiménez. Nueva York: Eliseo Torres, 1975: 75-95.

GUTIÉRREZ NÁJERA, MANUEL. *Cuentos completos y otras narraciones.* Prólogo, edición y notas de E. K. Mapes. Estudio preliminar de Francisco González Guerrero. México: Fondo de Cultura Económica, 1958.

-----. *Cuentos y Cuaresmas del Duque Job, Cuentos frágiles, Cuentos color de humo, Primeros cuentos, Prólogo y Capítulos de novelas.* Edición e Introducción de Francisco Monterde, México: Porrúa, 1987.

-----. *Obras: Crítica literaria (I).* México: Universidad Autónoma de México, 1959.

-----. *Obras inéditas de Manuel Gutiérrez Nájera. Crónicas de Puck.* Recogidas y editadas por E. K. Mapes. New York: Instituto de las Españas, 1939.

-----. *Divagaciones y fantasías. Crónicas de Manuel Gutiérrez Nájera.* Selección, estudio preliminar y notas de Boyd G. Carter. México: SepSetentas, 1974.

-----. "El arte y el materialismo". en *El Modernismo visto por los modernistas,* Ed. Ricardo Gullón, Madrid: Guadarrama: 156-180.

HENNEGAN, ALISON. "Personalities and Principles: Aspects of Literature and Life in Fin-de-Siècle England". En *Fin-de Siécle and Its Legacy*. Eds. Mikulas Teich y Roy Porter, Cambridge University Press, 1990: 170-215.

HENRÍQUEZ UREÑA, MAX. *Breve historia del modernismo*. México: Fondo de Cultura Económica, 1962.

HERNÁNDEZ MIYAREZ y WALTER RELA. *Antología del cuento modernista hispanoamericano*. Buenos Aires: Plus Ultra, 1987.

ÍÑIGO MADRIGAL, LUIS. *Historia de la literatura hispanoamericana, II, Del neoclasicismo al Modernismo*. Madrid: Cátedra, 1982.

-----. "Bibliografía del modernismo hispanoamericano". En *Historia de la literatura hispanoamericana* II. Coordinador Luis Íñigo Madrigal. Madrid: Cátedra (1982): 549-599.

JENSEN THEODORE W. "El pitagorismo en *Las fuerzas extrañas* de Lugones". En *Otros mundos, otros fuegos: Fantasía y realismo mágico en Iberoamérica*, ed. Donald A. Yates (Latin American Studies Center, Michigan State University), 1975: 299-307.

JIRÓN TERÁN, JOSÉ. "En torno a las ediciones de *Azul...*". En *Azul y las literaturas hispánicas*. Eds. Jorge Eduardo Arellano, Margarita López, Fidel Coloma, María del Carmen Tamayo. México: UNAM, 1990.

JITRIK, NOÉ. *Las contradicciones del modernismo: Producción poética y situación sociológica*. México: Centro de Estudios de Lingüística y Literatura, Colegio de México, 1978.

JRADE LOGIN, CATHY. *Rubén Darío and the Romantic Search for Unity: The Modernist Recourse to Esoteric Tradition*. The University of Texas Press, 1983.

KASON, NANCY M. *Breaking Traditions: The Fiction of Clemente Palma*. Lewisburg: Bucknell University Press, 1988.

LEAL, LUIS. *Historia del cuento hispanoamericano*. México: Ediciones de Andrea, 1966.

LEHMANN, A. G. "Pierrot and Fin de Siècle." En *Romantic Mythologies*. Ed. Ian Fletcher. New York: Barnes and Noble, 1967: 209-223.

LOTMAN, IOURI. *La structure du texte artistique*, traduit du russe par Anne Fournier, Bernard Kreise, Eve Malleret et Joëlle Yong sous la direction de Henri Meschoning. Paris: Gallimard, 1973.

LUGONES, LEOPOLDO. *Las fuerzas extrañas*. Estudio preliminar y notas de Leopoldo Lugones (hijo). Buenos Aires: Editorial Huemul, 1966.

-----. *Cuentos fatales*. Estudio preliminar y notas de Leopoldo Lugones, hijo. Buenos Aires: Huemul, 1967.

-----. *Las fuerzas extrañas*. Estudio preliminar y notas de Pedro Luis Barcia. Buenos Aires: Ediciones del 80, 1981.

-----. *Cuentos fantásticos* Edición, introducción y notas de Pedro Luis Barcia. Madrid: Clásicos Castalia, 1987.

-----. *Cuentos desconocidos*. Compilación, estudio preliminar y notas de Pedro Luis Barcia. Buenos Aires: Ediciones del 80: 1982.

MARFAN, JOAN LLUIS. "Algunas consideraciones sobre el modernismo hispanoamericano". *Cuadernos Hispanoamericanos* 382, (1982): 82-124.

MARINI-PALMIERI, ENRIQUE. *El modernismo literario hispanoamericano: Caracteres esotéricos en las obras de Darío y Lugones*. Buenos Aires: García Cambeiro, 1989.

-----. *Cuentos modernistas hispanoamericanos*. Ed., introd. y notas de E. Marini-Palmieri. Madrid: Castalia, 1989.

MARTÍ, JOSÉ. "Prólogo al poema *Al Niágara*". En *El modernismo visto por los modernistas*. Introducción y selección de Ricardo Gullón, Barcelona: Guadarrama (1980): 36-46.

-----. *Obras completas* (v. 13 En los Estados Unidos). La Habana: Editorial Nacional de Cuba, 1964.

MARTÍNEZ BONATI, FELIX. *La estructura de la obra literaria*. Barcelona: Seix Barral, 1972.

-----. "El arte de escribir ficciones". *Dispositio*. III, 7/8, (1978): 137-144.

MATTALÍA, SONIA. "El canto del 'aura': Autonomía y mercado literario de *Azul...*". *Revista de Crítica Literaria Latinoamericana*. XIX, 38 (1993): 279-292.

228   EL CUENTO MODERNISTA HISPANOAMERICANO

MENTON, SEYMOUR. *El cuento hispanoamericano: Antología Crítico-Histórica*. México: Fondo de Cultura Económica: 1987.

MIGNOLO, WALTER D. *Elementos para una teoría del texto literario*. Barcelona: Editorial Crítica, 1978.

MOLLOY, SYLVIA. "Conciencia del público y conciencia del yo en el primer Darío". *Revista Iberoamericana* 108-109 (1979): 443-457.

-----. "Too Wilde for Comfort: Desire and Ideology in Fin-de Siècle Spanish America." *Social Text*, 31-32 (1992): 187-201.

MONTERO, ÓSCAR. *Erotismo y representación en Julián del Casal*. Amsterdam: Rodopi, 1993.

MORA, GABRIELA. *En torno al cuento: De la teoría general y de la práctica en Hispanoamérica*. Madrid: Porrúa Turanzas, 1985.

-----. *En torno al cuento: De la teoría general y de la práctica en Hispanoamérica* (segunda edición aumentada). Buenos Aires: Danilo Albero Vergara, 1993.

MORA VALCÁRCEL, CARMEN DE. "Darío escritor fantástico". *Anuario de Estudios Americanos* (Sevilla), v. 34 (1977): 113-135.

NORDAU, MAX. *Degeneration*. (Introduction by George I. Mosse). New York: Howard Fertig, 1968.

PALMA, CLEMENTE. *Cuentos malévolos*. Lima: Ediciones Peisa: 1974.

-----. *Cuentos malévolos*. París: Librería Ollendorff, 1913.

PHILLIPS, ALLEN W. "A propósito del decadentismo en América: Rubén Darío". *Revista Canadiense de Estudios Hispánicos*. I, 3 (1977): 229-254.

POGGIOLI, RENATO. "The Autumn of Ideas", *The Massachussetts Review*, 2, No. 4, (1961): 655-81.

PRINCE, GERALD. "Aspects of a Grammar of Narrative." *Poetics Today* 1, 3 (Spring 1980): 49-63.

-----. "Narrative Analysis and Narratology". *New Literary History* XIII, 2 (Winter 1982): 179-188.

PUCCIARELLI, ANA MARÍA. "Dimensiones de 'La lluvia de fuego'". En *El realismo mágico en el cuento hispanoamericano*, ed. Ángel Flores. México: Premia, 1985.

PUPO-WALKER, ENRIQUE. "El cuento modernista: su evolución y características". En *Historia de la literatura hispanoamericana: Del Neoclasicismo al Modernismo* v. II, Madrid: Cátedra: 514-522.

-----. "El cuadro de costumbres, el cuento y la posibilidad de un deslinde". *Revista Iberoamericana* 102-103 (1978): 1-14.

RAMA, ÁNGEL. *Las máscaras democráticas del modernismo*. Montevideo: Fundación Ángel Rama, 1985.

RAMOS, JULIO. *Desencuentros de la modernidad en América Latina: Literatura y política en el siglo XIX*. México: Fondo de Cultura Económica (Tierra Firme), 1989.

RIDGE, GEORGE ROSS. *The Hero in French Decadent Literature*. University of Georgia Press, 1961.

ROGGERO (ver Torres Roggero)

ROGGIANO, ALFREDO A. "Modernismo: Origen de la palabra y evolución de un concepto". En *Nuevos asedios al Modernismo*. Ed. Ivan A. Schulman. Madrid: Taurus (1987): 39-50.

ROJO, GRINOR. "En el centenario de Azul..." *Hispamérica* XVII, 51 (1988): 4-18.

ROTKER, SUSANA. *Fundación de una escritura: Las crónicas de José Martí*. La Habana: Casa de las Américas: 1991.

SALGADO, MARÍA. "En torno a Rubén Darío, la literatura intimista y el preciosismo verbal". *Explicación de textos literarios*. XIX, 1 (1990-91): 95-111.

-----. "Félix Rubén García Sarmiento, Rubén Darío y otros entes de ficción". *Revista Iberoamericana*. 146-147 (1989): 339-62.

SALOMON, NOEL. "América Latina y el cosmopolitismo en algunos cuentos de *Azul...*" en *Noel Salomon: Études Américaines*. Eds. Maxime Chevalier y Bernard Lavallé (Bibliothèque de L'Ecole des Hautes Etudes Hispaniques). Bordeaux: Editions Bière, 1980: 258-285.

SAPORTA STERNBACH, NANCY. "The Death of a Beautiful Woman: Modernismo, The Woman and the Pornographic Imagination." *Ideologies and Literature* I, 3, (1988): 35-60.

SCARI, ROBERT M. "Ciencia y Ficción en los Cuentos de Leopoldo Lugones". *Revista Iberoamericana*. XXX, enero-diciembre, (1964): 163-187.

SCHULMAN, IVÁN A. y EVELYN PICON GARFIELD. *Las entrañas del vacío: Ensayos sobre la modernidad hispanoamericana*. México: Cuadernos Americanos, 1985.

----- (editor). *Nuevos asedios al modernismo*. Madrid: Taurus, 1987.

SKYRME, RAYMOND. *Rubén Darío and the Pythagorean Tradition*. Gainesville: University Presses of Florida, 1975.

SPACKMAN, BARBARA. *The Rhetoric of Sickness from Baudelaire to D'Annunzio*. Cornell University Press, 1989.

SPECK, LAURA. "*Las fuerzas extrañas*: Leopoldo Lugones y las raíces de la Literatura Fantástica en el Río de la Plata". *Revista Iberoamericana* XLII, 96-97 (1976): 411-426.

SPERATTI PIÑERO, EMMA SUSANA. "La expresión de *Las fuerzas extrañas* en Leopoldo Lugones". En *La literatura fantástica en Argentina* de Ana María Barrenechea y Emma Susana Speratti Piñero. México: Imprenta Universitaria, 1957.

SOTO, LUIS EMILIO. "Ciencia y ocultismo en los cuentos de Lugones". En *El realismo mágico en el cuento hispanoamericano*. ed. Ángel Flores. México: Premia, 1985.

SUVIN, DARKO. *Metamorphoses of Science Fiction: On the Poetics and History of a Literary Genre*. Yale University, 1979.

-----. *Positions and Presuppositions in Science Fiction*. The Kent State University Press, 1988.

SYPHER, WYLIE. *Rococo to Cubism in Art and Literature Transformations in Style, in Art and Literature from the 18th to the 20th Century*. New York: Vintage Books, 1960.

THORNTON, R. K. R. "Decadence in Later Nineteenth-Century England." En *Decadence and the 1890s*. Eds. Ian Fletcher y Malcolm Bradbury, New York: Holmes and Meier (1979): 15-29.

TODOROV, TZVETAN. *The Fantastic: A Structural Approach to a Literary Genre*. Cleveland: The Presses of Case Western Reserve University, 1973.

TORRES ROGGERO, JORGE. *La cara oculta de Lugones*. Buenos Aires: Ediciones Castaleda, 1977.

VALLE-CASTILLO, JULIO. "*Azul...* opera aperta". En *Azul... y las literaturas hispánicas*. Eds. J. E. Arellano, Margarita López, Fidel Coloma, María del Carmen Tamayo Díaz. México: UNAM, 1990.

VILLALÓN, ILEANA. "Sobre un cuento de Manuel Gutiérrez Nájera: El vestido blanco". En *Estudios críticos sobre la prosa modernista hispanoamericana*. Ed. José Olivio Jiménez. New York: Eliseo Torres (1975): 97-105.

YAHNI, ROBERTO. *Prosa modernista hispanoamericana. Antología*. Madrid: Alianza Editorial, 1974.

YCAZA TIGERINO, J. "La palabra azul en el lenguaje poético de Rubén Darío" en *Azul... y las literaturas hispánicas* (ver Coloma con más detalles): 199-209.

ZAVALA, IRIS M. *Rubén Darío: El modernismo y otros ensayos*. Selección, prólogo y notas de Iris M. Zavala. Madrid: Editorial Alianza, 1989.

-----. *Colonialism and Culture: Hispanic Modernisms and Social Imaginary*. Bloomington, Indiana: Indiana University Press, 1992.

ÍNDICE DE NOMBRES

Se terminó de imprimir en el
mes de octubre de 1996 en
la imprenta Cushing-Malloy, Inc.